企业中台实践指南

百胜智库·编著

ENTERPRISE PLATFORM
PRACTICE GUIDE

中国经济出版社
CHINA ECONOMIC PUBLISHING HOUSE
·北京·

图书在版编目（CIP）数据

企业中台实践指南/百胜智库编著．--北京：中国经济出版社，2021.1

ISBN 978-7-5136-6408-0

Ⅰ．①企… Ⅱ．①百… Ⅲ．①企业管理-组织管理-指南 Ⅳ．①F272.9-62

中国版本图书馆 CIP 数据核字（2020）第 244879 号

责任编辑　孙晓霞
责任印制　马小宾
封面设计　任燕飞设计工作室

出版发行　中国经济出版社
印 刷 者　北京艾普海德印刷有限公司
经 销 者　各地新华书店
开　　本　710mm×1000mm　1/16
印　　张　18.5
字　　数　252 千字
版　　次　2021 年 1 月第 1 版
印　　次　2021 年 1 月第 1 次
定　　价　49.80 元
广告经营许可证　京西工商广字第 8179 号

中国经济出版社　**网址** www.economyph.com　**社址** 北京市东城区安定门外大街 58 号　**邮编** 100011
本版图书如存在印装质量问题，请与本社销售中心联系调换（联系电话：010-57512564）

嘉宾推荐

珠宝行业要打破传统的以产品和渠道为核心的营销模式，转向以满足用户价值体验为核心，构建“全渠道”“全链接”“全服务”“全触点”的数字化新零售模式，而实现这个目标的前提就是要有夯实的信息化基础和对创新业务需求的快速响应能力及迭代能力，而与百胜合作所打造的企业中台为潮宏基提供了坚实的基础，为企业构建了强大的业务数字化引擎。相信本书能为业内人士提供很好的指引。

蔡中华　潮宏基珠宝有限公司 CEO、潮宏基集团执行董事

搭建中台是企业实现数智化的核心枢纽。通过业务中台实现业务服务化，通过数据中台实现数据业务化。企业中台的运用，使企业研、产、供、销各个环节的人、货、场、财、数串联打通。企业中台的有效应用，将大大提升市场的响应速度，进而提升企业的核心竞争力。本书通过对数智化发展趋势到落地的详细解读，为企业中台的搭建给出了可供实践的方法及路径，值得一看。

曹开彬　中国软件网总编

数智化转型是企业科技赋能的最重要力量，企业中台则是数智化转型成功的关键。百胜软件在该领域耕耘多年，拥有最前沿的视角和大量的实践经验。由百胜软件旗下品牌百胜智库出版的《企业中台实践指南》，以零售企业为对象，以解决企业中台关键问题为导向，全方位梳理并提炼了一整套推动数智化转型的企业中台的思路、模型与战略。该书有助于推动中国零售企业中台的建设，对任何研究或构建企业中台的专家、学者和技术开发人员也有一定指导或借鉴意义。

苌道方　上海海事大学物流科学与工程研究院教授

未来的世界是数字世界，数字世界的零售行业必然以数字形态存在。移动技术的快速发展给我们带来了大量的数据资源，机器学习的革命性进步为发挥数据的作用提供了新手段。数据与智能相结合的数智化，就是推动零售行业科技快速发展的最重要的技术动力。百胜软件总结十几年的实战经验，抽象出一套系统化的企业中台指南，从趋势到挑战，从策略到方法，从规划到执行，深入浅出地阐述了企业中台的体系，是各行业实施中台战略的最佳参考。

陈斌　CTO NETSTARS、CTO **联盟联席主席**

如今关于新零售、全渠道、中台建设的概念大家早已耳熟能详，然而企业在实际落地过程中却无所适从。《企业中台实践指南》的出版，让人眼前一亮。书中围绕“人、货、场、财、数”的价值融合，从战略分析、模型搭建再到中台的落地建设，由浅入深地进行了详细描述。相信这本书会给读者以启发，成为企业中台建设的“落地法宝”！

陈东海　安踏 CIO

零售是最能体现数字化转型的行业，无论是消费者、营销、渠道、供应链、运营等方面的分析都深受数字化技术的影响。那些利用数字化技术的企业往往能获得竞争优势。数字化转型也催生了“大中台、小前台”的组织变革，中台变得比以前更加重要。百胜软件的这本《企业中台实践指南》就是描述零售行业在数字化转型中如何推动中台建设的好书，理论和实践兼备，值得所有准备和正在转型的企业借鉴。

陈雪频　智慧云创始合伙人、《一本书看懂数字化转型》作者

在数字经济爆发的当下，一场线上生态与生态之间的竞争将成为接下来的十年、甚至二十年的主旋律，这些都倒逼着企业的数字化进程，而这本书可以为企业的数字化进程提供助力、加快步伐！

崔强　崔牛会创始人

品牌零售企业正在面临一场空前挑战。发起这场挑战的主角，是消费者对产品和体验更新换代的更高需求。茵曼已经在踏入融合数字中台、平台门店、智能制造的产业互联网阶段，而中台大协同、零售效率大提速，相信不是我们一家的选题，而是整个服装行业的作文，让我们一起来完成它。

方建华　茵曼创始人兼 CEO

数智化转型之所以重要，是因为它赋予和加强了企业最核心的能力，即企业的敏捷能力。企业中台是企业数智化转型的关键能力之一，无论是企业产品与服务的重新设计、客户全渠道的重新联结、还是组织系统和信息系统的重构，均需要强大的中台系统的赋能。想要了解企业中台的内涵及其在零售业转型中的意义，不妨从这本书开始。

黄丽华　复旦大学管理学院教授、复旦大学电子商务研究中心主任

梦洁 2017 年开始就携手百胜软件共同建设全渠道，2020 年疫情期间的“一屋好货”能够试水成功，离不开前期数智化建设的铺垫。企业要想拥有长期且稳定的增长能力，数智化改革将是持续努力的方向。

姜天武　梦洁集团董事长兼梦洁家纺有限公司董事长

实践出真知，作为零售行业数字化转型的引领者，百胜软件持续、专注深耕零售行业20余年，为零售企业数字化转型实践之路贡献了一本落地指南。本书可为计划转型、正在转型的零售企业管理者带来新知与启发。

黎争　商业新知创始人兼CEO

在过去几年中，林清轩对于新零售嗅觉敏锐，与百胜软件密切合作打造全渠道中台，正是这一套数字化系统，让林清轩得以把握先人一步的优势，在坚实的数字化基底下，成就疫情期间业绩不降反升的自救奇迹。这本书能够为所有想要了解中台、搭建中台的企业提供方向。

孙来春　林清轩创始人

随着互联网和传统企业深度融合的推进，企业数字化转型是摆在每个传统企业面前不得不解决的问题。《企业中台实践指南》给企业转型带来新的理念与思考。企业中台系统建设，可以加快形成集团级数字技术赋能平台，提升核心架构研发水平，为业务数字化创新提供高效数据及一体化服务支撑。作为百胜软件的年度大作，这本中台实践指南非常值得参考！

吴联银　特步集团副总裁

企业中台是数字基建的基础能力，连接不断变化的消费者，创造数字新市场，创造客户价值才是数字化的核心目标。

诸刚强　雅各布专栏创始人

序言一

阿里云研究中心联合KPMG在2019年云栖大会上发布的《2020消费品生态全链路数智化转型白皮书》为中国消费品零售企业的数智化转型指引了进化方向并提供了一套科学的方法论，提出了企业数智化转型的五部曲：基础设施云化、触点数字化、业务在线化、运营数据化和决策智能化。基础设施云化是指企业业务系统上云，触点数字化是指借助IoT和移动App等技术保持与消费者、员工、商品和合作伙伴的连接，业务在线化是指企业通过业务中台完成全链路业务流程的数字化和效率提升，运营数据化和决策智能化是指企业通过数据中台构建企业数智大脑赋能业务创新和智能决策，激活数据的商业价值。

业务中台和数据中台构成了企业的数智化中台（以下简称企业中台），企业通过业务中台实现业务的数据化，通过数据中台实现数据的业务化，业务中台和数据中台是企业中台不可分割的两大支柱平台，也是本书要重点阐述的两大系统。百胜软件通过20年的业务沉淀和经验积累，深刻理解中国消费品零售企业的数智化转型需求和困难，肩负使命要帮助中国零售企业实现数智化转型和升级，E3+企业中台是百胜软件全力打造的一套基于互联网架构的数智化中台系统。从2017年开始构建到现在历时四年时间，版本也从1.0升级到了2.0，已经成功上线了30多家客户，行业覆盖大服饰、大快消、美家、消费电子和新零售商等五大类消费品零售企业，积累了大量的实践经验和技术创新，希望通过本书的介绍将这些经验和技术传递给正在探索数智化转型的零售企业，帮助大家少走弯路，遵循数智化五部曲的指引方向，快速迭代，转型升级。

构建企业中台的是企业的顶层设计，是企业数智化转型的重中之重，除了要求企业上下形成高度一致的战略目标和组织协同，还需要组建强有力的项目团队来保障项目的成功实现。零售企业在构建企业中台的过程中会遇到各种各样的挑战，有来自线上线下业务的冲突，有来自互联网平台对企业的制约，有来自企业内部协同的困难，还有来自软件架构能力的不足，等等。本书将理论联系实践，结合企业中台案例，通过实践指南的方法来指导企业构建数智化中台的进阶步骤。首先分析企业数智化成熟度，发现企业数智化能力缺陷，制定数智化转型策略；其次进行数智化转型规划和企业中台路径构建，定义技术路线，落实组织保障；最后制订项目计划，选择合适的软件和技术服务商，参考书中提供的企业中台实践案例，搭建符合企业自身特点的业务中台和数据中台架构，采用敏捷开发模式，实现企业数智化中台。

本书和2018年出版的《企业中台，成就智慧品牌》一样，由百胜软件旗下百胜智库的咨询专家和产品专家共同打造，凝聚了百胜软件的工程实践和技术沉淀，注重实践和价值创造，形成《企业中台，成就智慧品牌》的续集。希望本书的内容可以帮助中国的消费品零售企业在构建企业中台的过程中起到一定的指导作用，为中国的零售企业数智化转型贡献一份力量，践行百胜软件成就智慧品牌的使命追求，同时也希望广大的读者朋友和企业客户站在批判的角度，给我们提出宝贵的意见和建议，帮助我们不断进步和成长。

谢谢大家！

百胜智库 理事长

百胜软件 董事长兼CEO

黄　飞

序言二

中台概念的出现，本身就是对IT行业几十年来各种“烟囱式”的碎片断层独立布局的颠覆，无论是从技术底层架构层面，还是从企业的数据资产层面，都为IT行业赋予了新的时代使命和全新意义。中台最主要的作用就是提取各个业务板块的共性需求，并打造组件化的资源包，然后开放给前台各业务部门使用，最大限度地减少“重复造轮子”。

随着5G、“互联网+”技术的发展，又正好赶上了国家的供给侧结构性改革、区块链、工业4.0、万物互联的新基建时代风口，技术和时的发展都直接推动消费者的消费形式升级，并快速推动我们从原来所处的信息不对称到信息扁平化的时代迭代，从而引发出企业商业模式中各商业要素的变革。我们企业原来生存的外部环境已经随着国家科技进步而发生了翻天覆地的变化，进而推动企业必须要快速响应前、后端各种变化而引起的变化，那么最后企业中台的使命将会承担企业高速发展过程中的“总动脉桥梁枢纽”的重要作用，最后真正达到给企业装上发动机的效果。

可以预见的未来商业竞争，一定是数智化决策竞争，而冰山下隐藏的其实是企业间“硬实力+软实力”的火拼。对于一个服务于“To B”赛道的软件企业而言，其使命则是如何为零售行业的企业真正意义上的做到从 IT（Information Technology）到 DT（Data Technology）再到 OT（Operational Technology）的赋能。

新技术引领新时代，新时代推动新变革，传统零售必然向新零售时代转型，而技术变革是一切变革创新的前提。百胜软件通过信息技术赋予零售企业数智化转型的能力和能量，为整个零售行业奠定数字化基石，成为企业转型的助燃器和加速器，同时引领软件行业向更高、更远的目标前进。

百胜智库首席顾问

陈艳博士

前言

对于零售企业来说，2020 年是机遇与挑战并存的一年，消费红利消失带来的增长壁垒，产业升级、消费者大规模在线带来的技术瓶颈等，零售企业传统的那套模式根本无力应对，这些变化倒逼企业不得不向技术、智能驱动转型。

首先就是互联网人口红利已经一去不返。淘宝、天猫、京东等在内的中国零售平台月活用户已达近 8 亿，超过中国人口的一半，几乎已接近中国互联网可渗透人口的上限。其次，消费主力逐步转变为新一代年轻消费者，导致整体消费需求呈现出多元化、细分化、个性化等特性。这意味着传统的简单粗暴式营销手段不再适用，企业必须瞄准存量业务深耕、企稳。

随之而来的问题就是企业数智化新基建能力的不足。过去，为了应对市场变化，企业不得不在前台做一个个“烟囱式”系统，由此带来的弊端之一就是“数据孤岛”，纵然手里数据量庞大，但能用起来的很少。当数据没有了运算分析，也就失去了价值，从而难以变现、支撑业务。

此外，管理落后同样难以适应新的市场节奏。传统零售企业管理方面普遍偏弱，系统、流程等能力的不足，导致企业想要提升效率、加快市场响应度，只能通过众多产业链上的单个节点进行优化。组织管理方面也是如此，不同职能各自为营，没有了整体视角的优化，效果也就可想而知。

“增长缓”“响应慢”“决策乱”……这些问题的日益加剧，促使越来越多传统企业被迫寻求转型，然而数智化转型注定是一个漫长而艰难的过程，很多企业不得其法、甚至盲从风向。如何减少不必要的试错、防止数智化升级沦落为信息化“装修”？在这样的背景之下，百胜软件在20年零售行业信息化业务经验沉淀和引入最新的技术的基础上，研发出了先进的企业中台，并且在多个行业客户成功实践，而百胜智库历经半年多的研究与提炼，与多方专家深入探讨交流之后，写成了这本书。作为《企业中台，成就智慧品牌》的“姊妹篇”——《企业中台实践指南》，本书延续了以往的风格，注重“落地”及“实践”，既夯实了理论基础，又提供了实践方针。希望企业相关人员通过阅读这本书，让数智化转型不再是一件遥不可及、迷茫的事情，也希望所有寻求数智化转型的企业，通过阅读本书可以找到一条适合自己的转型之路。

百胜智库 秘书长

百胜软件高级副总裁

布连珍

Contents

目录

第1部分
零售企业数智化转型的趋势与挑战

>>>>

数字经济时代为零售行业带来了新的机遇，同时也带来了巨大的挑战。如何用新科技发现和驱动新的商业场景和业务增量，是企业寻求数智化转型和智能创新必须解答的问题。

不少人认为2020年这场突如其来的疫情，催生了零售行业数字化、智能化的转型。实际上并非如此，数智化转型是时代发展的必然趋势，疫情只是一剂“催化剂”。突如其来的变化让企业开始重新审视自己，要想在变幻莫测的市场中生存下去，就必须得依赖数字化、智能化的武器，加快企业数智化转型的脚步。促使企业加快智化转型的还有其他因素使然，主要分为三方面：技术创新、场景变化与经营需求。

首先是技术创新。大数据、人工智能、物联网、5G，这些新技术的发展推动了应用类和技术类产品的创新，使得企业不再仅仅拥有流程数据，同时能够获取各渠道、不同设备的其他数据。将零散动态的数据沉淀到中台，通过大数据技术进行智能化的分析，对经营做出精准预测，这是技术带来的数智化趋势出现的重要原因。

其次是场景变化。移动互联的兴起，电商平台、新媒体等接连涌现，传统的消费、信息获取场景都发生了变化。企业必须改变传统的营销模式以应对这些变化，“千人千面”的精准营销就是典型的例子。

最后是经营需求。技术与场景的变化使得传统研、产、供、销等流程都随之改变。企业必须同时考虑获利能力的提升，而低层次的信息化已无法满足企业管理需求，这也是现在各行各业都在主动寻求数智化方向转型的重要原因。

数智化并非凭空出现的概念，亦非疫情造就催生的产物，而是数字化水平和技术不断提高出现的必然过程。我国的信息化历程最早可以追溯到 20 年前，当时已经提出数字化与智能化的概念，但其内涵与今天全然不同。传统的数字化属于“单轮驱动”，是基于流程管理思维，将业务流程数据化的过程，通过流程的驱动来实现数据的传递。而今天数智化有两个驱动力：一是基于大数据，可以在业务流程上做更多的分析洞察以及预测，这个依然是业务驱动数据；二是通过数据分析能力反作用于业务流程，为企业经营决策赋能，也就是数据驱动业务。简单来讲，数字化到数智化的转变，就是由“单轮驱动”向“双轮驱动”转型的过程。

面对当下和未来，我们着眼强调数智化，因为数智化能够让已投入到数字化转型的客户获得更现实的回报。这 20 年来，百胜软件所做的事情便是持续地帮助客户，将数据转化成价值的过程。过去我们已经积累了大量数据，这些数据可以理解为生产资料，而自然语言、知识图谱等智能技术可以理解为生产力，两者相互作用才能产生价值。

1.1 数智化转型是零售企业未来趋势

数字化大变革

5G 将人们带入一个万物感知、万物互联、万物智能的世界。对于零售产业而言，万物互联也将成为不可逆转的改变趋势。5G 的应用，不仅进一步打通了消费者与品牌商之间的通道、构建了个性化定制零售模式，更推动了数字化和高度数字化门店的大规模复制，加速了传统零售门店的数字化升级。

2020 年正式进入 5G 时代，所有行业都在加速数字化建设，其中在无人驾驶、智慧城市、虚拟现实等应用场景中成效最为显著。新零售的“新”体现在新业态、新人群和新品牌。但其实质终究仍是零售，真正的核心依然是人、货、场这三要素。在 5G 技术革新下，新零售无人化模式将更加贴近消费者，物联网技术的发展也为无人化实现提供了核心技术支持。

图 1－1　5G 带来的万物感知、万物互联、万物智能的世界

市场细分下沉

三四线城市用户没有一二线城市用户同样丰富的文化生活、教育资源等，但这些都可以通过数字化消除，因此下沉市场成为部分公司实现流量快速增长的最新目标，将目标下沉到了三四线城市及乡镇。快手、抖音和拼多多的成功已经证明了市场下沉可以收割巨大流量的事实。

我国目前四线城市人口总量超 10 亿人，市场潜力巨大。随着人们收入的不断增加，下沉市场的消费能力日益凸显。未来 5～10 年将是市场蓝海，下沉市场的机遇在于人们将由家庭消费趋势转型为个人消费趋势，品牌化、高端化的产品将更富价值和竞争力。

图 1－2　下沉市场潜力巨大

消费分层迭代

新零售、渐进性的消费升级，将供给端到消费端的中间环节彻底打通，同时倒逼企业通过技术赋能、生产端改革等，来提升供应链效率。例如海淘，缩短了购物消费的距离，与之对应的渠道、品牌策略、品牌传播与产品交互也随之发生变化。

C 端在消费品的消费观念上的变化是明显的，从便宜到优质，从商品到服务，说是消费升级没有错，说是消费降级也没有错。京东的京造、阿里的盒马生鲜、网易的网易严选等，其实都是在为追求品质生活的用户群体服务，而快手、趣头条、拼多多则做的是下沉市场。企业可以针对不同的消费用户群体，两个方向同时进行。一种是做高端品质服务，一种是向下沉市场渗透，两者并不矛盾，且都有十分广阔的发展空间。

场景零售为王

2020 年我们开始逐步地进入了 5G 时代，与之相应的，各行各业的数字化进程也在逐步加速，新的业态、新的服务、新的资源、新的渠道、新的关系、新的需求都作为新零售的一部分在逐渐形成。

场景零售作为新零售环节中必不可少的一环，线下各大卖场几乎都推出了以数字化、趣味性、便捷性为目的的应用或者工具。从消费者体验出发的场景创新，近几年层出不穷，应用的还都不错，比如随处可见的天猫 U 先等。

因此消费升级倒逼消费场景升级、迭代、优化，还会持续。未来理想化的新零售场景就是消费者可以在任何时间、任何空间、任何触点上，全程无感完成交易，消费全程的数据同时能完整的沉淀，从模式、场景、产品、体验、服务等方面为消费者带来全新的感知，同时也能为企业提升效率、达到数据闭环。

智能零售 OAO

这里的 A 指的 AI——人工智能，5G 时代将是人工智能的一大爆发点，几乎所有互联网大厂都投入了相当精力在 AI 技术的储备及研究。基本能达成共识的是，人工智能是新一轮科技革命和产业变革的主要驱动力量，对市场经济发展有着深远影响，国家新基建的布局更是大力催化了这一发展。

结合零售行业现状，当下市场中也有很多人工智能的使用。人工智能相比人工，更能有效地区分客户，比如人脸识别、VIP 识别等，通过 AI 识别顾客人脸，可以拉取出顾客的会员账号、消费记录、复购次数等信息。但数智化升级、数智化场景的升级也不仅局限在场景的丰富多样以及消费者体验上，如何将数据作为资产更好地回流到企业内部，实现从信息流、资金流、数据流、物流、服务的闭环，是智能零售下一阶段需要考虑的问题。

图 1－3　智能零售提升消费者体验

品牌为王时代

以前，很多企业更关注渠道、价格、营销活动等，并未将打磨产品放到第一位，但是在全新零售的时代，除了关注消费者需求之外，产品本身质量过硬，依然是亘古不变的绑定消费者的唯一真理。

2020 年，当消费者更需要品牌认同感和归属感时，打造品牌力就将成为很多企业的重点之一。有了好的产品，企业在打造品牌力时会减少很多阻力，品牌的知名度越高，客户画像越准确，利润就越高，营销难度相对也会降低。

无论如何，市面上不缺好的营销手段，缺的是打磨产品的耐心，将产品做到极致，才是打造品牌力最稳固、最可靠的方式。

全员直播带货

2019年的双十一，品牌商家们又多出了一个新的标配——直播带货，和前几年相比，2019年天猫双十一期间品牌预售的直播场次翻了一倍。淘宝直播负责人曾在接受采访时提过：直播电商的核心永远是商家，而非网红达人，数据显示2019年淘宝90%以上的直播场次发起者都是商家。

而在2020年商家们的关注点转向了全员直播上面，相比达人直播，企业自己的员工对产品更熟悉，直播时间、场地、优惠活动、互动等也相对更灵活，当遇到解决售前售后的问题时也能更快更好地解决，消费决策缩短了，全员直播的优势就明显体现了出来。

私域流量经营

私域流量是由公域流量衍生出来的概念，不同于公域流量的诸多平台限制，私域流量的可控性相对更高，对用户的渠道触达更加直接，并且关联用户的感知程度更好，是属于企业的自有数据资产。

从市场趋势来看，较早搭建私域流量池的商家已经开始享受其带来的红利了，未来1~2年，预计会有越来越多的企业开始加入私域流量运营的队伍，不过如何有效变现也需要企业不断摸索，但可以预见的是，私域流量池，未来必定会是企业的一把利刃。

社群社交零售

社群是社交零售中必不可少的工具之一，它结合了线上电商的便捷与线下的社交性，为零售提供了一个更加快捷、更贴近消费者生活的渠道。

随着城市的建设及发展，购物便利性基本已经能够满足消费者日常生活的需求，因此便利性不再是唯一衡量购物渠道的维度。如何满足伴随消费升级而来的消费个性化需求，将是社交属性必不可少的一环。

图1-4 消费者个性化需求凸显社交零售的必要性

"社群+小程序"即时电商

根据相关数据统计显示，每天通过小程序支付产生的交易数量已高达到8亿多笔，平均每个小程序用户每天都会产生一笔交易行为，这意味着使用小程序购物的消费习惯已经逐步形成。

对企业而言，利用小程序做商家运营、获客、推广可以大大降低成本，消费者的购物门槛也更低。如每日生鲜就是通过小程序建立每个用户和各个商家的直接联系，不仅能够享受优质购物体验与服务，还可以精准洞察社群用户的消费习惯。

1.2 零售企业数智化转型挑战

2019年，全球经济的不确定因素仍然存在，国内宏观经济向高质量发展的转型也在逐渐加速。数智化赋予了企业新的机会和方向，同时面对新玩家、新玩法、新竞争，也带来了更多挑战。外部的消费者正在变成熟悉的陌生人，内部的新一代员工也在期待着组织里的新气象。

这样的变化并非刚刚开始，但比以往更为迫切。企业需要意识到，这是一场持久战，而我们应该去做的，则是要在其中辨别出创新的正方向、主脉络，找寻并开启下一轮可持续增长的引擎。

增长趋缓：粗放模式难以为继

近年来中国经济正在步入中低速增长的阶段，GDP年均增速从2011年的10%、2012年的8%，回落到2015年的7%、2018年的6%左右。我国社会消费品零售总额也开始放缓，2018年社会零售总额增速9%，2019年上半年同比名义增长8.4%。据数据显示，汽车销量自2011年以来每年的个位数增长已成常态，2018年甚至经历了28年以来首次负增长，2019年销量增速为-10%左右；服饰行业从2010年销售额同比增长25.8%降至2019年上半年的仅3%左右。另外，从中长期来看，中国零售消费市场仍然孕育着巨大机遇。通过中美商品零售对比发现，2008年中国仅相当于美国的一半左右，而2019中国的商品零售额出现大幅度提升，与美国已经非常接近。另外，2019年中国人均GDP已接近1万美元，未来一段时间还将可能达到人均2万~3万美元的中等发达国家水平。随着中产阶层数量在我国的大幅度提升，中国市场也将迎来零售行业大爆发的历史性机遇。

但新的机遇并不属于所有企业，只有抓准时机，成功实现数智化的企业，才能在未来市场中保持持续增长。

竞争加剧：新势力重新定义新行业

随着数智化转型趋势的加剧，商业环境、企业竞争法则、产业边界等都在发生着变化，旧的商业模式也因此被动摇了，大致可以体现在以下三类企业：

第一类企业是在互联网平台和数字经济基础上进行信息化建设的重构或升级，从而大大提升企业的创新能力，并迅速崛起，典型表现就是各类新锐品牌的超速发展。

第二类企业是全面拥抱数智化升级，通过技术或模式创新，来重塑产品形态、使用方式，改变了商业模式、重新定义了竞争规则，从而加大了传统企业的变革压力。

第三类企业是一些国际大牌以及国内老字号积极参与数智化转型，并取得了不俗的成绩，在变革升级的过程中引领了产业新方向。

以上三类企业，尽管在发展路径和创新方式上各有差异，但他们也有着若干共同的特性，如：都在理念上崇尚数字化；都在技术上高度借助了云计算和中台等手段，运用数据的力量；都在主动拥抱年轻消费者，注重消费者运营；都在营销上积极探索最新的直播、网红经济等数字化方式；都在渠道上集中资源用于线上营销和电商平台；都在产品上追求快速迭代、在组织上追求轻资产及敏捷的运营模式，并在供应链方面有着快速的响应能力。

需求分化：消费主权崛起

消费升级导致了消费需求正在逐步呈现多元化、细分化、个性化等特点，从这些特点反映出消费者主权正在加速崛起。而面对多变的市场环境，只有持续创新的企业才能有所收获。

2020年我国中产及富裕家庭数量将达到1亿户，这将占到我国消费人群总占比的55%，中产阶级将正式成为我国消费人群的中流砥柱。同时，下沉市场仍有可渗透的空间，2017和2018年，淘宝天猫月活用户增加了2.56亿人，其中70%来自三线及以下市场。

消费者关注点是功能与体验并重，消费人群也在逐步趋于多样化，分化为炫耀式、文艺控、科技大人、虎妈猫爸、亚文化偏好等多种类型的消费群体。

图1-5 消费者需求趋于多样化、个性化

从品类来看，产品升级迭代的速度正在全面加快。2018年天猫平台新品款数超过5000万款，相比2016年增长超过10倍。2019年天猫平台新品款数已经超过了9000万款。研究显示，中国消费品牌通过品类创新推动市场规模不断扩大，品类创新总体贡献度达到29.6%。箱包配饰、家居、服装、家具、食品、母婴、手机六大行业尤其明显。

消费者逐渐明显的话语权，加上其需求的个性化及多元化，致使整个市场的竞争愈发激烈。

C端倒逼：B端变革亟待加速

在过去10多年里，借助互联网的快速发展，中国消费者的工作、消费、学习、生活、娱乐等行为已经高度数字化，呈现出线上线下多渠道、多触点全面融合的特点。相比之下，我国企业的数字化，要远远落后于 C 端。市场变化逐步加剧，但企业反应速度却远远不够，在整个产业链条上，数字化程度会更弱。因此，B 端加速开展数字化和进一步的数智化，必将是未来几十年里我国数字化领域的主要方向。这也是近年来工业互联网、智能 + 等政策的关注点和着力点。

变革，最好马上开始

在过去粗放式的增长模式和运营模式下，传统企业已经越来越难在当下市场中生存下去。为了寻求转型，涉及企业各方面运营的数智化转型，无疑成为很多传统企业的“救命稻草”，是很多企业摆脱困境、跃上新台阶的“良药”。

但在转型之路上，行动缓慢者，其中不乏著名的品牌企业，已经感受到了各种风险的到来。这些风险不仅影响到了企业当前的发展态势，更影响到了对未来的方向把控和预期管理。

为了更好地推动品牌的数智化转型，减少转型中的试错成本，企业管理者需要更深入地理解数智化的理念，更切实地了解更多先行者的最佳实践。

1.3 零售企业数智化转型方法论

中国商业正在由“消费红利”经济向“数智创新”经济进化，发展思路从单节点成本和效率提升，进化为消费品全生态重塑增长方式，数智化技术触发了商业生态的全链路数智化转型。

消费品生态全链路数智化转型，可由阿里云研究中心联合 KPMG 发布的《2020 消费品生态全链路数智化转型白皮书》来进行高度概括，即：基础设施云化、触点数字化、业务在线化、运营数据化、决策智能化。

基础设施云化：以先进技术夯实数智化转型的核心能力底座

基础设施云化反映了企业数智化转型的基本技术能力。云计算除了为企业数智化转型提供了算力基础外，还涵盖到支撑企业智能运算的算法模型能力、数据存储能力、数据之间传输的网络连通能力、敏感数据的安全能力以及对数据实时和离线处理的能力等。

触点数字化：信息流升维，推动物理世界和微粒化数字世界的深度融合

触点数字化反映了企业数智化转型过程中，企业与各方交互触点数智化水平的成熟度。数智化的触点主要通过各个触点的数字化、移动化、智能化达到多维度的消费者行为感知、员工和组织感知、商品状态感知、合作伙伴和生态感知，使得企业在全链路保持连接和数据获取能力。

业务在线化：网络协同促进全价值链业务能力重构，拉动企业价值提升

中国消费互联网已经在全球遥遥领先，消费者已经全面在线，倒逼企业组织在线、沟通在线、业务在线、协同在线、产业生态在线。技术和数据驱动的数智化带来的各行各业商业创新裂变将在端到端全生命周期、全链路、全渠道、全要素、全场景发生。

运营数据化：全面激活数据的商业价值，微粒化运营突破效率天花板

企业在数智化时代需要启动和激活数据的商业价值，充分挖掘自身高价值的“小数据”，并充分结合生态的“大数据”，实现数据驱动业务，进而形成分析和洞察驱动型的企业文化。通过完善的数据体系，数智化企业可以利用数据洞察赋能企业的全价值链，为企业的员工和合作伙伴提供运营指导，实现降本增效，同时提高合作伙伴之间协同效率，改善消费者体验。

决策智能化：从边缘到核心，AI 驱动企业全链路效率提升

构建企业的“数智大脑”是企业数智化转型的重要方向。基于复杂智能算法的推荐、预测、决策等结果，企业在系统层级直接采取相应行动并根据数据不断地完善和补充。企业的智能化场景将日益丰富，智能化决策通过对大数据进行不断的训练与学习，从而做出更加智能的决策，形成良性的学习反馈闭环，最终帮助企业实现全链路的高效决策[1]。

1.4 小结

数智化带来的触达和连接的几何级增长，与消费等各个产业的交叉碰撞，正在为企业带来百年不遇的机会，同时也成为横在许多企业面前的数智化转型鸿沟。

百胜软件致力于联合各行各业生态伙伴一起赋能品牌商和零售商加速全链路数智化转型升级，提升消费者体验，开源、节流、提效、创新以提升商业运营效率和效益!

第2部分

数智化转型从战略到执行

面对行业和市场的巨变，企业如何通过对数智化发展转型适应这种变化，从而提升自身核心竞争力？如何量化评估企业数智化转型的关键结果？我们说数智化转型是企业未来的核心战略之一，需要企业高度重视，同时通过对组织、项目和业务的不断迭代、调整和完善，最终使数智化成为企业发展的助推器。

需要注意的是，战略重在落地，而非泛泛而谈的空想，要保证战略落地，可以从如下几个方面展开执行：

2.1 确立战略目标

数智化转型除了信息化的变革，还涉及企业的组织变革以及流程再造，与以往为了满足某些业务单元的系统建设不同，是一个持续不断的过程，所以企业必须在不同时间节点制定不同的战略目标。

图 2－1　确立战略目标

数智化转型的中长期战略目标就是快速高效地通过多触点、多渠道输出企业能力，利用数据和信息进行决策，增强经营能力，实现业务增量。

2.1.1 系统架构要实现快速高效

传统的后台应用特点主要就是慢和贵，而且系统的架构设计、服务目标已经和时代脱轨。天下武功唯快不破，只有快速高效地满足消费者需求和应对市场变化才能让企业立于不败之地。快速高效的数智化平台系统之所以重要，因为它赋予和加强了企业最核心的能力——用户响应力。为了满足快速高效的要求，系统建设必须满足以下六点：

信息系统要统一数据口径，消除信息孤岛和统计指标上的歧义

比如两个产品的销售额一个含税，一个不含税，它们有一个相同的指标名称都是销售额，但是结果却完全不一样。业务人员面对这些指标，不知道指标背后的统计口径和真正代表的含义，也就很难使用这些数据支撑业务变化。只有统一的标准和信息融合，才能让信息达到水平和垂直共享，才能更准确地管理需求、预测需求，让数据和信息距离业务更近，为企业提供直接的业务价值。

系统提供标准 API，快速对接层出不穷的线上平台

过去信息化系统建设更多是为了满足具体的业务需求，不会考虑对外的开放性，这就导致系统间的集成非常困难，一旦有对接和扩展需求，就要进行大量二次开发，甚至表结构、系统重构，严重拖慢了业务响应速度。在这样一个瞬息万变的商业时代，系统必须更加开放，对外提供标准化的 API，达到高内聚、低耦合的架构体系，保证快速且高效地进行数据传输与对接。比如 2020 年新冠疫情期间，很多企业面临经营困境，需要通过直播、短视频、微商城等消化库存，但是由于过去封闭式的系统建设，没办法做到快速响应，丧失了市场机会；相反，有一部分企业很有远见，提前布局，收效非常明显，也就没有受到疫情过多的影响。

打破前后匹配失衡问题

过去的后台系统建设不是主要服务于前台的业务创新，而是为了实现后端资源的电子化管理，解决企业管理效率问题。但是后台系统重、前台系统变化快，企业为了应对，不得不把前台系统越做越臃肿，形成一个个“烟囱式”系统，前后失衡。所以企业需要利用中台，把后台系统的公共能力抽象出来为前台系统创新提供支持，通过中台的复用能力，避免重复基建的资源浪费，降低运营成本，提高响应速度。

能够处理大数据的技术架构，系统必须能支持海量的结构化、半结构化、非结构化数据存储

数据作为企业核心资产，需要妥善贮存。目前，企业系统大多还是采用关系型数据库，仅支持对结构化数据的存储，无法收集存储和使用系统外的数据，如：图片、视频等，这些数据的采集和存储也是支持企业经营的关键。另外，未来的是万物互联的世界，随着 IoT 芯片的普及，虚拟现实、增强现实、无人零售商店、机器人智能仓储等将逐步落地，这些场景产生的海量数据同样需要系统对其进行保存，用以支持企业未来的智能化发展。

高性能、高可用、可扩展

过去的单体系统架构往往面临以下问题：

· 取数效率低。

系统使用一段时间随着数据量增加，硬件老化，就会出现卡慢现象，严重影响业务部门的效率；

· 维护成本高昂。

以往企业一般采用自建机房，搭建本地服务器的模式（有些大规模的企业服务器会使用小型机），每年对机房和服务器的维护成本在几万元、几十万元不等，给企业带来沉重负担，去 IOE 化、基础设施云化已经成为趋势；

· 升级困难。

单体架构升级或者打补丁已经成为企业的噩梦，一旦涉及升级，就需要业务停滞，而且升级还会带来不确定的风险；

· 流量高峰带来的压力

由于无法横向线性进行系统扩容，在面临一些流量高峰的场景时，比如双十一等大促，企业便会面临丢单、宕机等系统故障，如同噩梦。

数据安全

数据已经逐渐成为企业的重要资产，但是很多企业过去对这块的重视程度往往不够，导致各类数据安全事件层出不穷，比如 2017 年的“勒索病毒”给很多企业带来了无法挽回的巨大损失，未来企业的信息化建设要考虑数据被破坏、更改和泄露的隐患。

图2－2　基础设施云化保障数据安全

企业可以利用数智化中台系统解决以上的问题，从信息化的角度来说也就是第 1 部分所讲到的基础设施云化。数智化中台系统基于云计算，采用微服务架构和大数据存储技术，服务节点随需求进行弹性扩充和缩减，并且支持业务实时在线的同时进行系统升级。

2.1.2　渠道与触点合理整合

面对既有的线上各类平台（比如阿里系、腾讯系、头条系等）、线下不同的分销渠道（直营、联营、代理、加盟、托管、临特体系“快闪店、特价店”等），过去企业在数据采集和整合层面做得非常不足。这样做的恶果就是，数据分散且准确性差，造成企业的决策偏差。数智化中台系统要能够整合归集线上线下所有渠道的数据，做到全渠道的资源共享，包括会员、商品、订单、库存等。只有整合了全渠道多维度的数据，做到触点数字化和业务在线化，才能达成信息共享，有效提高企业的存货周转和数据预测能力，为后面的企业能力输出和智能决策提供数据支撑。

2.1.3 企业输出能力提升

单客经济时代，消费者的个性化需求越来越被重视，因此供需关系也产生了一定变化，从以产品为中心逐步转向了以用户为中心，“酒香不怕巷子深”的时代已经成为过去时，现在企业营销从人找货已经过度到货找人阶段，营销的重点则从渠道经济转变为体验经济。通过数智化中台系统的搭建，企业可以利用线上线下各种触点渠道，对顾客输出企业的品牌文化、品牌故事、产品故事及优质服务等。因为每个人的可支配时间是有限的，优秀的品牌都在尽量增加曝光度，抢占消费者时间，提高用户的转化率。

此外，对比国外优秀企业，中国企业目前很尴尬的现状就是没有品牌力，没有品牌力也就没有品牌溢价，造成客单价提升不上去，客户忠诚度差。造成没有品牌力的原因很大程度上就是企业对顾客的运营和服务做得不到位，存量用户流失度高。过去企业对客户关系的维护要么不重视，要么没有合适的信息通路，只能靠打折促销等简单粗暴的手段维系客户。数智化转型很重要的一环就是通过打通归集线上线下数据，搭建自己的私域流量池。通过数字化触点和私域渠道维系客户关系，增强消费者对品牌的黏合度，才能提升品牌溢价，最终提升用户在整个生命周期中的贡献价值。

2.1.4 数智化决策能力提升

数智化转型的核心之一就是运营数据化，有效利用数据，帮助企业做智能化决策。企业经营归根结底就是对产品流、资金流和信息流的运营，而数智化就是利用整合归集后形成的全域数据资产，帮助企业做智能决策。

比如，人的层面支持精准营销，阿里的千人千面就是最好的例证；货品层面要通过数据指导新品研发，针对货品季前、季中、季末不同周期的分配策略；场的层面有效选址，精确的促销预测，以及供应链的整合协同管理；财务层面支持全面预算和滚动预算，让企业的现金流健康稳定。

2.1.5 经营能力增强

企业经营的最终目标就是获得持续的盈利能力，为了满足这一目标，必须通过运营的数据化和决策的智能化提升企业的经营能力。我们说获利能力是非常容易被外部竞争者破坏，比如说我今年到乡下种香蕉获利 100 万元，第二年全村都开始种香蕉，我就失去了市场和利润，换句话说，其实就是获利能力的准入门槛比较低。这种现象在我国尤其明显，由于过去我国的人力成本比较低，企业靠粗放式的管理就可以盈利，但随着成本上升、国际化企业加入战场，国内企业在这方面的缺点就被暴露和放大了。在很多领域，国内企业的核心技术对比国外企业不差多少，主要问题就差在管理上，比如国内企业大部分只能做几十个、几百个零件组装的产品（手机、电脑、鞋服、珠宝等，都是简单的零部件加工生产），而波音、空客的组装零件要几百万个，宝马、丰田的零部件也有几万个，这些优秀企业要管理好如此复杂的供应链体系，是离不开优秀的精细化管理做支撑的，对企业的管理理念和信息化系统也是一个极大的挑战。

2.1.6 数智化带动业务增量

以往企业在扩充品类、扩充生产线、多品牌经营中，由于缺乏有效数据（比如精准的用户画像、行业数据和竞品数据），往往都是感性决策，导致新业务开展风险高。实施数智化战略，就是要把数据有效地整合起来，做到触点数据化、业务在线化、运营数据化，依据数据进行新业务的智能化决策，降低新业务开展风险，提高新业务的成功率。

2.2 调整组织结构满足数智化转型需求

传统的企业组织一般都是分职能独立运营，每个部门的利益和考核指标都不一致，业务优化也基本都是局部优化，很难站在全局进行统一优化，久而久之这种模式使企业很难应对前端的市场变化、实现利益最大化。因此要想开展数智化转型，就得先从组织入手，可以考虑独立的新零售部门或者虚拟组织，拉通业务、运营、IT、财务四个重要工种，其中业务是垂直管理，运营负责横向拉通。

2.2.1 业务人员

业务人员主要是负责调配组织结构以及在战术层面上制定相应策略，快速适应新业务发展规划，这部分可以从对“人”的管理、对“货”的管理、对“场”的管理三个层面进行阐述。

2.2.1.1 对“人”的管理

从人的层面来说，包括对内制订人员招聘计划、人员激励计划、人才发展计划、利益分配机制等。首先是数智化转型对人员能力和素质要求是不一样的，原来企业招聘的人员更多是聚焦在某一个业务点（商品、销售、采购等），人员能力相对单一，新零售时代更多的业务是横跨几个组织职能的，比如线上线下业务一体化，如果线下销售人员不懂线上业务，那么在具体执行时，就会出现鸡同鸭讲的情况，不利于业务展开。

图 2－3　对“人”的管理

针对这样的情况，首先，就需要企业在招聘时更多考察人员的多维能力，对已有老员工进行新业务的培训提升其综合能力；其次，在开展新业务（比如全渠道业务）时，需要企业在制定员工考核指标时进行多角度的评估，适当调整人员的考核机制，由原来垂直的考核指标（比如销售额、消化率等），逐渐转变为横向的考核指标（比如服务满足度等）。

前面我们谈到了单客经济，很多企业也逐渐意识到每个会员的终身价值对于企业的意义，所以对外制订会员经营策略、会员服务策略、会员忠诚度计划等就显得尤为重要。但是大部分企业的会员管理部门都隶属营销部门，职权有限，没办法通盘考虑企业经营制定合理的会员运营策略。比如说，线上（天猫、京东）会员和线下直营体系的会员等级是否可以通用、积分和优惠政策是否一致、直营和分销加盟代理体系的积分与优惠如何打通交叉使用等，这些问题都直接影响用户的体验一致性和忠诚度，需要业务人员站在企业利益最大化的前提下审慎思考，制定相应政策，逐步推广落地。

2.2.1.2　对“货”的管理

货的管理包括制定商品企划策略、价格策略、供应链管理策略、采买策略、产品生命周期管理策略、内容策略等。对于货品的管理涉及企业经营的方方面面，是一个非常庞杂的体系，本文只拿出几个时下热点内容做探讨。

前文我们提到了国内企业和国外企业的最大差距就在管理上，管理中又有很大一部分内容在供应链和货品生命周期的管理。从供应链上看，由于中国国土幅员辽阔，很多企业都采用期货制订货模式，然后通过层层的分销体系最终再送到消费者手中，这种模式造成了一个供应链管理中的顽疾：牛鞭效应，就是由于分销体系层次多，消费者在终端的数据无法收集，每一层的分销商都为了自己的利益，放大或缩小市场的实际需求水平，作为品牌方无法利用真实数据做销售预测，只能盲目按照订单或者企业领导人盲目主观生产，最后市场没能力消化，导致呆滞库存产生，企业为了消化库存只能被动打折促销，损失品牌利益和品牌形象。

供应链作为数智化转型中的重要一环，需要企业首先将自己的业务在线化，只有数据能够上下游协同共享，才能利用有效数据预测需求，制订合理的采买计划、生产计划，减少不必要的库存堆积。其次，业务在线化之后，虽然我们可以在产品的季前环节制定合理的采买生产计划，但是要警惕，需要永远不可能预测准确，那么我们就需要在产品首次铺货之后，监控产品的动销情况，建立预测模型，实时分析产品的畅平滞情况，做好季中调货，让产品出现在最适销的地方，减少无效调货产生的损毁和物流成本。最后，其实做好了产品的季前、季中环节，季末的产品促销就会相对轻松很多。

2.2.1.3　对“场”的管理

场的管理包括制定价格策略、全渠道策略、促销推广策略、渠道策略等。在场的层面需要考虑的因素中，最重要的就是全渠道线上线下一体化带来的问题，比如说线上线下一盘货的情况下根据订单来源的不同（线上线下、直营加盟托管代销），如何制定库存归集策略（分区域、店铺等级等设置虚拟仓）、结算分配策略（分为下单方、发货方、货权方）等。目前企业全渠道还处于初始阶段，为了简化处理结算分配，一般都是以货权归属方做利益分配的核心，随着数智化转型的不断成熟，企业能够监控到上下游多维度的数据就可以制定横向跨职能部门的服务指标，达成精细化管理的目标。

此外还要考虑全渠道业务场景下促销策略的制定。原来企业线上线下割裂的情况下，促销活动制定也是各自为政。通过数智化转型，线上线下融合后，要通盘考虑线上、线下促销活动的制定，以免带来活动的重叠和冲突等情况。

2.2.2 运营人员

运营人员一般主要负责的内容有：一是给业务部门提供各种经营数据；二是线上 + 线下的计划、活动等统筹策划；三是全渠道会员全生命周期的管理，私域流量运营等；四是品牌形象、品牌文化、VI 输出等。

这里有一个重要问题需要重点谈谈，就是跨部门的资源共享。原来企业在经营过程中，由于横向的组织方式，在每个业务部门都会产生各种有价值的数据，比如市场推广部门会随着产品上新拍摄宣传图片、视频等，但是这些数据往往只存在于个别业务部门的系统中，其实包括线上和其他渠道都需要这些数据，只是缺乏信息共享，就导致这些部门不得不浪费资源重新拍摄。企业中类似的情景经常出现，数智化组织中这种情况属于运用人员的工作范畴，需要跨部门横向管理才能避免这种浪费现象。这种资源能够共享之后，运营人员才能把这些素材包装成内容，输出到各种触点渠道，用以连接用户形成闭环，转化为企业的私域流量。有了以上的数据基础，才能谈到私域流量运营、才能有效管理全渠道会员的全生命周期，这才是企业会员运营的终极目标。

2.2.3 IT 人员

IT 人员除了负责提供技术支持、对项目的管控及质量管理，还有数智化转型对 IT 人员对能力模型也提出了更高的要求，比如数智化中台系统提供了大量的 API 和二次开发插件、个性化报表设计模块等，当企业遇到新的业务需求时，可以由 IT 人员独立进行开发，快速满足业务变化，这就需要 IT 人员提升自己的个人能力。

2.2.4 财务人员

财务部门主要负责：业务盈利分析、业务可行性分析、业务合规分析。由于原来的企业经营，财务总是放到最后的环节，并不深度参与业务，导致业务的很多决策凭空增加了很多财务的工作量并且产生了一些合规问题，最后还不确定业务是否能盈利，所以财务需要在数智化转型中深度参与业务分析，扮演重要的角色。

比如说，如果财务部门在项目前期不参与的情况下，制定业务流程时候大家都没有异议，最后到财务环节发现很多流程走不通，可能是因为不同独立法人、不同国家、不同地区对财税管理要求不同，最终造成了项目设计中的成本浪费。

2.3 落地效果监管

数智化转型有了目标和组织还不够，因为做任何事情都需要监管和控制，尤其是数智化转型很多业务场景都是横跨几个组织，给指标设定带来了不小的挑战。建议在设定指标时，从三个维度思考。

销售指标，不论企业制定何种战略，最想要的肯定是提升销售指标。比如，通过新零售的业务，提高连带率7.2%、提高客单价6.3%、增加渠道订货量7%、会员增长率提升14%、会员贡献率提升3%、会员复购率增加14%、会员流失率减少10%、活动响应率1%、售罄率提升1%、折扣率降低2%、动销率提升3%等。

图2－4 设定指标

管理指标，如果说销售指标是开源，那么管理和服务指标就是节流。比如全渠道监控指标：退单数（超过5%）、延迟发货、客诉率下降3%；减少员工手工作业91%、提高有效调拨率13%、提高库存周转率 8.3% 等。

服务指标，上面提到新零售的很多业务涉及横跨业务部门，所以我们还需要通过服务指标来管理横向部门之间的协同。比如，订单满足率提升 5%、订单执行率提升 2%、投诉率降低 4%、订单响应周期缩短到 12 天等。

2.4 应对挑战和风险

在新零售时代下的数智化战略任重而道远，必须时刻保持警惕，保持快速迭代、小步快跑才能适应市场的不确定性。以下问题需要在经营者的头脑中提前冷静思考：

一是组织支持方面的问题：

· 产品、价格、库存、订单、促销的统一，线上和线下的促销活动不同频造成的价格差异引起的可诉问题如何处理？

· 利益如何分配？比如线上店铺需要提高 DSR 评分、线下店铺有销售保底，如何进行平衡？

· 每个人、每家企业都有惯性思维，在面临组织和业务变革的时候容易形成阻力，如何把这种阻力变为动力？如何找到样板效应的业务单元？

二是机会成本的问题：

新业务势必会在短期影响企业正常的生产活动，如何进行取舍和协调？

三是预期管理问题：

企业要考虑新业务是不是万能的？是不是能够解决企业经营面临的所有问题？如果不是，我们如何合理确定新业务的期望值？

2.5 小结

市场经济中，随机性随处可见，人们总是以自己有限的经验疲于应对。数智化转型就是用一种反脆弱性来应对“黑天鹅事件”的战略选择，所以需要配合组织变革、流程再造等工作进行落地。科利·多克托罗曾说，铁匠在啤酒中洒下眼泪，悲叹自己没有办法在铁路时代卖马掌，但是这并不会使他们的马掌更受欢迎。那些学习变成机械师的铁匠才能保住自己的饭碗，产品生产方式必须因时代而变，企业唯有快速顺应时代才能赢得未来。

第3部分

搭建企业中台，实现零售企业数智化转型

>>>>

3.1 业务中台搭建策略

3.1.1 业务中台的定义

零售行业竞争日趋激烈，市场变化也越来越快，在大数据、人工智能及云计算等技术的推动下，“业务在线化”“运营数据化”俨然已成为行业发展趋势，通过数智化能力来提升企业核心竞争力也已逐步成为各企业关注的重点。通过数据的沉淀积累、分析及预测，快速洞察、响应消费者需求，提升营业额，对商品、渠道、库存、订单等环节进行升级改造，从研、产、供、销进行零售全链路的业务在线化构建，对各个链路中的人货场进行有效管理等。

即使零售行业对于信息化建设的关注度普遍提升，但理想和现实的差距依然存在，大多零售企业的信息化现状仍处于较初级的水平。企业在发展的过程中，由于前端系统需要适应近几年市场的快速变化，基本上都已经积累了很多种管理系统，这些系统大多在上线时是完全独立的，在设计的时候并没有考虑业务全链路的整体协同。随着企业管理越来越精细化，不同的信息化系统之间的连接问题也就越来越明显，数据并不实时在线、不同系统间数据传输的及时性无法保障等，这样的系统无法实现业务的有效协同。

要解决这些问题，企业必须进行信息系统的变革，而中台战略是企业信息化变革的一种落地实践，可以让企业做好能力沉淀，帮助企业以较低的成本快速创新试错、提升效率。

中台的核心理念就是把共享的能力模块化，尽可能地进行共享复用、减少重复建设，同时因为能力与数据的沉淀提升了做创新试错的起点，站在更高的角度来解决问题，并且当发现做出来的效果和现实有差距时可以快速做出调整，适应市场变化。

3.1.2 业务中台搭建方法

3.1.2.1 解构中台的建设目标

解决传统 IT 系统建设存在的问题

中台建设的基础目标就是解决企业现有 IT 建设存在的问题，实现企业管理效率的提升。结合业务与上文（2.1.1“系统架构要快速高效”一节），企业信息化系统建设中最常见的问题多体现在如下几点：

第一，系统建设、运维难的问题。通常是多个软件供应商、多个系统，开放兼容性差，且技术栈不统一，上线之后的迭代困难，开发敏捷性低，无法快速响应业务需求。且不同的系统存在大量重复建设，大量的系统对接，运维复杂。

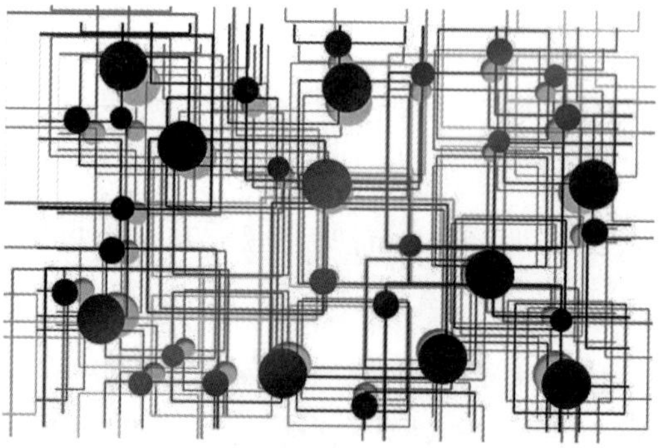

图 3－1　系统建设、运维难

第二，前台臃肿，前后匹配失调。为了应对前台业务的变化，同时保持后台系统的稳定，企业只能将大量的业务逻辑放在前台系统，因此造成了大量的重复建设，前台系统不断膨胀，用户响应力不升反降。

第三，数据沉淀难、使用难。系统建设的过程往往是为了满足业务当前需要，缺少统一的技术规划，特别是对数据治理的规范，导致数据分散在多个系统，数据标准的不统一，整合分析非常困难。另外随着数据的增长，传统的数据库压力大，无法支持实时在线的分析需要。

解决企业常见业务问题

除了解决上述系统问题，在业务优化层面，企业建设中台会希望达成三个目标：

第一，实现企业服务沉淀、快速响应业务的能力。市场环境是快速变化且不可预测的，没有一种万全之策能保证企业立于不败之地，唯一的策略就是不断地适应变化。中台就是要把企业的业务能力通过数字化手段进行沉淀，把分散孤立的能力进行共享、复用，通过敏态业务的轻量化迭代来适应各种业务场景、市场的变化，可以大幅降低工作量以及保障业务的可靠性，快速响应业务需求。

第二，实现业务从局部优化到全局优化的转变。比如，对于老大难的库存问题，相信很多企业都开展过去库存等活动，但往往由于缺少全局数据等原因，企业一般只会将重点放在某个环节，头痛医头，脚痛医脚，哪里有问题就解决哪里。缺少全局视角的后果就是看似解决了短痛，却与根本问题相差甚远，甚至反而会无形中加重根本问题。因此，想要通过全局视角优化企业业务问题，前提就是全局人、货、场、财、数的同步，建设中台就是第一步。

第三，实现企业业务数据的实时、统一、在线。很多企业的 IT 系统都采用传统的烟囱式垂直体系结构，通过软件接口进行信息传递。虽然各软件系统在功能实现层面已趋于成熟，但是随着企业业务的不断扩张，这一结构的弊端也会逐渐体现出来。由于研、产、供、销各环节系统间的协同效率低，导致相互数据间的割裂、不统一、不及时，业务部门之间也会各扫门前雪，效率低下不说，业务运转也会越来越臃肿，也很难应对市场的多变。

业务中台的实现方式

为了更清楚地介绍中台，我们先统一前台和后台的概念：

前台是由各类业务系统前端平台组成。每个前台系统就是用户接入点，即企业的最终用户直接使用或交互的系统。如网站、手机 App、微信公众号等。前台是以用户为中心的互联网敏态业务。互联网公司先有前台业务，通过将通用业务下沉形成业务中台。

后台是企业的核心业务系统，例如财务系统、仓库物流管理系统等，这类系统构成了企业的后台。后台承载稳态业务，相比于互联网公司，企业客户先有传统业务系统，后有“互联网＋”业务。由于后台更多的是保证核心业务的稳定运行，它并不能很好地支撑前台快读创新响应用户的需求。但在目前阶段，对于企业而言，客户的体验又是非常重要的，因此企业需要通过建设中台解决前台的创新问题。

传统的前台和后台就像两个大小不一、速度不同的齿轮，前台讲究快，后台讲究稳，随着业务发展，匹配失衡的问题也就逐渐凸显了出来。

通过构建中台，企业将后端业务资源服务化，用以支撑前端全渠道业务、互联网业务和以客户为中心的敏态业务，如图 3－2 所示。[2]

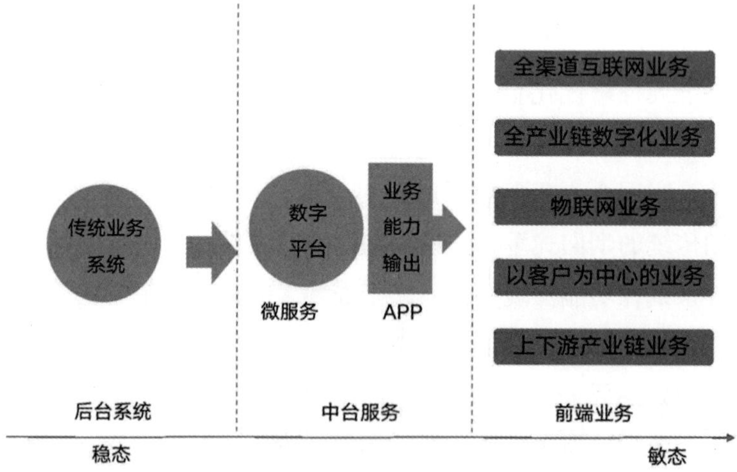

图 3－2　业务中台的实现方式

业务中台全景图

整个业务中台的全景图，应包含 PAAS 平台，DevOps、微服务治理以及微服务 API 管理、分布式集成与流程自动化，如图 3-3 所示。

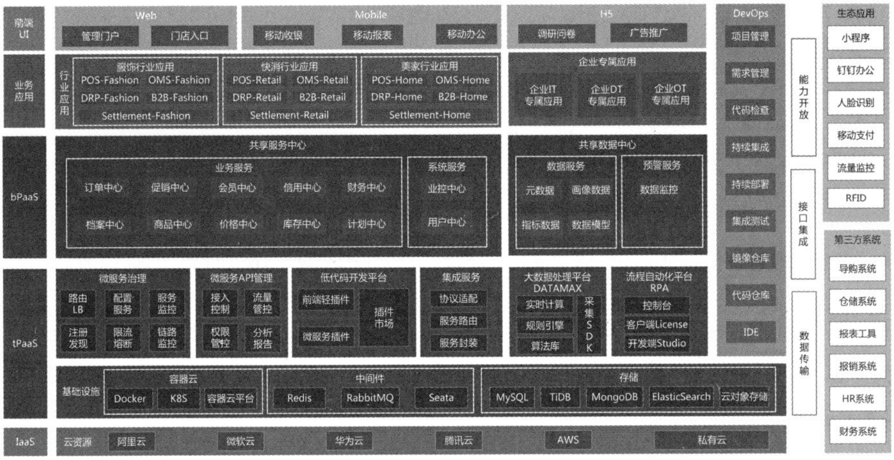

图 3-3　百胜软件 E3 + 业务中台全景图

3.1.2.2　中台建设的投入评估

投入产出比是企业首要关注的问题，中台建设的投入会分成前期和长期两部分。

第一，项目前期的投入。企业首先需从自身出发，考虑目前发展的形式、运营规模，确定要实现的业务范围，以此做出投入分析。企业对这部分投入较为关注和重视，重点评估和分析的也是这部分投入。在 2019 年 6 月份百胜智库组织的一次论坛上，很多知名企业的 CIO 或企业创始人提到，我们内部做了大量的中台可行性分析，从业务运行的实际需要到具体的数据投入，都做了详细的分析和论证，然而结果并未达成一致。无论如何，企业经过充分的评估论证是非常重要的。中台建设一定是内部实际业务驱动，充分评估其重要性、上下一心后，这个时候开始的建设项目才是有充分保障的。

第二，项目的长期投入。中台的建设不同于 ERP 项目，ERP 项目前期一次性投入，后续只需承担运维成本即可。但是中台的投入，可能是一个长期持续的过程，涉及人员、资源、组织等多个维度。同时，业务的不断变化和技术的革新要求中台具备丰富的能力，唯有不断的建设才能使中台具备这样的能力敏捷地应对变化。所以从这点出发，中台建设是持续性的，中台的产出也是持续性的，在不断地迭代建设中，使得中台系统更加完善。

零售企业当前面临电商升级和全渠道业务整合，仍处于不断尝试阶段，大部分研发团队都没能做好系统的底层积累，而是选择了一条看起来更简单也更经济的路径：从一套代码“Copy”出了另一套代码来支撑新的产品。当然也有另外一种选择——砍掉大部分产品，只专注做到一两个。但是，真正困难的不是决定做什么，而是决定不做什么，这种决策比做中台本身更加困难。此外，作为一家成熟的公司，需要有完整的产品矩阵来支撑整个公司战略推进，所以多产品并行是公司发展到一定阶段的必然选择。中台作为打破“烟囱式”管理的系统，则需要站在多产品协同的角度来看公司的战略发展。

俗话说“看十年、做一年”，如今的市场环境日新月异，也越来越复杂，公司要做出准确的五年规划并执行下去已不太可能。这要求企业转变思维，通过看十年的终局思维来判断行业发展最终模型，从而制定公司愿景和方向。

通过制定短期规划的方式，快速落地，根据效果敏捷反应，迅速调整，朝着终局推进。要想做到这点，基础能力的积累十分关键，而中台也是其中非常重要的部分。

中台的建设是持续性投入，同时也是持续性产出。更重要的是，在中台建设过程中，企业的组织、团队、业务支撑都得到了完善，建立了基于中台建设和输出的能力。

3.1.3 业务中台建设路径

近几年，勇于创新、敢于尝试中台项目的企业不在少数，有成功也有失败。中台的复杂度和困难度，让这些企业踩了不少坑，走了不少弯路。百胜软件帮助数十家大大小小的企业成功实施并落地中台项目，也通过与一些专家的交流，共同沉淀和总结了一套适用于业务中台落地的方法论，与大家一起探讨。

3.1.3.1 业务中台建设路径

企业战略分解及现状调研

我们应当建立一个企业和行业的“全景视图”，即更完善、全面地了解企业自身及所处行业。本阶段主要目的是确定实际的路线工作图，并通过路线工作图方式来规划中台。这一阶段主要关注和需要回答的问题是中台架构能给企业带来的价值、建设时间、优先级制定等。为了避免盲目决策，此阶段作为工作路线的前半程，企业要通过各种分析工具和手段，尽量发散性地了解透彻企业和行业的当下境况，为下一阶段提供充分的基础和支撑。

整体上，可以从如下三个不同方向进行分析维度：

· 由外到内：行业与竞争对手分析。

知己知彼方能百战不殆，企业不能闭门造车，一定要先了解行业和外部的竞争环境。比如说关于中台建设，行业中其他企业怎么做的、战略是什么、建设重点是什么、效果怎么样等。当然，分析不代表抄袭，因为每家企业的商业模式、客户群体并不相同。

适用于分析竞争对手的商业工具也很多，如：商业画布，SWOT 分析，竞争对手产品线矩阵分析等。

· 自上而下：企业战略分解。

任正非说：让听得见炮火的人呼叫炮火。中台要改变的不仅仅是 IT 层面的架构问题，还需要有相应的组织架构与之匹配。中台建设是一次重要的变革，必须要得到公司顶层决策者全力参与和支持，才能保证系统落地的质量和效果。也就是说，系统的目标及业务价值需要同企业战略同频，否则就会造成企业战略与中台目标脱轨的不良结果。

可选择的工具包括：OKR、战略平衡三角等。

· 自下而上：现状调研与分析。

企业经过多年的商场厮杀和运营，必然形成自身的经营习惯和思维惯性，自上而下的分析之后还不足以反映企业所有问题。下一步还需要针对企业的现实问题进行更加深入的调研与分析。一方面要充分尊重过去遇到的问题，另一方面又要跳出过去的限制，重新从业务、用户的角度出发探索问题。

可选择的工具包括：关键干系人访谈、用户旅程分析、组织架构分析、服务蓝图、技术架构现状梳理等。

企业数字化全景规划

通过对企业现状和战略调研后，对调研的业务问题进行归类、数据分析和诊断，运用企业架构方法，汇总形成企业数字化全景战略规划。

· 企业级架构方法。

如何设计架构阶段可以参考 Zachman、TOGAF 等比较成熟的方法论，其中 TOGAF 到现在已经有 20 年左右的发展经历，在架构市场的占有率超过 50% 。

· AS – IS 和 TO – BE 分析。

架构设计阶段，核心点是要分析企业信息系统的现状与不足、企业未来战略目标和系统匹配度，找到现状和未来的断层，这些断层就需要中台去填充、解决问题。

· 中台复用的能力类型。

关于中台的复用性，我们需要在不同业务线中寻找哪几类共性能力呢？关于这个问题需要先看一下有哪些中台复用能力方式或类型，那么可以通过两个维度来分析：一是业务模式，二是业务数据。

我们可以想象一个坐标轴，横轴代表业务模式，标准化程度越高，那么复用性就越高，这种方式可以理解为是通过业务模式（业务功能 + 业务流程）的复用，来实现业务扩展的。比如各种垂直电商类网站，就是通过将电商业务模式复用到不同的垂直领域，或是不同地区来实现业务线扩展的；纵轴代表业务数据，也可以理解为数据集成，数据集成程度越高，则数据复用性越强，这种方式是通过对数据的复用，来实现业务扩展的。比如大家都很熟悉的例子——腾讯，就是通过对微信用户数据的集成和复用，帮助了新业务线（游戏）进行扩展。

· 领域分析识别共性能力。

经过上面的能力类型分析，我们发现中台的共性功能可以分为四大类：业务数据、业务功能、业务流程和通用技术能力。

基于领取驱动设计结合事件风暴这两个工具，对业务流程背后的问题空间和解决空间做进一步分析，识别出关键聚合，再通过跨业务线的问题域叠加透视，找出大家共同关注的问题空间和聚合，通过能力识别找到共性场景。

中台的规划与设计

通过第一轮的企业战略沟通与总结，我们与企业战略同频，基于企业战略和内外部环境因素，经过战略分析和现状调研，再通过企业级架构方法的分析，最终能确定平台型架构雏形。

接下来就要谈谈中台的规划和设计阶段：

· 确定中台愿景。

中台一度被定义为解决业务问题的灵丹妙药，但是，要针对性的用药，必须要经过“望闻问切”才能掌握下药的量。中台建设一定不能高谈阔论，一切都要足够简单明确。

中台建设相对传统单体应用，通过现在的技术架构，可以有效避免重复性建设问题，在有限的时间成本里做到资源最大化利用，功能可以复用，避免资源浪费。

业务响应力和业务满意度是考核中台建设进度的重要标志。

· 确定业务梳理范围。

愿景目标确定好了以后，接下来就要进行详细的业务框架梳理，把业务问题具象化，抽取共性功能，汇总成中台的具体需求。

中台是企业级别的架构平台，在业务梳理过程当中要注意一些问题：是否所有的业务线都有梳理？是否端到端的所有阶段都要梳理？业务梳理要到多细的颗粒度等。

在梳理问题的阶段，每家企业的诉求都是千差万别，把所有业务过程中的问题都会抛出来给中台解决，那如何界定中台的项目范围？中台是否要全盘接受所有需求？这时，我们不妨回头看看前面制定的项目目标或愿景，我们需要根据前面制定的项目目标或愿景，这样才可以把各条业务线的不同价值链圈定聚焦在一个区域里。

· 细粒度业务梳理。

业务流程梳理完范围后，下一步就是具体的业务流程梳理工作了，通过流程图绘制输出业务流程图。

· 确定 MVP。

MVP 是一种产品理论，即最小可行性产品。经过业务梳理，我们已经识别和整理了大量的业务中台需求，汇总的业务需求更多的是采用定性的方式，这些假设和分析有比较高的风险，如何有效地应对这些问题带来的风险？此时，就需要引入精益创业中的 MVP 原则，进行横向规划、纵向落地。

中台交付

经过上一阶段，我们确立中台的切入点后，接下来就开始中台的建设。

中台的搭建与实现相对复杂，对技术要求高；我们推荐使用精益产品研发流程与引入精益思想作为指导从而实现价值的定义与度量；在中台的构建过程中采用敏捷的开发方式和快速迭代的研发模式进行交付产品，让产品落地更容易，需求变更响应更快速。

精益思想是一套完整的思想框架，它的核心目标是避免浪费、创造更高的价值；在中台的建设过程中，在精益思想的指导下进行小批量的开发以达到快速的产品交付，同时引入度量并基于测量的数据进行需求的验证和认知，从而实现产品的快速调整与变更迭代。

中台的运营、治理和演进

中台建设过程中的持续治理与推进还有上线后的运用管理都是不可忽略的重要环节，在中台项目的建设过程中经常会遇到各种各样的问题，大多都是治理与运营不好所导致的。没有做好运营方面的业务规划，实际的效果很难量化；到中台建设的中后期这些问题就会慢慢暴露出来。

需要注意的是，在中台的规划与设计阶段就应该开启运营与度量（见下文的运营前置及度量前置），围绕着中台愿景，通过敏捷的开发模式进行落地，围绕中台愿景做好产品的研发细节、进行迭代更新；这样产品的质量与交付才能得到保障。

· 运营前置：制定迭代计划及介入计划。

包含中台的推广计划、用户的培训计划、上线后的运营计划等。

· 度量前置：定义验证指标。

定义中台的验证指标还是比较困难的，难点在于中台无法直接接触用户和市场，中间还隔着一层前台。有一个常被忽略的问题，即中台中所沉淀的能力并不是产品的全部，还需要再加上 NFR（非功能性需求）或者说 SLA（Service – Level Agreement 的缩写，指服务等级协议）才是产品，因为不同的前台之间，不只是对于中台产品的功能本身有不同的诉求，同样对于 NFR 或是 SLA 也有着不同的诉求。

总结下来有两方面是可以进行度量的：一方面在技术上做一些度量，比如：节省的人天成本、缩短的产品发布与实施周期、服务接口的访问量、服务的接入数、服务的稳定性等；另一方面可以从业务层、应用层角度出发，衡量中台整体效果。[2]

3.1.3.2 中台技术落地

说中台不得不说到阿里，从 2009 年开始建立共享事业部开始，不断发展壮大，到现在阿里中台大约有十几个共享业务单元，包括用户中心、商品中心、交易中心等。共享业务单元的划分其实不是可以简单掌握的，要综合考量技术、运营、工程等因素，尽可能遵循“高内聚、低耦合”“业务可运营”“数据完备性”等原则。阿里系统要解决的核心问题是如何支持大量新业务快速迭代、同时支持高并发场景的访问。

阿里采用去中心化的思路，从应用服务层面到数据库层面全面贯彻去中心化的架构思想。在应用服务层面，大力推行分布式服务框架，在阿里内部大规模使用 HSF，解决传统服务总线可能产生的瓶颈问题，同时阿里开源了大名鼎鼎的 Dubbo，为国内分布式服务的推行起到了非常大的作用。在数据处理层面，为了突破 Oracle 的限制以及水平扩展数据库的处理能力，阿里独创了分布式数据库 DRDS，并且自研了分布式事务处理的 TXC 事务管理中间件。还有其他很多有特色的中间件或服务，比如运维监控的 ARMS、线上压测容量评估的全链路压测平台等，为阿里系的电商业务提供强力的支持。阿里中台战略的成功给众多的企业带来了启示。

熟悉架构设计的同学也都很清楚，软件工程上是没有银弹的，没有一种万能的解决方案。中台是一种理念，阿里的中台技术实践之路可以给到不少启发，但是对于大多数企业来说，都是需要结合企业自身情况去考虑业务规划，结合企业 IT 团队现状，选择一个适合企业当下的技术栈和发展路线，不断基于自身的实践进行积累和调整。

技术架构选型

微服务架构涉及大量的技术专题，如服务框架、注册中心、配置中心、接口网关等，对于很多企业来说很多都是新的，如何正确地评估选型是一件非常重要的事情，往小了说是决定项目和团队成败的关键因素，往大了说关乎企业业务发展。

技术选型本身就是一个热门的话题，特别是这些年市场发展变化大，各项技术也是层出不穷，经常需要引入新的技术来解决遇到的问题，而技术选型本身是一个综合性的问题，需要去权衡技术的优劣、团队的接受程度、风险成本等。技术选型不仅仅是技术负责人、架构师的责任，经常还会牵扯到不同部门的相关干系人，可能还会产生冲突，这些因素本身都是要考虑的。

就单单“技术”两个字本身来说，各项技术背后的优劣点都是应该去掌握的，比如背后有没有实力超群的大公司又或者有开源社区的底层做支撑，背后的开源技术社区实际活跃度上是否积极，生命周期是否至少是长久的。除了这些技术因素之外，企业还需要结合自身的真实情况，去考量与技术的匹配度有多高。

技术架构选型有几个宏观原则。首先是从业务出发，避免引入看似很强大实际用不上的技术。我们需要充分地理解业务，理解用户需求，理解当下需要解决的首要问题，以及可能的风险有哪些，再将目标进行分解，进行具体的架构设计与技术选型。不同的业务阶段往往有不同的选型方式，处于初创期的业务，选型风格往往比较激进，更容易选择新技术。只要觉得开发效率高、够用就行。到了业务稳定期，选型风格会偏向尽量选可靠的。技术业务稳定发展的基石，技术选择首选是稳定、可靠。如果业务到了维护期，技术选型会更加保守，会偏向妥协。不太会考虑理想、优雅等因素，会更多考虑更重视遗留代码的改造成本问题，往往会选择小修小补，能不动就不动，够用就好。

其次是使用成熟的技术。技术选型的一大智慧是不要盲目追求新技术，在满足需求的前提下，尽可能采用成熟稳定的技术，等这项技术已经经过验证，再在合适的时机引入，这样会更保险和高效。新技术往往会被早期创业团队或者大公司的创新业务使用，中大型公司的核心业务基本都是使用稳定了几年的技术，一个公司如果长期使用一种技术，往往会倾向一直用下去，也都是有道理的。当然技术团队还是应该对新技术保持敏锐，关注主流技术动态。

最后是技术的生命周期，技术的生命周期必须显著长于项目生命周期，这样技术才能不断改善，一直在业务需求前面。技术的生命力往往不仅取决于技术本身，还和大环境、上下游密切相关，是否有实力的大公司或社区在背后支持非常重要。使用广泛、社区活跃、上下游生态完整的技术往往生命力持久，会驱动着技术的不断迭代完善。

综合这些基础原则，整个中台建设的微服务架构方案整体来说有两套主要的选型方案，然后可以围绕这个方案结合企业自身情况做调整。

选型方案一，以阿里云企业互联网架构为主的技术方案。整体是以EDAS为核心微服务容器，内置提供服务注册与发现、基础监控等能力，并围绕EDAS提供HSF作为服务调用框架，分布式任务调用功能，还可以无缝连接ARMS组件提供强大的监控能力，可以对服务调用链路、服务运行状态做完整的透视，还能接入自定义的监控数据实现业务数据指标监控。整个方案使用阿里云日志作为分布式日志中心可以很方便收集和分析服务的日志，阿里云MQ作为分布式消息队列服务，阿里云Redis提供分布式缓存服务。为了应对大数据量的在线事务处理，使用DRDS来做数据库的水平拆分垂直拆分，为了解决数据拆分、服务拆分带来的分布式事务问题，阿里云提供了GTS服务来透明无侵入的处理方案。为了解决OLTP到OLAP的数据同步问题，还提供了DTS等数据传输服务，可以很方便实时地实现数据传输。整体来说，阿里云的企业级互联网架构中间件经历了阿里双十一的实战，性能和稳定性都有很好的保障，且由于阿里交易业务场景较多也导致阿里的中间件对于零售交易类场景的特性有比较深入的支撑。另外阿里云在企业级的安全、运维方便做了极大的增强，整体的运维成本相对较低。

选型方案二，以Spring Cloud为主体的技术方案。Spring Boot作为基础服务开发框架，eureka实现服务注册与发现。Feign实现服务之间的调用。Spring Security实现授权与认证服务。统一配置管理采用Config，没有特殊考虑的企业建议采用Apollo可以实现权限、变更管理等。监控方面，由Turbine + Hystrix Dashboard提供指标和看板，由Spring Boot Admin提供微服务监控。中间件方面，任务调度采用ElasticJob或

XXL－JOB；日志中心采用 ELK；缓存使用 Reids；消息队列使用 RabbitMQ；搜索采用 ElasticSearch，分布式事务使用最终一致性方案，业务实现使用事务消息或 TX－LCN 来实现落地。数据处理方面，对于大数据量的处理使用 Sharding－JDBC 来实现分库分表。对于一些复杂的报表查询，采用 Kettle 来实现业务库到分析库宽表的数据同步。整体来说，这套技术方案比较灵活，对应的技术组件根据不同的业务需要很容易进行替换，基于这个方案的架构很容易支持多个云平台厂商的部署；不好的是涉及组件较多，有一定学习成本并且对运维团队要求高一些。

基础技术平台建设

技术平台是提供一个应用基础设施平台，简化企业级应用的开发、运行和维护。为开发者和非开发者构建下一代企业应用提供了完整、专业的基础设施工具，包括微服务架构体系、企业级应用通用的系统基础服务、开放 API 和复杂后端集成服务，并基于百胜软件多年在零售行业的沉淀把一些通用共性功能进行内置，并会输出 DEVOPS 工具实践和能力，让开发伙伴更高效的应用开发、发布和运维。

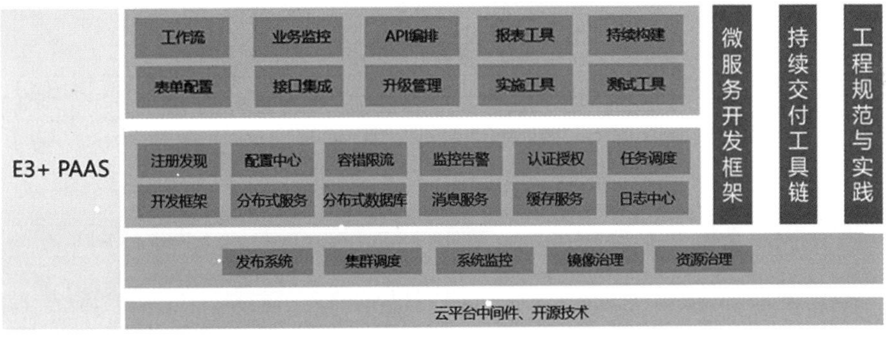

图 3－4　百胜软件 E3＋企业中台技术平台

整个技术平台提供持续集成构建的能力，从需求分析到设计开发的过程管理，支持微服务应用和传统应用的快速构建，能够实现自动化测试集成，并很方便的对外发布 API。公共功能提供移动、权限、工作流、报表等标准化功能的功能模块，基础架构在这基础上提供 SPI、插件等机制实现扩展的能力，能够让这些功能更加贴合实际使用的需要。

持续与发布模块基于 Jenkins 作为核心引擎，融合 Sonar、Robot、Jmeter、容器等工具，整合了质量检测、单元测试、自动化测试、部署远程物理机或容器等能力，并打通了以阿里云为代表的云计算厂商的微服务运行容器，能够直接发布到云平台的微服务容器，且各种状态能够通过钉钉机器人、邮件等方式及时进行通知。开发编写提交的代码能够实时触发构建或者每日定时及手动构建，代码扫描来的问题能及时提醒进行。

监控模块提供了各个应用服务之间的调用监控功能，能够方便地查看常见的系统级指标，且能够针对各个指标进行设定预警规则，方便及时地进行预警。另外支持各个业务应用将业务上需要密切关注的指标发布到监控引擎上，实现业务指标的跟踪监控。

业务服务中心建设

从根本上来说基础技术平台与业务无关，不同行业、不同企业技术平台的同样部分基本一样，而业务服务中心就不一样，同样是商品中心，生产环节和销售环节对商品管理的差异较大。所以接下来说的业务服务中心，主要是针对面向全渠道零售这个领域的。

百胜软件从传统的进销存到电商业务到全渠道零售，从鞋服到运动、日化、珠宝等行业，服务了数万家企业，20 年来不断沉淀积累，总结了企业里正常都需要的一些服务，把这些服务构建成一个个的服务中心。

不同企业对于业务服务中心划分方式会有略微不同，此处列举 7 个中心想表达：无论如何不同，这七个中心都是必须有的。当然对各中心的叫法，也可能会有不同，比如组织中心和支持中心对应的是图中用户中心的功能，销售中心对应的是图中促销中心的功能。

为了保障服务中心建设的可持续，每个服务中心必须遵循一些基本的规则。

规则 1：服务中心的业务服务之间不能互相调用。但也有一些特殊情况，比如交易中心可单向调用库存中心的寻源服务。这种特例情况需

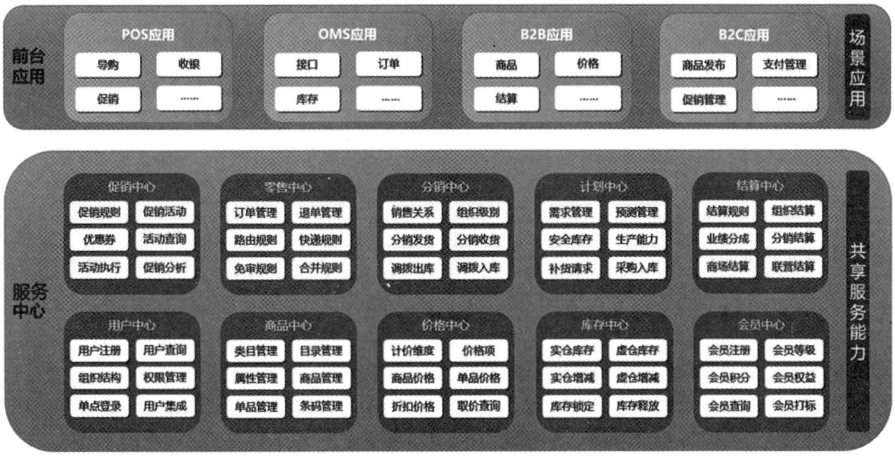

图 3－5　百胜软件 E3＋企业中台业务服务中心

要单独审核，并记录后续跟进。这个类似于数据库设计的三范式，但是实际操作过程中有时会了性能会做数据冗余违反部分范式，特别是互联网应用为了追求极致的性能，经常会有一些特别的设计。

规则 2：服务中心的业务服务层可以主动调用基础服务层，服务中心的基础服务层不能主动调用业务服务层。在拆分服务中心的过程中，发现有几个服务，几乎其他所有的服务中心都需要调用到，为了如果不允许调用就会导致各个服务中心有逻辑冗余。为了避免这种情况发生，又不破坏服务之间不能调用的规则，我们对服务进行分层。把调用覆盖率非常高的服务称为基础服务，放到基础服务层，正常的服务中心，都可以调用基础服务层的服务，但是服务中心之间还是不能调用，即高层服务可以调用低层服务，低层服务不能调用高层服务。

规则 3：一个服务中心只能访问自身对应数据库。要访问其他的数据，必须通过对应的服务接口访问。

规则 4：服务中心可以缓存临时数据，但不能作为最终业务数据，即要求业务数据必须先写入数据库，然后维护缓存使用缓存。并且每个服务中心的 Redis 互相独立，Key 必须加前缀便于维护及后续扩展。

业务应用的各个应用之间不允许直接相互调用，必须通过接口集成进行调用；接口集成不允许直接调用服务中心。

已有系统迁移架构方案

在企业中台建设过程中，技术层面遇到的最大麻烦可能就是如何处理遗留系统的问题。这些遗留系统就像一只只“拦路虎”，阻挡中台微服务转型之路。在不影响业务的同时，以更安全、更高效、更低成本的方式将这些遗留系统进行微服务改造，使之顺利融入微服务架构，并充分利用到微服务架构的优势是我们这里需要探讨的话题。

遗留的老系统大多是多年积累下来的“巨无霸”系统，往往是单体应用，有以下几个问题。**难于修改：**多年的代码累积过程中疏于重构，导致代码的可读性和可扩展性较差。**维护成本很高：**在庞大的代码中寻找 Bug 的根本原因可能会比较困难。**学习成本高昂：**由于设计陈旧或技术过时，可能了解遗留系统技术和业务的人已经很难找到。**缺乏质量保障：**由于过去缺少投入，许多功能基本上没有自动化测试来保障质量。实际经验表明希望于直接重写遗留系统，进行一次性替换是不现实的，需要找到一条能够持续可演进的道路，实现快速、低成本、影响面可控的效果。

遗留系统向微服务改造的过程一般有两种模式。

模式一：绞杀者模式。绞杀者模式类似建筑拆迁，在新建筑分阶段建设完成入住后，分步拆除旧建筑物。“绞杀者模式”是在遗留系统外围，将新功能用新的方式构建为新的服务 。通过在新的应曻中实现新特性，保持和现有系统的松耦合，随着时间的推移，新的服务逐渐“绞杀”老的系统。以此逐步地替换原有系统。对于那些老旧庞大难以更改的遗留系统，推荐采用绞杀者模式[4]。

在实施改造之前，选择从哪里开始也是非常重要的，一般是遵循高价值优先、从易到难等原则。具体来看有这些规则：优先拆分相对独立的部分，独立业务与旧系统之间的耦合相对较小，比较容易实施；优先拆分频繁变更的部分，可以通过拆分为新的服务实现独立部署与快速上线，对于提高团队总体交付效率价值较大；优先拆分有特殊资源占用需求的部分，比如将计算密集型任务拆分为新服务，并恰当地利用云基础设施的弹性伸缩能力对新服务实例进行扩缩容，有助于提高系统总体性能并降低成本。

在实际操作的时候可以借助接口网关将某个服务的请求转发到新系统或者旧系统，根据实际改造进展来确定哪些请求转发到新服务。在改造过程中，新旧系统会同时存在，共同协作对外提供价值。随着改造过程的推进，新系统提供的功能和价值越来越多，逐步地取代原有遗留系统的功能，用户流量也会越来越多地导入新系统，最后原有遗留系统不再被使用时，就可以安全地下线了[5]。

模式二：Sidecar 模式。Sidecar 模式是一种将应用功能从应用本身剥离出来作为单独进程的方式。该模式允许我们向应用无侵入添加多种功能，避免了为满足第三方组件需求而向应用添加额外的配置代码。就像边车加装在摩托车上一样，在软件架构中，Sidecar 附加到主应用，或者叫父应用上，以扩展/增强功能特性，同时 Sidecar 与主应用是松耦合的[6]。

企业内部的系统通常有非常多，要对这些遗留系统全部进行微服务化改造的成本会很高，并不现实，而且有些遗留系统甚至是无法完全改造的。对于这些系统，我们的选择并不一定是将其进行微服务化改造，而是将其接入微服务环境中，与其他服务共同协作来实现业务需求[5]。这里就可以用上 Sidecar 模式了。在具体到遗留系统接入场景中，基于 Sidecar 模式把需要接入中台的服务能力进行开发包装部署作为一个独立的进程或服务，为不同语言的遗留系统提供一个同构的接入接口，类似于一个 Adapter 去屏蔽遗留的系统的技术差异。在部署结构上，Sidecar 服务与原遗留系统紧密相关，原遗留系统在哪里它就在哪里。对于原遗留系统应用程序的每个实例，旁边都部署和托管了一个 Sidecar 实例，通过这个 Sidecar 实例讲遗留系统的服务能力接入中台的服务中心。

3.1.3.3 百胜软件业务中台介绍

百胜软件的 E3+企业中台产品是一款采用互联网技术架构、微服务理念、中台思想设计的中台系统，是一款积累了百胜软件多年在零售行业沉淀和客户项目实践积累的基础下设计的全新产品。E3+企业中台可以运行在私有云，以及任何支持部署 Spring Cloud 开源架构的公有云上，整个系统围绕开源中间件研发。基于云原生架构理念，同时能够对云计算厂商的中间件进行适配处理，屏蔽底层中间件的调整对上层业务的影响，只需要做少量配置即可完成底层中间件的切换。

微服务设计

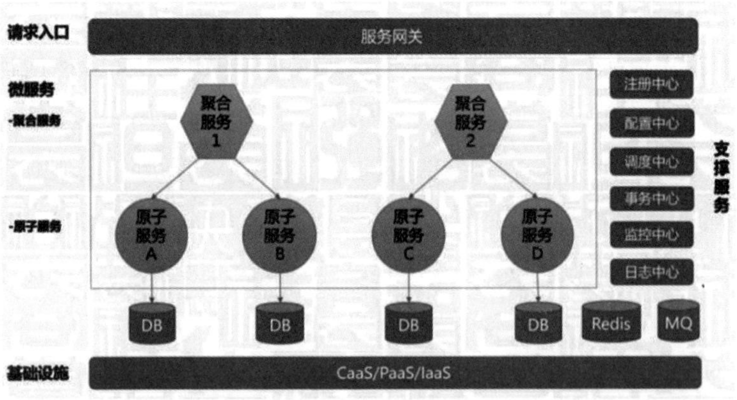

图3-6 微服务设计

E3+整体设计基于 Spring Cloud 微服务系统架构设计，通过 Docker 镜像方式部署，通过 K8S（Kube Operator）进行集群调度管理，微服务主要分聚合服务、原子服务，上图简单介绍如下：

服务网关：微服务统一通过网关对外赋能；同时包括鉴权，日志，负载均衡等功能；

聚合服务层：根据请求转发到核心服务层，然后把请求结果汇集后返回给网关层；

原子服务层：或者称核心服务，提供基本的增删改查的操作；

存储层：每个微服务单独存储在一个数据库中；包括数据库、缓存和消息中间件等；

六大中心：是微服务架构的支撑服务；

基础设施：微服务运行环境，包括 Docker、K8S 等。

前后端分离架构

E3 + 采用前后端分离架构设计，前端系统是基于 VueJS 开发的纯 JS UI 应用，前端系统可以部署在任何 Web 服务器上，建议运行在 Nginx、Apache 和 Tomcat 等主流 Web 服务器。后端系统是基于 Spring Cloud 的微服务应用，根据微服务架构规范进行分层设计。

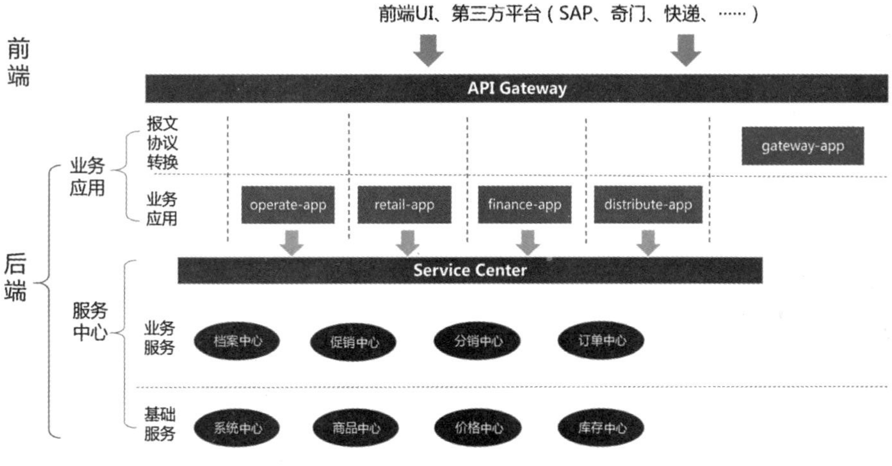

图 3 –7　前后端分离架构

图 3 –7 服务设计及原则说明如下：

Web 前端：静态资源文件；

接口网关：提供对外部系统接口调用、外部系统请求调入的服务接口字段、协议转换统一出入口服务；

业务应用：零售应用、分销应用、财务应用、集成应用；应用主要进行业务场景服务，通过对中心服务进行调用实现对应业务具体场景，各应用之间不能互相调用；

服务中心：系统中心、商品中心、价格中心、库存中心，这几个中心只允许被调用，不允许调用外部服务作为服务的基础服务层（原子服务）；支持中心、订单中心、结算中心，这几个中心为业务聚合服务，提供服务整合实现具体业务逻辑，可以调用其他服务；一个中心对应自己独立的数据库，不能直接访问其他中心数据库。

中台应用架构

前面讲到将共性的业务能力沉淀到中台，形成中台的共性的商品、库存、订单等能力输出，让前端足够轻便，注重业务体验和灵活性。结合百胜软件在中台领域和零售行业的建设实践，在共性的服务中心基础上，我们又抽象出了不同的行业层应用，例如：鞋服、日化、珠宝、油漆、家装、食品等，深度满足不同行业的业务场景。

如果用一张平台架构图来说明下，大家就会很容易分得清楚（从下往上）。

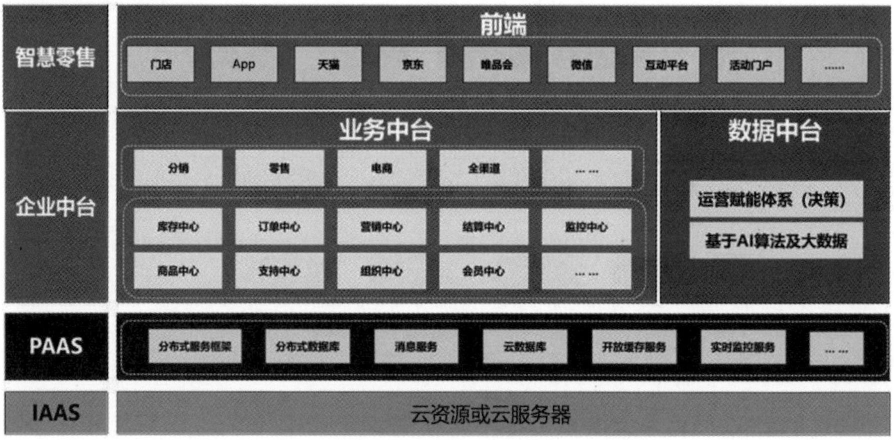

图3-8 中台应用架构

第一层：属于IAAS层，即资源层，有相应的云资源或云服务器。

第二层：属于PASS层，核心架构层，有分步式服务框架、分布式数据库、消息服务、云数据库、开发缓存服务、实时监控服务等。这里要说明的是，可以选用阿里云等厂商提供的中间件，也可以选用开源框架自己搭建。

第三层：属于企业共享服务中心层，提供百胜软件沉淀多年的业务中心和行业特性应用。

第四层：属于业务应用层，包含百胜软件内置的一些标准应用、也可以接入企业自建或其他应用。

第五层：属于访问层，门店、App、第三个应用、小程序、H5、PC 等接入。

中台建设从技术层面来看，非常清晰，无非是搭建一个平台，将可复用的能力沉淀，并透出给前端进行复用，感觉上是可以实现“大中台小前端”，但实际情况却是，无应用接入、无资源支持。所以我们一般在业务中台共享业务中心的基础上，会内置一些比较常见的业务应用。也会在不断地中台建设实践中，去沉淀更多的共性业务，形成生态圈。通过建设开放平台，深度开放企业服务能力，输出持续集成、灰度发布等 DevOps 能力，帮助企业 IT 和开发伙伴共创企业应用生态。

中台全渠道业务

渠道融合是新零售的必经之路，对消费者来说，可以获得一致性的体验，在任意渠道、任意时间、任意地点、任意支付方式、任意取货方式、购买任意商品；对企业来说，一方面通过全渠道一盘货，可以合理分布商品，减少库存，提升销量；另一方面通过去中间化的管理，真实掌握所有销售数据，增强对非直营体系的管理、减少渠道间的非必要调拨等，提升内部效率等。对于全渠道业务的探讨，这里不做赘述，我们会在本部分最后一个章节做详细介绍，先来探讨产品实现层面。

百胜软件 E3 + 企业中台通过多年帮助零售企业实践落地中台的沉淀，帮助零售企业实现全渠道的商品全渠道、会员全渠道、支付全渠道、营销全渠道、服务全渠道……

商品全渠道：商品全渠道触达消费者，方便消费者购物，促进消费。

会员全渠道：会员资料统一管理，积分整合共享，提升会员体验。

支付全渠道：满足消费者多种支付方式，保证消费者购买过程顺畅。

营销全渠道：线下体验线上消费，线上透出线下消费，多种营销方式组合共赢。

服务全渠道：线上线下服务同步，各渠道服务标准化，提升品牌服务专业性。

全渠道场景化应用效果（包括不限于）：

图3－9　全渠道场景

3.1.4　小结

本章节由中台的历史起始，从中台的诞生与演变之路，再到中台在企业级系统规划里的价值方向，接着又共享了建设中台的方法论，从根本上完整的经历了中台的建设之道。当然，中台的概念和发展并不会仅限于此，还会涉及更多更广的内容。

谈了这么多，我们认为所有的问题，如为什么要建设中台？为什么要变成平型的企业架构？归根结底，就是“以用户为中心”这六个字，无论是企业经营，还是系统建设、业务路线等，都应当始终围绕这个目标而开展。

拓展阅读：技术选型应注意的非技术因素

首先，是业务层面、项目整体对于这个技术的依赖性有多少。因为一般来说企业选择新技术，当然不会只是因为道听途说的任务新技术很先进很厉害，企业应该去尝试一下而已，考虑的出发点大概率是业务需求有变革，现有的技术水平无法满足，或者没有办法很好地满足。新技术必定是对于在现阶段或者不久的将来而言可以起到帮助的，而不是为了几年之后、无法预料的业务做准备。

其次，则是整体项目所处的阶段、时间是否充裕或者急促。如果想要尽快将产品原型赶出来，那就得选择相对而言掌握度比较高的技术，反之如果拥有充裕的时间条件，那么去尝试采用新技术也未尝不可。处于开发早期的项目，肯定会存在技术试错的机会，同样也有不少的时间来检验新技术是否稳定。但是如果是处于开发中后期或者是项目上线的临界点，采取新技术变革则应当小心谨慎，这种事情就比如是在“飞行过程中改变方向一般”会打乱或者推翻原本的基础，所以尽量先小规模试错新技术，在能够经得起实践考核检验的前提下再去大规模切换。

最后，就是技术团队的掌控和学习能力。因为引入新技术还有一个不可忽视的条件，就是在整个技术团队内部至少、且必须要有一个或者几个能够担起责任的成员快速学习并掌握这项新技术，新技术存在缺陷的风险值会比较高，并且在使用过程可能出现诸多操作不当问题，假如技术团队还没有对此项技术完全掌握，那么当面临故障问题的到来之际就会显得手足无措。

3.2 数据中台搭建策略

随着外部技术的快速发展、市场环境的快速变化，很多企业也逐步地加快了数智化转型的步伐。同时由于市场对业务响应能力的要求越来越高，企业对于数据的重视程度也越来越高，数据可以快速地反馈业务变化，为企业的决策提供客观依据，并且未来随着数据与业务场景融合深度的提升，也将进一步加快业务创新的脚步。本章将围绕数据中台展开介绍，一起探讨什么是数据中台，数据中台应具备什么能力，企业应该怎样建设数据中台等，希望能带给读者一定启发。

3.2.1 数据中台的定义

3.2.1.1 什么是数据中台

对于数据中台的概念，一直没有一个统一、明确的定义，对于数据和中台两个概念，最早都可以追溯到2014年，那年阿里先后提出了的“从IT到DT”以及“大中台、小前台”的概念，以后云计算的成熟，使这两者都有了广泛的落地实践。发展至今，虽然仍未有统一说法，但对其概念的认知，基本已经能够达成一定共识。这里借鉴《数据中台让数据用起来》一书中所下的定义。

数据中台是一套可持续“让企业的数据用起来”的机制，一套需要从企业战略、组织、人才等方面来全方位地规划和配合的机制，是一种战略选择和组织形式，是依据企业特有的业务模式和组织架构，通过有形的产品和实施方法论支撑，构建的一套持续不断把数据变成资产并服务于业务的机制。数据来自业务，并反哺业务，不断循环迭代，实现数据可见、可用、可运营。通过数据中台将数据变为一种服务能力，既能提升管理、决策水平，又能直接支撑企业业务[7]。

简单概括就是，将企业各个业务系统多年来积累的数据，按业务特征进行横向关联和统一，按数据用途进行纵向分层，最终沉淀为公共的数据服务能力。其中，横向关联和统一是为了实现同一指标（比如会员、商品、供应商、客户等）在不同的业务系统中具有相同且唯一的标识并且属性描述一致；纵向分层是将原来的一份生产数据经过处理后复制为多份，服务于数据分析、服务调用等需求。

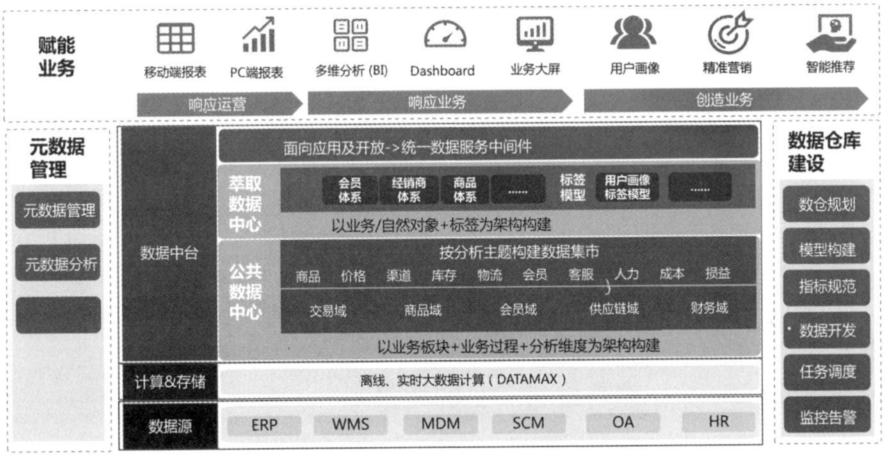

图3－10　百胜数据中台架构图

如图3－10所示为百胜数据中台架构图，整个架构图大致可以分为如下三个版块：

数据技术管理

这一版块包含了架构图中的数据源、计算 & 存储、数据中台三块。首先是数据来源，如上文所说，数据来源于业务，数据中台本身几乎不产生数据，需要通过数据采集的方式将分布于各业务系统的数据进行集中加工处理、存储；其次是计算与存储层，数据中台屏蔽掉底层存储平台的计算技术复杂性，降低了数据整体的使用成本，同时从各业务系统汇集的数据若没有经过统一的加工处理，原始状态的数据几乎很难能被用起来；当数据经过加工处理后，具备一定数仓能力后，就可以开始进行数据建设，与业务中台的概念类似，数据也要避免垂直的、“烟囱式”的数据体系，因此需要将复用性较高的数据抽离出来，通过业务版块、业务过程、分析维度为架构，建立公共数据中心，同时以业务对象和萃取标签为架构，建立萃取数据中心。

数据资产管理和沉淀

这一板块包含了架构图中的数据资产管理和智能数据研发，主要作用是搭建企业的数据体系，同时将数据资产以业务人员更好理解的方式做出呈现。通过建立统一的数据标准和口径，运用及管理方法，逐步沉淀企业可用的数据资产。

数据服务管理

这一板块是最终体现并发挥数据价值的地方，数据服务管理就是将数据资产转变为数据服务能力、真正赋能业务的能力。通过数据资产的不断沉淀，逐渐形成可为前台应用提供高效服务的能力。例如，赋能业务前台进行业务分析、洞察分析、业务创新应用等。

3.2.1.2　数据中台应该具备的能力

数据中台包含了数据技术、数据模型、算法服务、数据产品、数据治理、数据资产管理等内容，从整个数据中台体系来说，我们认为合格的数据中台应该具备如下各方面的能力。

数据集成能力

数据集成能力即能够批量集成现有各种类型的数据来源，企业数据大多分散在各个业务系统，数据孤岛的现象也经常出现，因此数据集成能力需要从全局对数据进行整合与完善，当每个数据指标在不同地方都有了共同的意义，数据孤岛也就能被消除，数据也就能被真正地用起来了。

数据处理能力

传统的数字化建设往往局限在单个业务流程，忽视了多业务的关联数据，缺乏对数据的深度理解。数据中台必须连通全域数据，通过统一的数据标准和质量体系，建设提纯加工后的标准数据资产体系，以满足企业业务对数据的满足[7]。

具备数据 API 服务能力

所有对外的数据服务，不是直接基于数据库进行交互，而是将数据封装为 API 之后，通过“服务接口”的方式提供对外服务。

数据服务能力

这里的数据服务能力即上文数据中台架构图中的赋能业务版块，比如移动端报表，PC 端报表，多维分析、用户画像等，只有将数据能力转化为可为业务赋能的服务能力，数据的价值才能真正被体现，数据中台的价值也才能真正被体现。

元数据管理能力，支持形成数据资产目录，对数据所有权和血缘进行追踪管理

不论是来自业务系统的主数据、交易数据，还是来自互联网的行为数据、环境数据，或者是基于这些数据的加工结果数据，要形成企业自身的数据资产，需要对它们进行体系化的分类管理、定义和数据血缘追踪。

数据治理能力和信息安全能力

比如符合《信息安全技术个人信息安全规范》（GB/T 35273—2017）安全要求的各种能力，并且要能够与时俱进。

产品和运营牵头的技术团队

数据中台，应用为先，数据中台应该成为一种强有力的手段，而不是系统建设的终极目标。应用要从小处着手，逐步建立，因此需要产品和运营找到适合的业务场景，交由技术团队进行落地。

3.2.1.3　数据中台、数据平台、数据仓库的区别

表3－1　数据仓库、数据平台、数据中台的区别

概念	数据仓库	数据平台	数据中台
定义	分析报表即服务	数据集即服务	数据API即服务
数据类型	结构化数据	结构化数据和非结构化数据	结构化数据和非结构化数据
实现方式	根据需求针对性抽取，建立模型，再开发报表	抽取所有的数据形成大的数据集，根据需求再单独提取子集	建立数据标准和原子指标体系，按业务领域分层汇总
数据更新速度	慢	中	准实时
适用场景	分析型场景	分析型场景	分析型场景和交易型场景
价值体现	面向业务人员提供分析报表	面向业务系统提供数据集	面向业务系统提供数据服务

数据中台：数据中台是一个承接技术，引领业务，构建规范定义的、全域可连接萃取的、智能的数据处理平台，建设目标是为了高效满足前台数据分析和应用的需求。数据中台距离业务更近，能更快速地响应业务和应用开发的需求，可追溯，更精准。

数据平台：就是我们平时说所的大数据平台，是一个数据集中存储的仓库，可以在其中存储结构化数据和非结构化数据，且存储规模不受限制。在数据平台中，可以存储数据且不需要对其进行结构化，就可以运行不同类型的分析。

数据仓库：已有几十年历史，也称为企业数据仓库，是一种数据存储系统，数据来源以关系型数据库为主，处理的数据主要是结构化数据。它将来自不同来源的结构化数据聚合起来，用于各个业务领域的比较和分析，数据仓库是包含多种业务系统来源数据的存储库，并且是高度建模的。

数据平台、数据仓库更多的是面向不同对象的不同形态的数据资产，而数据中台更多强调的是服务于前台，实现逻辑、标签、算法、模型的复用沉淀。

3.2.1.4 数据中台与业务中台的关系

在数智化转型的大趋势背景下，企业需要把数据中台和业务中台结合起来，依靠双中台战略实现数据与业务双驱动，将“一切业务数据化，一切数据业务化”，实现数智化转型，从而在市场竞争中建立核心竞争优势。

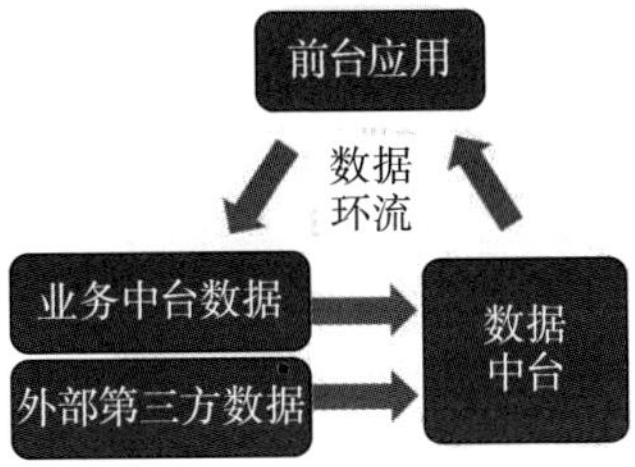

图 3－11 双中台架构形成数据环流

数据中台和业务中台是赋能企业进行数智化转型的两个轮子，二者缺一不可。如图 3－11 所示，业务中台是数据中台最重要的数据来源，业务中台的数据与外部第三方数据一同汇聚到数据中台，在数据中台进行加工处理后为前台应用提供数据服务，前台应用再形成业务数据并反馈给数据中台，从而形成数据的正向环流，使数据成为驱动企业业务增长的重要手段。

我们可以从图 3－12 双中台架构的数据流来理解数据中台和业务中台的关系。

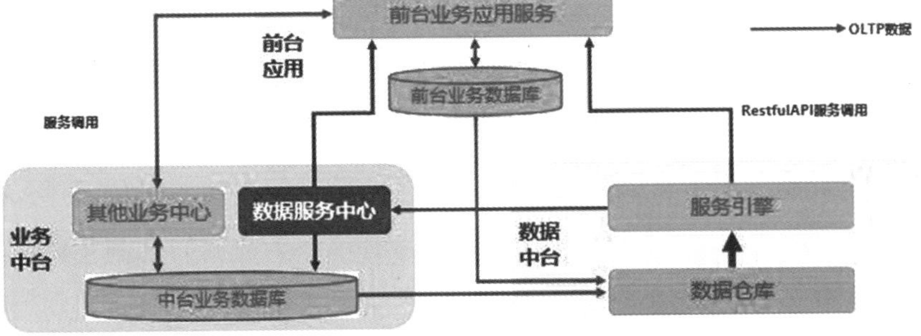

图 3－12 双中台架构的数据流

业务中台数据同步到数据中台，结合外部第三方数据，面向场景要求选择（或设计）合适的算法，进行数据的计算，实现数据在洞察和预测方面的价值；数据中台分析的结果要能反馈到业务生产系统中，实现数据驱动业务运营；数据服务中心肩负起业务中台和数据中台的双向交互职能，一方面通过数据中台的能力负责业务中台各中心对跨中心或业务场景下数据需求的收集、反馈和实现；另一方面负责将数据中台的数据分析后的价值辐射给业务中台其他中心。

从对数据的调用和使用层面来讲，数据中台极大地提高了数据应用开发的效率。业务中台主要用来满足业务流程和业务处理的需求，在数据服务层面只有单个业务模块提供的单数据对象数据服务能力；当需要提供跨多个业务组件提供的整合后的数据能力时，业务中台就无能为力了，这本身也不是业务中台擅长的事情。这时候需要依靠数据中台提供跨业务中台多组件的共享数据服务提供能力。数据中台的核心能力之一就是对数据进行汇总与整合，然后为上层应用提供各种数据服务，从而使开发者在构建上层分析应用前台的时候，避免与业务中台的多个业务组件互动，也不需要进行数据整合清理，只需要消费和使用数据中台提供的共享数据服务能力即可。

业务中台承载公司所有的通用业务，将一切业务数据化；数据中台则基于业务产生的数据反哺业务，将一切数据业务化。从本质上讲，不论是数据中台还是业务中台，都是企业实现前台业务快速创新的基础条件。由业务中台和数据中台一起构成的双中台，共同支撑了所有前台应用。业务中台将后台资源进行抽象包装整合，转化为前台友好的可重用共享的核心能力，实现了后端业务资源到前台易用能力的转化。数据中台从后台及业务中台将数据流入，完成海量数据的存储、计算、产品化开发过程，构成企业的核心数据能力，为前台基于数据的定制化创新和业务中台基于数据反馈的持续演进提供了强大支撑。

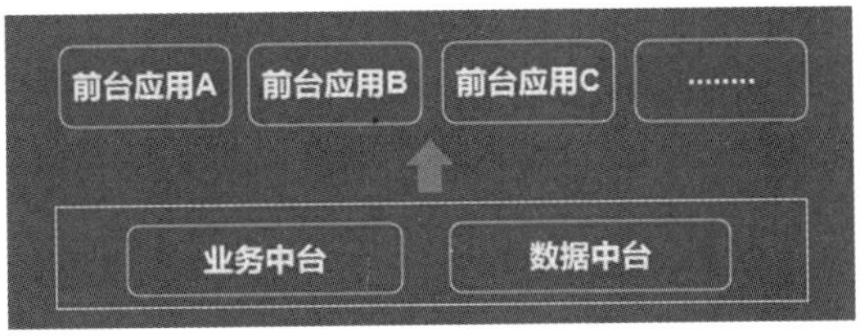

图3－13　双中台架构支持前台业务快速创新

3.2.2　数据中台怎么建

在零售行业，很多企业都在开始布局全渠道战略和数智化转型，而搭建底层数据中台和业务中台是他们的首要选择。互联网公司建设“数据中台”，主要是因为其业务发展本身要处理从互联网上获取的海量数据，需要通过数据洞察来支持前端业务。所以，他们的“数据中台”是“从前端向后端”逐步进化出来的。

对于传统企业来说，日常业务运营并不一定需要全面对接互联网前端，但企业本身又存在大量的内部数据（例如营销数据、财务数据、生产数据、交易数据、质量数据），如果企业希望通过数据去驱动业务发展，数据平台应该是“从后面往前面”生长的。数字化转型中的传统企业的“数据中台”架构，不能简单照搬互联网公司的模式，需要结合企业自身现状，进行量身定做。

但在数据中台建设的方法论上，在具体的方案选择和技术选型上，传统企业可以借鉴互联网公司的成功经验，从组织和技术两个维度来切入，组织先于技术。

3.2.2.1　数据中台团队的建设

数据中台的建设首先不是一个技术问题，和业务中台的建设一样，数据中台建设真正困难的是组织上的重构，数据中台战略的成功、能否实现技术架构与组织架构的匹配，是一道绕不过去、但必须要迈过的门槛，企业不能回避这个问题。

企业内部数据中台团队的建设需要过程，无法一蹴而就，但始终应该重点关注以下 4 点的达成情况：

第一，组织架构升级。真正做到为数据中台团队授权，做到数据团队主动赋能，结束负责数据的团队缺乏话语权、面对业务需求往往是被动地接受角色的局面。

第二，改变工作方式。数据人员要深入地研究业务、数据和模型，端到端的实践，这样打造出的数据中台，才是最大化的创造价值，使得持续创新成为可能。目前很多企业的数据团队的主要工作内容就是项目管理、需求管理等，当一个项目完成后又投入下一个项目，做好一个需求后又开始负责下一个需求，这样的工作确实非常锻炼人的组织、协调能力，但这样能力的提升与工作时间的长短并不是呈线性增长的，虽然增加了项目和需求管理经验，但并不能在某一个专业领域得到知识和经验的沉淀，随着时间的流逝，越来越多的人会失去最初的工作积极性和创造性。

第三，转换角色。数据中台的团队要从传统的支撑角色逐步向运营转变，不仅仅是接受需求的角色，更要能为业务带来新的增长点，比如数据驱动智能化运营（精准营销、销售预测、智能配补货等）。

第四，适合企业特点。好的中台需要深入了解企业自身业务、产品、系统、组织，只有当了解所有的东西之后，才能做出较好的中台架构设计。

建议的数据中台团队配置如图 3－14 所示：

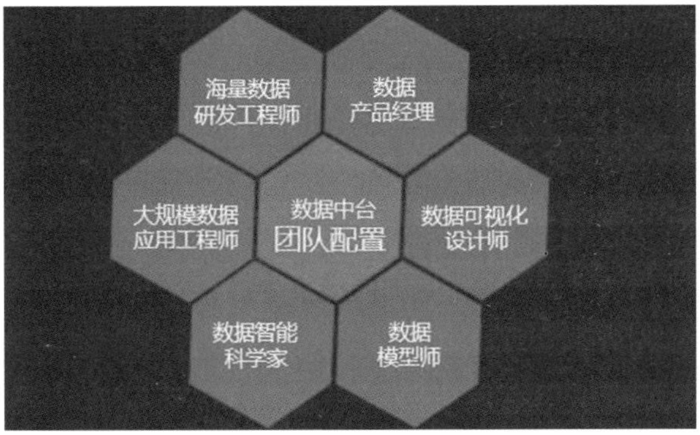

图3－14　数据中台团队配置

建议团队各个角色的职责分工如下：

数据产品经理：掌握数据及数据技术、熟悉客户并有基于数据的独到商业理解和思考、最终以有形或无形的数据产品追求客户、数据和商业价值最大化的大数据产品经理。

图3－15　数据产品经理职责

数据可视化设计师：掌握数据交互或视觉设计能力、很强的交互体感和极致但经济的审美、最终以全流程高保真交互与视觉体验稿为交付物的大数据设计师。

图3－16　数据可视化设计师职责

数据模型师：掌握数据及数据技术、理解业务并有全局架构、模型设计、数据研发和运维调优等能力、最终以高可用性、高扩展性、低成本高效率产出数据为交付物的大数据技术人员。

图3－17　数据模型师职责

数据智能科学家：掌握通用的数据挖掘和分析工具，包括机器学习和深度学习等前沿技术，并能够有效应用于业务场景，解决客户实际问题的专家。

图 3－18　数据智能科学家职责

大规模数据应用工程师：掌握流行前后端开发技术、熟悉大数据环境下应用开发框架，熟悉大数据应用架构和性能优化等综合技能的开发人员。

图 3－19　大规模数据应用工程师职责

海量数据研发工程师：熟悉大数据开发平台，熟练掌握大数据开发工具，能够运用各种大数据开发技术进行数据开发，并有良好的代码习惯和一定架构能力的开发人员。

图 3－20　海量数据研发工程师职责

3.2.2.2　企业数据中台建设体系

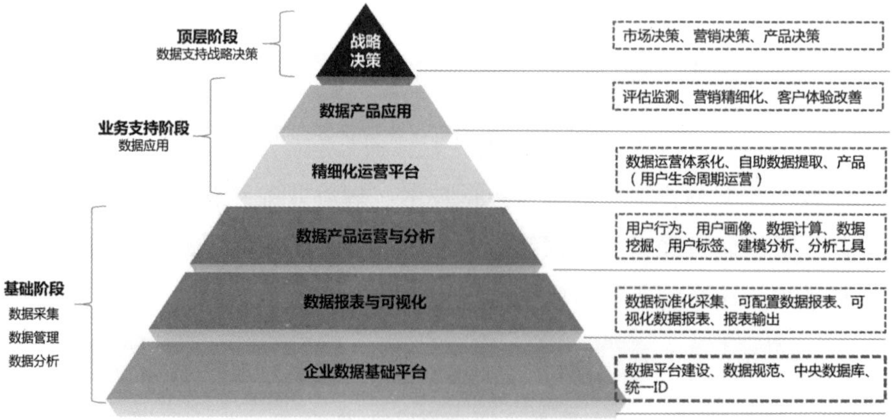

图 3－21　企业数据中台建设体系

如图3-21所示，我们以业务场景维度来看一般企业数据中台建设呈金字塔式有续推进，整个过程分三个阶段：基础阶段、业务支持阶段、顶层阶段，零售企业做整体规划时由上而下推进，而在具体到规划落地时，则需自下而上，因此企业首先要明确业务战略方向。

明确战略方向

传统零售企业需要明确自己的战略方向，从业务角度看，未来是优化供应链、将私域流量投放到公域实现放大、将公域流量引入私域流量构建私域流量池，还是走纯线上化，这些业务方向会对我们建设路径产生影响，如果企业全部都做，可能需要花费很长时间先搭建一个大数据平台，对自有一方数据与外部三方数据汇聚做治理与清洗，建立一套完整的数据模型，基于此再构建想要的应用，这是一个不错的办法，可是周期久、底层重，同时我们的数据量真的需要Hadoop平台吗？是否有一种短平快的办法呢？

企业数据基础平台

目前市场上大型互联网企业有自己构建能力，选择基于开源Hadoop体系构建大数据平台；部分中大型企业选择基于云计算大数据服务平台构建，如国内阿里云提供大数据产品服务与阿里系产品公域流量打通，营销流量放大上有先天优势，同时平台提供了安全机制及灵活扩展机制，降低企业IT技术门槛，满足企业未来发展对大数据能力的要求；其次部分中大型企业构建选择与供应商共同合作私有化部署，此种方案基本上是基于Hadoop平台构建，也需要零售企业IT团队有准备后续日常的运维，而面向中大型企业数据量都没有IT的企业需要如何去构建数据基础平台呢？实际上数据基础平台对于大数据决策的几个关键维度计算、存储、安全、性能、扩展，如果能满足这些条件，也是可以构建企业的轻量级数据基础平台，如TiDB数据库，这是一种分布式数据库，高效率存储与统计，MPP架构，灵活扩展。

数据报表与可视化

当前大数据的诸多落地应用当中，数据可视化是一个重要的应用形式，数据可视化也在一定程度上促进了大数据在行业领域的应用，包括基于场景的大数据分析等；BI 相对于传统的报表来说，还有一定的区别，可以说 BI 的功能性更强，使用的场景更复杂，对企业来说通常横向将人、货、场、财四个维度下的场景数据聚合分析找出可能出现的问题便于用户能够穿透找出问题的本质，而纵向以角色来划分，数据可视化呈立体全方位向用户展现，这个建设过程中需要对客户业务数据有深刻的理解，为底层建立统一指标与数据维度关系。

数据产品运营与分析

此阶段建设是为驱动业务应用最顶层基石，企业实际业务应用时会涉及对人行为分析，商品深、广、宽度及标签画像分析，此类分析的结果是为后续人群圈定做准备，在不同业务场景下匹配人群不同，如我们想对上海顾客做一次沙龙活动，我们需要分析这次活动的目的是什么，需要什么样特征的人群，至少可以明确顾客一定是在上海，这样才能保障参与率，其次是男性还是女性，什么样的年龄范围，这个人群画像就出来了。如果对数据深入挖掘关联性分析，我们可以找出这类人中有 80% 买过牛奶，同时有 40% 的人在买牛奶的同时又购买了啤酒，我们是否可以向这类人群做一次啤酒的推荐，或牛奶 + 啤酒的联合营销活动方案。

精细化运营平台

如何理解精细化运营呢？我们前面讲到数据化运营，数据化运营与精细化运营如何界定，精细化运营在数据化运营的基础上更加注重投入产出比，粒度更细，能够更加精准地根据用户兴趣、内容特征、产品阶段、活动状态等进行数据化的、科学的决策。如数据产品运营中啤酒与牛奶的案例，我们讲到人群购买商品的关联性在这个维度下如果我们的精准率达到 60% ，我们再增加对牛奶、啤酒产品做画像，同时对销售渠道做画像分析牛奶与渠道销量关系，分析啤酒与渠道销量关系，这时我们的分析粒度增加，我们会发现精准率可能会达到80%，所以精细化运营是一种针对人群、场景、流程做差异化细分运营的运营策略，是结合市场、渠道、用户行为等数据分析，对用户展开有针对性的运营活动，以实现运营目的行为（这个运营目的可以是更多的用户留存、可以是更高的转化率，甚至可以是吸引更多的用户去线下店消费）。

数据产品应用

我们如果把牛奶与渠道销量分析后将这一步骤固化，我们需要一套应用来标准化，数据产品应用就是将更贴合业务的一些数据、分析方法，活动方法，运营策略等整合加工，输出可以为业务提供指导辅助业务决策，如果与汽车行业人工智能等级来对标的话，汽车L5级是真正无人驾驶，而我们数据产品应用还处于L3级辅助决策，这类产品主要有供应链域的智能调折扣、智能配补货、智能组货、智能分单等，在客户域需要CDP、营销中台、内容中台等。

战略决策

战略决策与我们战略方向相呼应这里会应用到AI、机器学习技术、尽可能减少人力干预，来帮助企业在市场、产品、营销上实现自化决策及监控、预警。

3.2.3 数据中台建设路径

通过组织架构调整，组建了企业自己的数据中台团队以后，就可以从技术层面搭建数据中台。

根据总体规划、分步实施、快速见效、风险可控原则进行分期规划建设，逐步使企业对数据的使用做到从响应运营→响应业务→创造业务的升华。

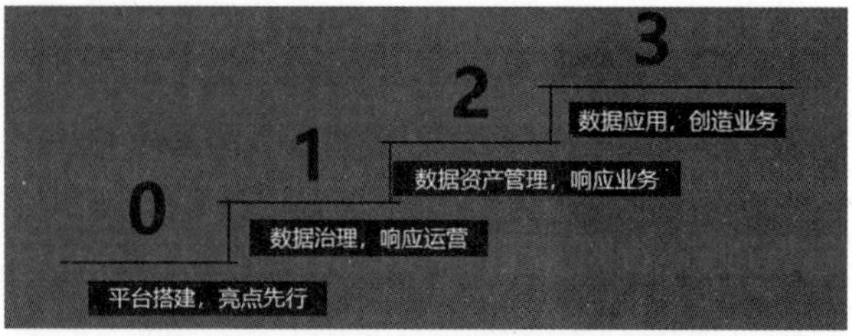

图 3－22　数据中台的分期建设规划

平台搭建，亮点先行：大数据平台是基础，企业如果没有，需要先行搭建；如果已有大数据平台，需要评估是否可以满足数据中台建设需要，是否需要做平台改造。

数据治理，响应运营：开展数据治理工作，建设数据指标体系，响应运营需求。

数据资产管理，响应业务：建设数据资产管理体系，把数据变成一种基础服务，业务可以选择性的使用基础服务。

数据应用，创造业务：把数据变成个性化服务，组合产生新业务场景，实现数据业务化，最大化数据价值。数据中台的建设是一个持续迭代开发、优化的过程，需要数据深入结合业务，不断优化、拓展场景应用。

数据中台建设步骤主要包含以下三个步骤，如图 3－23 所示：

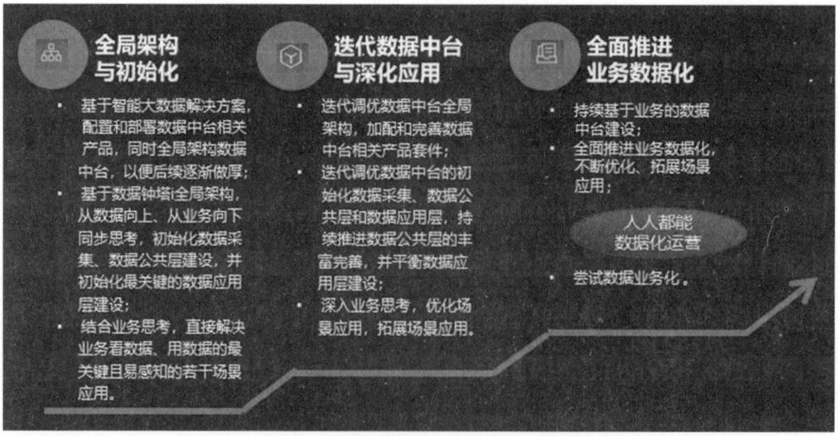

图 3－23　数据中台建设步骤

从项目建设的角度来看，数据中台的建设流程主要包含以下几个过程，如图3－24所示：

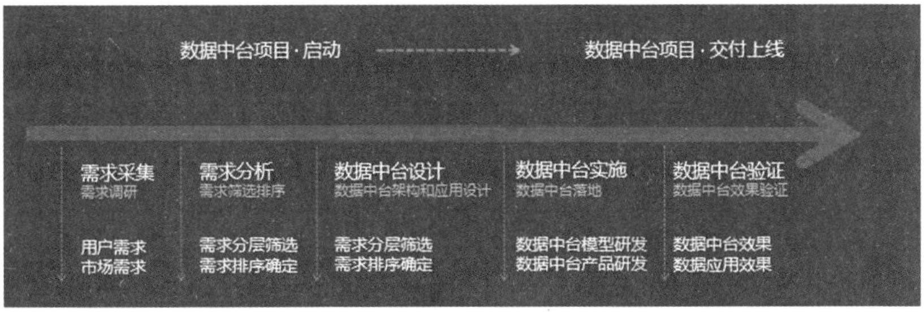

图3－24　数据中台项目的建设流程

下面从数据中台的具体实施流程来详细讲一下每个步骤实施的流程和涉及的角色。

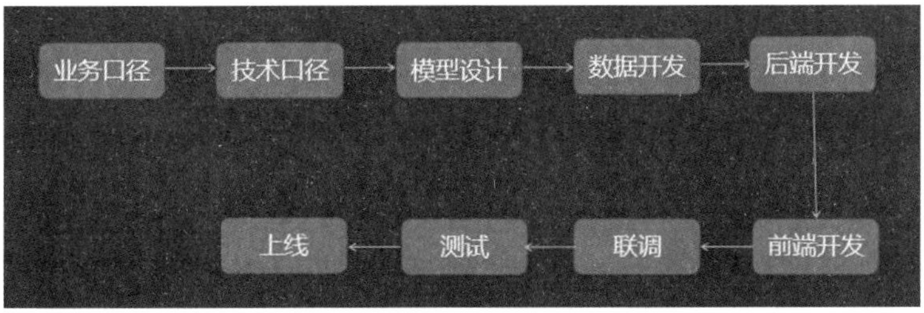

图3－25　数据中台实施流程

第一步：确定指标的业务口径

业务口径应该由数据中台的产品经理主导，与提出该指标的运营负责人沟通清楚以下问题：指标的业务定义是什么？指标的统计维度是什么？指标的统计周期是什么？指标有什么用、给谁用（判断指标的开发意义）？

第二步：确定指标的技术口径

技术口径是由建模工程师主导，需要数据中台产品经理和模型设计师沟通整个指标的业务逻辑，另外就是要协调业务方的技术开发人员和建模工程师一起梳理数据库层面需要用到表结构和字段（一定要精确到字段级别）。

第三步：模型设计

由模型设计工程师主导，模型设计工程师会采用三层建模的方式把数据更加科学的组织存储。分为 ODS（操作数据层），DWD（明细数据层）、DWS（汇总数据层）、ADS（应用数据层），DWD 和 DWS 都属于 CDM（公共数据层），这是业务对数据分层常用的模型。模型设计工程师要清楚地知道数据来源，要怎么存放。

第四步：数据开发

由大数据开发工程师主导，首先要和数据建模工程师沟通好技术口径，明确好计算的指标都来自哪些业务系统，他们通过数据同步工具将数据同步到模型工程师设计的 ODS 层，然后就是一层一层地通过 SQL 层计算到 DWD 层和 DWS 层，一层一层的汇总，最后形成可为应用直接服务的数据填充到 ADS 层。

另外大数据开发工程另外一个比较重要的工作就是设置调度任务，简单来讲就是，什么时候计算提前写好的计算脚本如 T－1 每天凌晨处理上一天的数据，随着业务的增长，运营会对实时数据的需求越来越大，还有一些实时计算任务的配置也是由大数据开发工程师完成。

第五步：后端开发

由后端开发主导，后端开发工程师基于产品经理的功能定义输出相应的接口给前端开发工程师调用，由于 ADS 层是由数据开发工程师已经将数据注入常规的关系型数据库（如 Oracle 等），此时后端开发工程师更多的是和产品经理沟通产品的功能、性能方面的问题，以便给使用者更好的用户体验。

第六步：前端开发

由前端开发工程师主导，原型出来后产品经理会让 UI 设计师基于产品功能的重点设计 UI，UI 设计师经过反复的设计，UI 最终定型后，会给我们的前端开发工程师提供切图。前端开发工程师基于 UI 的切图做前端页面的开发。

第七步：联调

数据开发工程师、前端开发工程师、后端开发工程师都要参与进来联调。大数据开发工程师基于历史的数据执行计算任务，数据开发工程师承担数据准确性的校验。前后端解决用户操作的相关 BUG 保证不出现低级的问题完成自测。

第八步：测试

测试工程师在完成原型评审后就要开始写测试用例，哪些是开发人员自己要自测通过才能交上来测试的，哪些是自己要再次验证的都在测试用例写清楚。此时有经验的产品经理会向运营人员要历史的统计数据来核对数据，不过运营人员的数据不一定准确，只是拿来参考。最终测试没问题产品经理协调运营人员试用，试用中发现的一些问题再回炉重新修改，此时整个研发过程就结束了。

第九步：上线

运维工程师会配合我们的前后端开发工程师更新最新的版本到服务器。此时产品经理要找到该指标的负责人长期跟进指标的准确性。重要的指标还要每过一个周期内部再次验证，从而保证数据的准确性。

3.2.4 数据中台的应用

如前文所说，数据中台的意义就是将数据能够用起来，因此，数据中台的应用相当于是前面做了那么多努力后，最终能够体现其价值所在的地方，是真正能够赋能业务的地方。当然，对于数据中台的应用，目前已有较多相对成熟的产品了，比如数据大屏、精准营销、人群圈选等等，还有我们文章末尾会提到的智能配补货，都是很好的应用方向，这里就不一一列举了，只举例说明我们目前比较关注的私域/公域流量池的建设，从数据角度，应如何建设及应用。

全域数据池建设

全域数据中台建设方向需要企业更加开放，如阿里全域数据中台产品方案，平台提供云计算服务、数据仓库服务、数据资产管理服务、运营服务、投放增长服务，这需要企业相信平台的增长能力与数据安全，此种建设方法需要1+2组合策略才能成功，1代表整个大数据平台，2分别对应开发交付能力+运营咨询能力；在落地建设上许多企业对ROI如何很是担心，可采用分步走方法，对于人、货、场哪一项可以借助平台在最短的时间内看到效果可以先作为切入点，明确个时间范围，如大数据平台购买周期为6个月，除去实施上线2个月，还有近4个月的验证时间，当然这种策略执行后发现ROI有很大提升，就认为这个方法是最好的，不一定，要看后续企业如何去运营去投放。当企业真实感受到数据驱动增长后再推动对货、场等场景下数据智能变革。

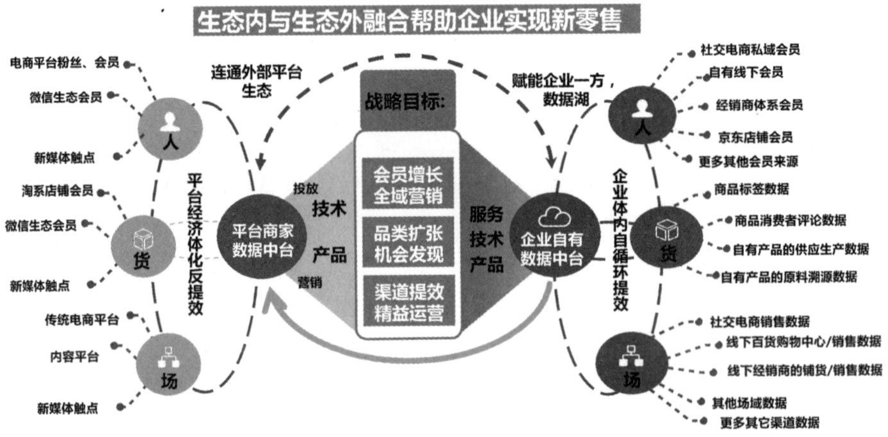

图3-26　生态内外融合帮助企业实现新零售

私域数据池建设

以“双十一”作为电商成长历程时间轴来看，到2020年已有12个年头，在这12年里经历了流量萌芽期、增长期、衰退期及以拼多多为代表另辟蹊径逆袭期，不论怎么样，平台都在想尽一切办法追求流量稳中有增；企业获取用户的成本越来越高，流量越来越贵，简单粗暴的打折送券等营销活动也早已无法真正留住消费者，用户留存也是企业当前面临最紧急问题，客户数据才是解决问题的根本，构建私域流量池。

· 明确业务计划。

如全域数据中台建设路径所述数据驱动业务应用建设也是需要分阶段，当前受疫情影响，无接触购物催生直播火热，企业也需抓住此次机会先基于顾客构建完整数据体系。

· 一方数据融合。

将零售企业一方数据来源梳理主要涉及官方商城、微商城、小程序、公共号、App、POS、CRM 等通过对 WEB 端与后端增加埋点或 ETL 数据抽取获取商品、用户行为、订单等数据融合到自有数据仓库中，基于数据仓库对数据进行统一 ID、统一规范，数据清洗、分层，为应用做准备。

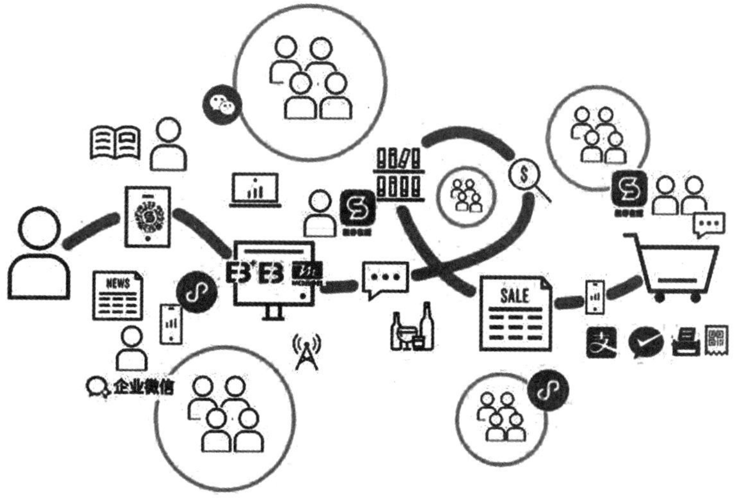

图 3－27　零售各个环节中的消费者触点

· 数据挖掘与内部驱动。

基于行为数据、订单数据等深入数据挖掘应用，给微商城、CRM、移动导购等应用做到千人千面，精准推送，在商品域上基于业务数据商品画像、渠道画像，辅助企业决策在未来两周哪个渠道哪些商品预计多少销量、库存还差多少、从哪个仓调货过来、是否需要采购补货等，这些由模型算法及策略来帮助力企业走出传统销 1 补 1 要货逻辑，同样营销上在自有的流量池中，可以维护运营减少顾客流失，提升复购及连带率。

3.2.5 小结

本章节首先简要介绍了数据中台，从数据中台的定义，应该具备的能力，与数据仓库和数据平台的差异，以及数据中台与业务中台的关系等方面进行了阐述，分析了数据中台对企业的价值和意义；关于数据中台的建设，我们结合了阿里巴巴在这方面的经验，结合百胜软件自己的理解和实践，总结出从数据中台团队搭建和数据中台技术平台建设两方面的方法论。在后面的章节中，会结合百胜软件在数据中台方面的探索实践，介绍具体的项目案例。

3.3　全渠道成熟度模型

通过业务中台和数据中台搭建，我们已经为企业数智化转型打下了很好的基础，但是距离数智化转型，还差一步全渠道，希望本章能够为正在或即将进行全渠道业务的企业，提供一些思路。

全渠道并非一个新鲜的概念，从几年前开始的 O2O、新零售、线上线下融合，随之而来阿里智慧门店、京东无界零售等的诞生，再到服务体验、多渠道融合的概念进入，全渠道这一概念一直被提及。但直到 2020 年新冠疫情这一“催化剂”的产生，全渠道才正式被各个企业所重视起来。不同于以往更注重渠道覆盖的“全面性”，仅仅将全渠道狭隘的定位在“拓展销售渠道，降低库存压力”，企业将难以实现可持续的、稳定的盈利增长。我们所强调的全渠道是从“以消费者为导向”出发，通过企业各个渠道间的业务及数据融合、数据透明化，帮助企业达到降本增效、用户体验一致性的效果。

百胜软件在整个全渠道演化的过程中，助力大大小小的企业搭建了自己的全渠道，比如新冠疫情期间成绩非常“显眼”的梦洁。2017 年开始携手百胜软件全面建设全渠道，成立智慧零售事业部、制定门店激励政策；2018 年开始将加盟体系纳入全渠道、重新制定加盟商管理制度、帮助加盟商消化库存；再到 2020 年的私域流量玩法——“一屋好货”，迎来了“大爆发”等。

我们将这些经验凝练为“全渠道成熟度模型”，助力传统企业合理布局全渠道，此外我们会给出一定的落地参考方向，帮助各个企业了解自己目前所处的阶段以及下一阶段的目标。

3.3.1 成熟度模型的介绍及应用

成熟度模型的起源

成熟度模型起源于 1987 年，最开始是用于评价软件能力的评估，侧重于软件开发过程的管理及工程能力的提高与评估，先是在软件行业从软件过程能力的角度提出了软件过程成熟度模型，随后此套方法在全世界推广实施并被效仿于其他方面的应用。

成熟度模型的意义

· 帮助企业直观了解当下正面临的问题及调整方向；

· 成熟度模型相当于一把标尺，能够合理量化的评估企业目前转型所处的阶段；

· 助力企业有依据地、合理地制订长期的计划及目标。

3.3.2 百胜软件全渠道成熟度模型介绍

3.3.2.1 零售企业全渠道转型的关键点

从“以产品为中心”到“以消费者为中心”

在“以产品为中心”的时代，企业只需关注产品成本和质量，当我们把产品做到极致之后，基本上不用太担心没人买的问题。但随着消费主力的转变，整个零售行业的方向也在逐步改变，消费者需求呈现出多元化、细分化、个性化等特性，企业的关注点从产品逐步转移到消费者，开始关注消费者画像、消费者个性化需求、服务期望等，但这也带来一系列难题：如何建立完善的用户体系、如何获取更准确地消费者诉求、如何进行有效的消费者运营、如何提升消费者生命周期、如何精准地了解消费者需求、优化消费者体验等。

企业推进全渠道战略，就要改变传统管理思维，将企业资源按照消费者的需求进行重组和布局，改“以产品为中心”为“以消费者为中心”，全渠道的关键是建立企业与消费者之间的直接连接，以消费者的诉求决定企业经营决策。

从“IT”到“DT”

消费市场的改变，倒逼企业的数智化升级，但数智化升级并非仅仅是 IT 能力的升级，同时随着消费者需求的转变，技术的价值也在被重新定义。技术的作用逐步从“支撑转型”到“赋能转型”，赋能的方面就包括用技术驱动消费者数据的布局和收集能力、数据应用能力，如何利用数智化升级快速响应消费者的需求、反哺供应链生产等。

管理变革

全渠道业务跟线上业务不同，并非只是信息化系统搭建好就完事，更重要的是需要企业深层次的变革，重塑商品、渠道、业务战略等，还需要组织架构、人员、制度、财务等各方面的支撑。所以企业若想转型全渠道，就得先做好从上到下，下足决心。

3.3.2.2 百胜软件全渠道成熟度模型

百胜软件全渠道成熟度模型根据企业布局全渠道的整个过程，分为“萌芽期”“导入期”“成长期”“成熟期”四个阶段，我们将从业务路径规划、IT 路径规划、构建模型、建造体系、打造标杆、策略复盘、策略扩展、运营导入、模式创新等维度，分别给出我们建议关注的角度及一些方法。具体如表图 3－28 所示。

百胜软件全渠道成熟度模型							
萌芽期		导入期		成长期		成熟期	
业务路径规划	内部诊断、投资回报、利益分配 阶段规划、风险把控、公司战略 渠道战略、营销战略、市场战略	构建模型	KPI绩效、指标设计、指标管控	策略复盘	数据分析、问题剖析、健康诊断	模式创新	模式升级、模式进阶、业务创新
		建造体系	培训体系、组织架构、运营制度 激励方案、内容工厂、流程梳理	策略扩展	横向拓展、纵向拓展		
IT路径规划	硬件设备、数据流向、单据流向 财务流向、会员流向、系统集成	打造标杆	直营标杆、加盟标杆、效果跟踪 筛选标准	运营导入	会员运营、商品运营、直播运营 数字化运用		

图 3－28　百胜软件全渠道成熟度模型的四个阶段

3.3.3 全渠道成熟度模型解读

3.3.3.1 萌芽期

萌芽期属于转型初期，大多企业的全渠道转型都聚集在这个阶段，当然其中也不乏大量跟风者。无论如何，此阶段前需要企业必须要先做两件事情，一是下足决心，想清楚为什么转型、可能带来的风险有哪些、投资回报等，二是确定自己的转型切入点，切记大而全，选对切入点能够达到事半功倍的效果。

确定好这两件事情之后，我们的首要目的就是“做好全渠道项目立项”，如何做好全渠道立项，不仅需要从 IT 信息化建设层面考虑，更重要的、也是容易被忽略的，即前期的业务路径规划及搭建，我们一个个来看。

业务路径规划

全渠道转型是否能够落地，转型前的业务路径规划至关重要。在新的业务开展前，必须先对未来业务的开展情况、涉及的人员部门及环节、利益业绩考量、可能存在的风险及如何把控、公司各项战略调整及布局、各阶段的规划，以及贯穿整个环节的规则明确等做一次梳理。

· 内部诊断。

全渠道转型前企业一定要做一次完整的内部诊断，主要目的是清楚明了地知道我们有什么、没有什么、能做什么、不能做什么，然后才能知道怎么做。具体我们可以从业务、财务、组织管理三个视角下展开，亦可以使用商业画布分析等工具对企业现状进行一次完整梳理。

业务视角下，一方面企业要清楚自己的商业逻辑（即公司业务的发展方向）、业务结构（或者可以说有哪些主要业务）、核心竞争力、核心资源分配情况等；另一方面是对于企业的风险评估，增长瓶颈、制约企业发展的痛点、最紧迫需要改革的地方等。

管理视角下，可以从人员结构、管理结构、职能及职能间的衔接情况、规范化的水平（比如制度化、信息化等情况）、队伍建设（比如人员梯队建设、人员储备情况、人员培养机制等）、组织氛围等维度展开分析。

财务视角下，我们需要了解清楚企业目前的规模及盈利能力、收入结构、成本结构、现金流情况等。

当做完这三个视角的诊断后，找出核心问题，我们才能针对这些问题知道接下来要做什么。

· 投资回报。

关于全渠道转型的投资回报，我们对百胜软件助力转型的客户中，抽取了数十家相对典型的客户进行取样了调研，其中充分考虑样本企业存在直营、类直营、加盟混合渠道，存在集团股份有限公司、单品牌有限公司等不同成熟度的企业。

根据调研结果显示，全渠道建设帮助企业从“提高销售”和“提高效率”两方面做出了优化及提升。其中销售方面，全渠道转型后对比转型前，会员黏性整体增加14%、渠道订货量增加了7%、客单价提升6.3%、连带率提升7.2%、缺色断码减少2.5%、增加商品展示数量等；提效方面，全渠道转型后对比转型前，减少员工手工作业91%、提高有效调拨率13%、运营与仓库分工更加明确、周转率提高8.3%、真实反映了畅销情况及去中间化管理等。

· 企业战略。

企业转型过程中，内部管理层常常会出现这么几类角色：支持者、传达者、反对者、观察者、决策者。决策者一般就是企业的老板们，如何识别其他的角色以及如何做好应对，老板们也要提前做好心理准备，要做好从上到下的转型决心，并非一件容易的事情。

这方面可参考林清轩的做法，林清轩在确定转型之后，就开始从四个“升级”着手，除了“业务升级”“系统升级”之外，还通过“理念升级”“组织升级”来确定从上到下的决心。比如早在2017年就开始宣贯“ALL IN”新零售的动员会，从零开始聘请成立了新零售部门，逐步形成了新零售部门和电商部、销售部、市场部、数据中心、信息部、新媒体部等部门的协同工作机制，为全渠道转型的落地，提供了有效的组织改革。

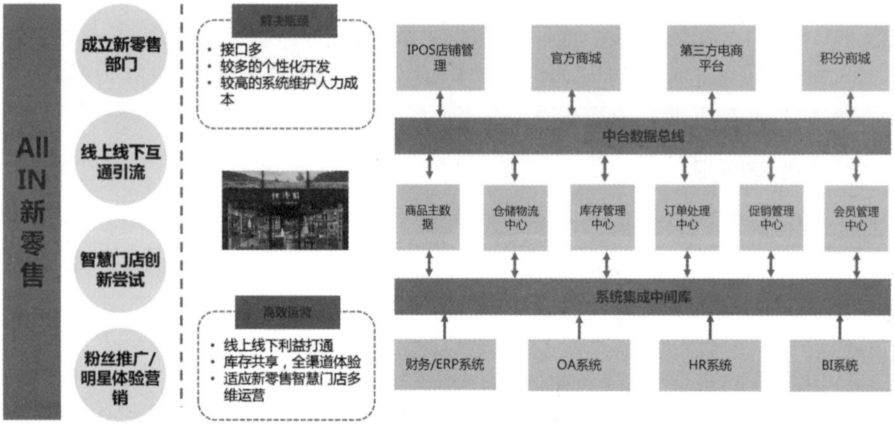

图3－29　林清轩“ALL IN”新零售

· 渠道战略。

全渠道转型的渠道布局，我们要想清楚这两个问题：一是应该如何布局各个渠道；二是各渠道的定位和关系是什么。

这里的渠道不止各类线上平台，还包含线下门店，门店又包含直营门店和非直营门店。不注重线下和非直营渠道的全渠道，不足以称之为“全渠道”。很多企业对全渠道战略有着一个误区，认为数字化或者电商战略就等同于全渠道战略，注重强调线上渠道的重要性，而忽视了对线下渠道的改造投资，导致线下门店或者渠道门店缺失消费者数据，就无法形成全渠道闭环。

对于这类企业，一定要注重线上和线下的联动，线上流量池可以代表企业流量的广度，但门店流量池才可以代表企业流量的深度。具体做法可以参照一些网红美妆品牌线上—线下渠道联动的做法：线下门店完成引流和交易之后，他们会将用户引导至线上，进行持续互动，联动线上线下，借此搭建起规模化、可以持续运营的流量池，实现数字化全渠道管理。

此外还有一个重要的点，即加盟渠道，加盟体系在全渠道布局中占据了重要的作用，为什么这么说，因为大部分企业的加盟渠道基本都会存在会员数据、库存数据、销售数据等与总部存在断层，所以通过说服加盟商加入全渠道，可以帮助企业解决经销数据的业务在线化及标准化、帮助企业决策智能化、会员画像更精准等。所以渠道布局中一定要考虑加盟体系的问题，什么时候做、怎么做、每一步做什么都要想清楚，具体如何落地我们在导入期会讲到。

此外还需要注意企业渠道的分布情况，不同类型渠道的地区分布、门店数、基本盈利情况、门店库存等，要提前梳理清楚，便于后面对标杆选择、选择主要发力点等有所依据，具体可以根据企业自己的情况来定。

· 营销战略。

营销方面，我们除了要选择适合自己的营销渠道，还需要从好产品、好故事、好运营这三个核心要素，来构建品牌力。

拿梦洁来说，我们分析了梦洁 2019 年的广告组合策略，2019 年的梦洁仍然将大部分的广告资源都投放在视频、线下等品牌推广建设，只有不到十分之一的营销资源用在针对产品/单品的社交媒体营销，并且是基于加盟商对广告素材的兴趣程度，选择社交营销的 KOL 类型和内容形式，没有从终端消费者角度出发选择合适的传播媒介和传播内容，营销对终端消费者的促进效果并不明显。

对此，我们从三个方面入手，重新帮助梦洁构建了品牌营销策略（关于梦洁案例详细的内容，若大家有兴趣，可以转至 5.1 了解，这里只列举一小部分）。首先是营销导向，选择以目标客群的需求来锚定品牌形象，集中营销资源，在整体品牌形象推广建设和品牌明星产品推广上发力。这样可以建立与品牌定位相符的品牌力，营销资源可以形成合力来发挥优势，同时也有助于消费者对品牌定位和形象有统一的认知。

其次，从产品角度，我们不仅仅要确保产品高品质、优质原料与功效，还需要确保产品的优点被清晰地表达，并且产品的优点足够吸引消费者。这需要企业能够打造产品的互联网基因，比如高颜值、产品包装的社交属性涉及等；还需要企业有自己的核心技术研发，有技术壁垒的原料配方开发等。

从故事角度，我们要清楚地传递品牌对用户的价值，比如打造品牌核心故事、红人/明星等合作共创内容等。

从运营角度，好的运营能够帮助企业将好产品、好故事更高效地传达给消费者，需要结合品牌定位与推广策略，筛选合适的红人/明星，高效传递品牌故事，积极保持与消费者的互动，共创产生更多营销内容。

· 市场战略。

市场战略需要从客群选择、产品服务、品牌价值链定位维度思考，这一阶段企业需要了解清楚：

客群选择方面，我们需要尽可能全面地对现有客群进行分析，我们的目标客户是谁（性别、年龄、可支配收入范围、人群特征、购买力等）？他们的特征是什么（人群特征、购买力等）？客户的需求和关键购买因素是什么（重视质量、口碑、颜值、科技含量等）？

当对现有客群有足够了解之后，可以从客群价值、规模、与品牌能力的匹配程度几个角度，选择并确定企业主要发力的客群及画像，然后就该考虑：我们应该如何向这部分客户提供价值、提供怎样的价值？怎样显示出我们和竞争对手的不同？

产品服务方面，一般企业都会打造自己的爆款产品和明星产品，爆款产品为有特色/解决问题的产品，有高曝光、高销量主要定位为拓展新客、建立与客户的第一次接触的产品；明星产品为口碑产品，是品牌认知定位与品牌形象的载体。当提及品牌，是消费者首先想到、且会不断复购的产品，也是企业收入和利润的支柱。

对于爆款产品及明星产品的定位，我们一定要考虑清楚如下问题：竞争对手提供怎样的服务/产品？我们应该提供怎样的服务/产品？我们的服务/产品与竞争对手之间的差异体现在哪里？建议企业在这里从产品、颜值、设计、价格贡献等维度来跟竞争对手做一个评估对比。

品牌价值链方面，企业在价值链各环节中的角色和活动范围是什么？哪些自主、哪些外包或外购？在经营活动中，与哪些合作伙伴合作（如渠道合作伙伴和供应商）？如何分工？

IT 路径规划

传统企业，尤其是零售行业，对于全渠道业务中 IT 的作用或者认知很容易停留在技术、系统层面，根据近几年的数字化转型案例来看，没有与业务结合的 IT 信息化转型基本都属于徒劳，仅仅停留在“装修”层面，想要“彻底”转型，就得彻底转换这种将 IT 停留在“装修”层面的思维。所以对于 IT 规划，必须上升到业务层面，未来甚至可能会上升到管理层面，也未可知。

IT 与业务结合的核心内容就是流程，所以在这一阶段，得从业务流出发，规划企业的 IT 路径。这里大概需要注意两点，一是目前的信息化现状，是否仍存在相互之间通过接口互联、系统与系统之间仍然存在大量单据/数据等重复的情况；二是梳理目前信息化系统中和实际业务中的数据流向、单据流向、财务流向、会员流向等的流转链路。

从提升系统间的复用性、协同性来讲，为什么建议企业要上中台，我们会发现目前大多数企业的全渠道仅仅只强调渠道覆盖的“全面性”（当然这类观点某种程度也有一定道理），但渠道的全面性一定是为数据完整性、为业务的效率提升而服务的，所以全面性的前提，是系统之间的集成度，若系统没有统一集成，企业库存、订单、会员、商品等数据也完全分散，那么就无从谈起“数智化”升级。

·硬件设备。

全渠道转型的底座是基础设施云化，而企业基础设施上云等必须借助硬件设备完成，企业上云不是新概念，我们简单说一下为什么企业要上云。节省成本、技术先进、安全等优点大家说的都比较多了，对于全渠道转型的客户而言，上云的价值又是什么？我们知道全渠道转型的本质是提升企业应对市场变化的能力，而这个能力体现在准确识别客户需求并且快速反应的能力、体现在多环节高效协同的能力、体现在通过企业整体经营灵活周转而降低成本的能力等，而这才是上云最重要的价值。

硬件设备是基础设施云化、全渠道转型的能力底座，除了数据中心网络交换机、服务器等硬件设备外，企业还需要注重将云技术与相关基础设备结合起来，进而促进企业上云效果的提升，这些是一个系统工程，需要结合企业的发展规划、现有资源的情况、需求等因素来确定。

·系统集成。

如同前文所说，企业不断发展过程中，积累了各种各样的管理软件，但这些相互独立的软件中，有相当一部分功能又是相互重复的。因此传统企业的 IT 信息化建设，从体验到效率、数据，都是相互断层且流转缓慢的，对于体量较大的企业尤其如此。

自从阿里提出中台概念之后，深受此苦的企业们纷纷开始搭建中台，将复用性较高的功能放在中台，前端可根据业务的多样性实时敏捷的进行调整，企业的数据因为中台的整合可以统一，效率也因为减少了不同系统间的数据流转、调用提升了不少。

·流程梳理。

核心流程的在线化是企业全渠道转型的重要一步，但对于一个全渠道运营的零售企业来说，想要把核心业务流程梳理清楚并非易事，因此建议企业最少每年都要从 IT 角度，从业务价值链的每个环节出发，梳理一遍公司整体的业务流程，包括业务流程中的数据、单据、财务、会员流向，以便对整体流程进行必要的优化，更加适应、贴近业务的需求。

图 3－30　流程梳理

3.3.3.2　导入期

在完成了基础的流程梳理、业务及 IT 路径规划之后，导入期的主要目的是全面实现全渠道的应用。

构建模型

· 管理模型构建。

业务的转型不能脱离对“人”的思考，转型能否落地很大一部分取决于“人”，人构成的组织决定了企业的长期发展。很多公司有相对比较完善的制度、流程、培训体系等，但基础业务还是总出问题，当然这是不可避免的，企业所有人、资本与劳动者的利益是不可调和的根本性矛盾和冲突，但新的时代要有新的管理制度和规则，这点是毋庸置疑的。

因此在这一阶段，企业需要一支能够运转整个项目体系的复合型人才队伍，以后与业务匹配新的 KPI 绩效、指标管控等，建立一个能够敏捷应对变化、快速交互、数据驱动的组织，并且能够按照需求快速定位和获得转型所需技能或知识。

很多企业比较缺乏量化思维，虽然进行了全渠道落地，但是没有进行指标管控，导致业务转型效果到底如何也很不清楚，但实际上无论是

图3－31 构建管理模型

人员KPI还是企业业务各方面的评估，都得靠量化的指标来进行，也方便我们反思问题、查找原因，并找出合理建立一个真正的数据驱动的效率型组织。指标体系具体如何建立？我们为大家提供一些通用的方向及思路，可以从人、货、场、财四个方向去建立。

人的方面主要是会员和员工两个方面，会员可以通过会员数、增长率、回购率、流失率、客单价、件单价、连带率等常见会员生命周期管理指标；员工即企业内部自己的员工，一般特指门店店员，可以通过销售指标（成交率、成交额、销售目标完成率等）、服务指标（平均接待市场、投诉率等）、管理指标（员工流失率、满勤率等）三个维度进行指标搭建。

货的方面可以从产品生产、采购、供应链管理、销售等几个环节分别对应的管理指标。比如供应链管理环节的准时交货率、订单满足率、库存周转率、有效库存比、物流成本占比、期初库存、期末库存、平均库存等。

场的方面可以从门店、渠道两个方面设立对应的指标，门店管理很多企业都很熟悉了，市面上此类App也很多，可以参考这类应用来完善门店指标管理，渠道方面可以从渠道结构、渠道拓展、重要客户占比等维度参考。

以上的一切指标设立的最终目标都是降本提效增收，所以对于财务指标一定要关注，全渠道业务的财务指标可以参考转型前的财务指标，通过对比分析即可。首先一定要关注销售利润率，毛利率是多少、纯利率是多少、交叉比率等，其他的也需要关注回款金额/客户的达标率、租售比等。

未来亦可推进组织内数字化和移动化的管理和协同，借助移动 IM 通讯、智能协作平台等为组织内协作提效，基于员工行为、考勤、业务沟通等核心组织数据，构建“智能组织大脑”，推动面向市场和消费者的敏捷组织、技能提升、组织内和生态间协同，构建边界逐渐模糊的液态组织，推动人财物“自由组合、自由流动”实现更高效、敏捷和管理的组织形态。

· 业务模型构建。

业务规则构建需要考虑零售业务的各个主题，比如商品、营销、库存、订单、财务等。

例如库存规则管理，如何分配门店的库存，才能确保能够同时满足门店正常运营和线上 O2O 订单；再比如订单分配规则，下单规则、派单规则、拒单规则、接单规则、发货规则等，最终的业绩核算是算线上还是线下等；还包括线上线下商品配置规则、价格处理规则、2C 端的配送规则、营销业务规则、财务处理规则等，需要企业根据自己的实际情况，和业务流程一起梳理，以适应新的业务模型。

这里需要着重注意一下全渠道业务中，各渠道间的利益分配、也就是结算规则的制定，因为业务实际落地过程中，会涉及大量的不同渠道间的货品交易等，非直营渠道较多、渠道复杂的企业需要结合实际情况，需要在全渠道落地前，务必将各渠道间的利益分配制定明确。

建造体系

从落地难易角度思考，为了全渠道体系的搭建路线更合理，建议可以遵循如下几个顺序设计全渠道体系，以最大程度降低转型风险。同时可在整个过程中完成培训体系、全渠道组织架构、运营制度、激励方案、内容工厂、全渠道流程梳理等沉淀。

“先线上后线下”：这里的线上指“直播电商”“社交电商”等线上平台，企业在全渠道转型初期，可以先从线上私域平台着手，当作转型第一步。线上私域平台门槛相对较低，2020 年由于疫情的催化，加速了企业部署私域平台的步伐，由于公域流量成本越来越高、难以沉淀等，私域平台的搭建或许是大部分企业未来不错的方向之一。

“先直营后加盟”：先少量试点直营覆盖，再加盟标杆全面覆盖。直营门店想要推进全渠道，只要分配好导购的利益和门店利益，基本上问题不大，所以直营体系覆盖难度或者阻力相对较小，先从阻力小的地方试点，沉淀培训工具、运营内容及方法、运营制度、需要配备的组织架构、激励方案、流程等方法论、知识体系及人员，再在其他地区逐步铺开，最大限度地降低风险，规避过程中常遇到的问题。

直营体系全面覆盖后，再在适当的节点考虑覆盖加盟商，相比于直营门店，加盟商体系则要复杂得多，一旦决定加入全渠道体系，加盟门店就要更换自己的 POS、会员等系统，还要献出自己的会员等数据，会极大阻拦加盟商的积极性。如何提升加盟商的积极性、说服加盟商加入全渠道？后面我们会详述。

“先标杆后复制”：覆盖加盟商的过程中，企业可能会遇到各种各样的阻力，加盟商信息化系统的覆盖程度、利益分配、配合度等，难度与直营体系相比会成倍的上涨，所以企业务必在此阶段找准“诱惑”加盟商的利益点及话术。

建议刚开始可以先选取 1 ~5 家加盟门店做标杆，使用直营体系沉淀出来的方法论可以帮助加盟商迅速上手，降低试错成本，同时也可以在加盟体系中对此方法论进行一些验证，方便用于其他加盟商的快速复制。

当运营初见成效时，可以开始着手案例包装及宣传等，吸引其他加盟商入驻。

“先做量后盈利”：先折扣店起量快速见效、培养信心，再正价店推广盈利。

"先强制后灵活"：先培养门店习惯，再根据运营调整策略。

打造标杆

对传统经销代理商，企业必须要从单纯对"货的管理"转变为企业与经销代理商形成"利益共同体"，比如企业帮经销代理商拉流量、清库存的同时，企业可拿到更完整的会员数据等，通过"双赢"的利益共同体提升经销代理商加入全渠道的意愿度。

在全渠道落地的过程中，会遇到各种各样的阻碍，企业要运用好"标杆"的力量，可按照上面建议的顺序先小范围试点，树立标杆后再大范围吸引其他经销代理商加入。这里需要注意加盟商体系的全渠道落地，与直营相比，加盟商会复杂很多，可能涉及信息化系统的改造、利益分配、数据打通、整体意愿度等问题，那么如何推动加盟商体系进行全渠道落地？需要从加盟商"意愿度"和"能力"两个方面入手，整体意愿度决定了全渠道业务可以在加盟体系覆盖的广度，能力则决定了能够覆盖的深度，企业总部需要通过"利益引导"提升加盟商的全渠道意愿度，通过"培训体系"赋能提升加盟商的全渠道能力。

通过利益导向，提升加盟商意愿度，通过赋能，提升加盟商全渠道能力，打造利益共同体。企业可以利用全渠道帮助加盟商打造意识，理清他们能通过全渠道业务获取哪些"好处"，比如：通过私域电商帮助经销商引流、清理库存；通过赋能，帮助经销商清晰会员画像，提升会员运营能力、数字化能力、数字化工具使用的能力等。

企业给渠道商做赋能，要让渠道商了解赋能的价值——赋能并不是忽悠渠道商，总部赋的是网点存量会员数据清晰化的能力、赋的是网点会员运营的能力、赋的是网点数字化工具使用的能力、赋的是网点钱袋子一起鼓起来的能力。

当加盟商体系的数据逐渐回流到企业后，企业才算掌握了真正的、全面的会员数据，为企业下一步转型做好支撑。

具体如何做？我们提供了以下几种方式可供借鉴：

方式一：帮助渠道商简化货品管理的难度，提供一些简单的管理工具进行收发货管理。收货库存允许自动同步到“小程序平台”；允许有分配策略。

方式二：企业增加多触点营销，例如抖音、小红书、网红带货、传统电商平台等，企业只负责引流，渠道商通过工具获取订单进行发货；渠道商只要发布商品与库存，就有机会获得订单。

方式三：增加小程序商城进行线上线下打通，通过线下实体店券、积分兑换礼物、开业礼券、活动礼券、护理体验券等引流到实体店，为渠道商实体店引流、增粉、增加销量。

方式四：提供销售看板给渠道商，让他们实时了解线上收入与库存的情况。

3.3.3.3 成长期

成长期的企业在全渠道的覆盖以及应用上，已经有了一定的基础，这个阶段的企业一方面需要懂得数智化运营，可以通过数智化的手段进行会员运营、商品运营、直播运营等；另一方面需要将数智化能力贯穿到整个业务链路，通过数智化能力优化业务流程、进行数据分析、辅助关键决策等，为企业带来更多可能性，目前更多企业的数据应用现状，对数据的运用仅仅停留在单维度的统计分析、对历史业务的简单描述上，数据其实并没有发挥出应有的价值，如何有效利用、盘活现有的数据资产，最充分地利用业务数据的价值，让数据不只处在“辅助”的角色，是这个阶段需要考虑的事情。

企业数智化应用

当数据能力足够成熟时，其实引用的空间是无限的，甚至很多是此时此刻的我们所无法想象的，就如同处在手机 3G 时代的我们很难想象 4G 时代移动支付的便利性一样，这里只列举两个常见的数智化应用方向，供大家思考。

应用方向一，数据洞察消费者群体差异化标签，将差异化的价值标签与消费者标签进行匹配，用数字技术探索和激发企业用户群体的消费新需求，通过整合供应链，精准、快速地满足客户需求，为消费者提供有价值的产品与服务。

应用方向二，通过对企业不同商品的等级、生命周期，商品计划、销售周期、不同门店/仓库的补货周期等深度学习，合理分配货品资源，减少不必要的库存成本、手工流程等。用数据能力代替过往的经验预测判断。

数智化运营

会员运营方面，目前许多企业的会员数据存在消费者行为数据断层、画像模糊，对触达人群圈选缺少数据支撑，营销转化率低，对消费者的复购、持续运营缺少有效和精准的手段，持续运营难等问题。

成长期的企业要开始基于业务、有意识、有目标地对数据进行收集、整合、管理、分析，当累积到一定程度后，业务部门可以根据自身需求，自建大数据团队以及相应的数据处理能力，提升数据结果的应用性和智能化程度，让数据真正服务于业务，更准确及有效的驱动业务。

此外可以拥抱直播、网红、短视频和社交媒体等新兴数字触点，开始布局数据埋点，形成精准顾客群体和会员画像，依靠技术和数据来配置营销资源，实现营销活动计划、执行、优化的全链路在线与自动化，沉淀客户、活动、消费者和三方数据形成数据洞察，优化营销的投入产出、实现精准的消费者触达和全营销生命周期的消费者资产运用。

还可以借用 2020 年异常火爆的社交媒体进行互动营销，通过内容营销击穿多个圈层的免费自发自转营销，通过产品或者员工自媒体、砍价帮砍团、砍价团长等连接消费者与商品。

3.3.3.4 成熟期

目前大多数企业或处于萌芽期或处于导入期，对于成熟期、全渠道转型最终会进化为什么样子，谁都无法百分百预测，但有一点目前是可以达成共识的，就是对于企业未来决策的支撑、对于业务模式形态的创新升级，最终都离不开数据。围绕数据这一点，结合全渠道业务的进化路径，我们可以预测出如下几个方向。

以数据能力成熟为基础的业务创新

数据与商业的融合成为常态，技术驱动营销、驱动创新等各个节点，企业进入自我良性优化循环阶段，全面构建以消费者为中心的营销模式，通过触点、交互活动等全方位采集，整合内部和外部数据，围绕生活场景的全渠道数智化触点，主动识别消费者需求，设计、创造和传达公司品牌、产品和服务等，传达精准的个性化体验。

以全链路资源整合为基础的模式升级

以数据为核心持续反哺企业供应链、商品供给、商品结构等，联合上下游构建企业体系化的生态系统，反推新的商业模式。以数据为链接，以合作共赢为宗旨，协调整合全链路的资源，构建企业生态，最终形成一个高效、高协同的组织生态体系。相信梦洁的“一屋好货”已经让我们看到了这种模式的影子。

3.3.4 小结

全渠道是企业数智化转型中必不可少的一环，因为当渠道是割裂的，业务数据必然也是割裂的，也就违背了我们建立业务中台和数据中台的初衷。全渠道不仅仅强调“渠道的全面性”，我们更应该看“渠道全面性”后面的数据统一、管理统一、体验统一等。

3.4 数智化转型赋能工具——RPA

从原先的电子商务概念、到线上线下业务的串联、再到后来大数据辅助决策及高效业务运营大整合，随着不断地充实及沉淀，新零售的概念变得越来越具象化并具有更丰富的含义，如何提升消费者体验、如何使自身商业运营效率及效益最大化、如何使用大数据驱动端到端的全域高效商业连接等，往往越是能做到智能精准匹配以及高效的单位协同的企业，就越是能获取市场，而这些都需要依托于数智化的支持，而除了中台之外，RPA 无疑是数智化的最好帮手。本章节我们就来了解 RPA 在数智化转型中起到的作用。

3.4.1 新零售 RPA 业务现状分析

RPA 机器人流程自动化（Robotic Process Automation，是一种软件机器人），企业借用现有的、已触手可及的工具（比如大数据分析、人工智能等高科技手段），来分析了解客户的主要需求，从而对自身产品进行更切合的设计，通过销售预测来改造优化内部供应链及全渠道系统，达成企业内部的新业态重塑。

传统零售企业的管理思维，是将产品做到极致，卖给客户，即所谓的“酒香不怕巷子深”，而现在随着消费者个性化需求趋势的加剧、消费者话语权的逐步提升，企业资源需要按照消费者的需求进行重组和布局，改“以产品为中心”为“以消费者为中心”，通过产品的个性化以及体验的个性化留住消费者。零售的思想从“静”变为了“动”，零售在这个过程中慢慢地向新零售演进。

这种转变也潜移默化地改变了企业现有系统的状态。早期，一套ERP + 财务系统就能支撑起整个公司业务流，但是今天，随着线上业务的蓬勃发展，移动支付的逐步普及，“线下体验 + 线上支付”融合的消费方式应用也越来越广泛。在这种状态下，企业需要更快地解读消费者、提供更精准的营销、更及时地将信息触达消费者，建立企业与消费者之间的直接连接。此外，一大批如支付宝、微信、银联的支付平台的出现，也使支付方式出现了乱战的局面。

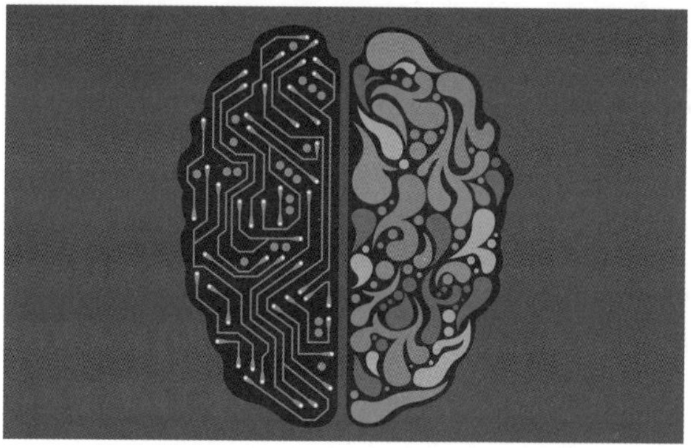

图 3 –32　RPA 可赋能企业数智化转型

市场是严酷的，在当下各类变化层出不穷的时代，如何更好适应环境，对于企业来说既是一个极大的挑战，也是一个极大的机遇。跟得上步伐的企业会逐渐领先，而其他的只能成为那些“不重要的多数”。随着各个行业的发展速度越来越快，零售行业横向环节研、产、供、销，纵向环节人、货、场、财的结合越来越紧密，如何处理好这些环节间的联系，对所有企业来说都是一个需要克服的难关，具体体现在如下几点：

· 我们说全渠道的关键是建立企业与消费者之间的直接连接，以消费者的诉求决定企业经营决策，这中间，需要跨越研、产、供、销各个环节，对于企业对消费者诉求的契合程度、反应速度和响应速度的要求都会非常高；

图3－33　数据应用图

·对于企业设计、生产的成品，需要快速下沉至企业的“神经末梢”——零售门店，产品下沉不仅仅是指将商品配送至线下门店，还包括线上线下数据共享，线下库存共享等，从而加快从产品至资金的转换速率，加快库存消耗；

·对于产品的运营推广，仅仅是将商品下沉是不够的，需快速地将产品信息精准触达至消费者，将消费者视为企业运营的一部分，而不是剥离的个体，提高消费者的参与度与亲切感，往往能提高上面两个内容的效率。

而以上这些都是依靠于数据的，小到产品设计的规格、尺寸，大到企业的生产、市场广告的投放等。当然，数据的作用及价值，我们在数据中台一章中已经介绍了很多，大部分企业对此也已经能够达成共识，难点是如何有效管控这些数据，在最短时间内对不同系统内的数据进行有效的整合，以及如何更好地获取更全的数据。

传统企业一方面由于烟囱式信息化系统的建设，另一方面由于粗犷式的管理方式，出现了很多业务、数据断层的情况，在这种状态下，企业内部会普遍存在大量的烦琐流程、机械化工作来填充这些大系统之间的缝隙。这些工作枯燥而且效率低下，在没有特别好的技术支持前，管理者只能依靠“人肉”战术来解决，浪费大量人工还经常出错，严重影响企业效率。

3.4.2 新零售 RPA 行业场景大图

RPA 在上述业态背景下应运而生，基于百胜软件 20 年深耕零售行业的经验及对新零售深刻的理解，结合 RPA 特性，我们总结了新零售 RPA 行业场景大图，如图 3－34 所示：

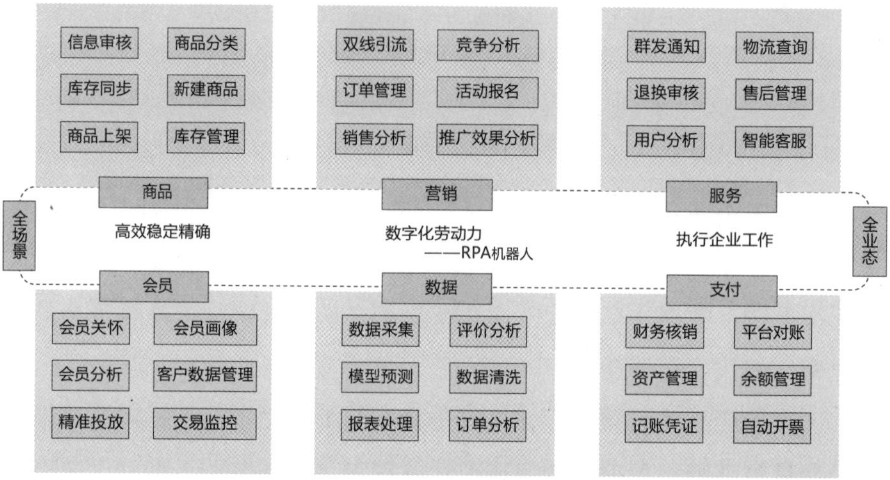

图 3－34　新零售 RPA 行业场景大图

如新零售现状分析中所述，RPA 可以介入新零售的方方面面，可以说是没有边际，只需要流程是有“规则”的。业务可以涉及商品、营销、服务、会员、数据、支付 6 大分支。从时间维度来讲，RPA 囊括了售前、售中、售后 3 个维度。以下就从 6 大分支进行简单阐述。

3.4.2.1　RPA 应用 6 大分支介绍

商品

这个分支从时间及流程维度来看，主要处于产品推广的前期。操作涵盖了产品从企业的运营部门至电商平台后台的大部分过程。比如信息审核、商品分类、新建商品、商品上架等。

为了适应客户的需求，企业产品越来越丰富，各类电商平台也层出不穷，导致各类电商平台上的商品维护需要耗费大量的人力，维护成本也越来越高。比如此前有企业每个季度都要上传大量商品至天猫、京东、唯品会等平台，耗时耗力，后来我们帮助该企业上架了 RPA“多平台商品自动上架流程”，可以自动读取相应的文件将这部分工作通过全自动的方式完成。

营销

这个分支从时间及流程维度来看，处于售中阶段，主要分为两大方面。

首先是数据信息的同步问题（包括库存、销售、退换货等）。由于电商行业内各个企业都或多或少会使用多套系统，这些系统就像“小山头”，各自称王，导致了各平台的数据不统一，就极大地影响了数据的可靠性，到底以哪个平台的数据为准？谁都说不准。很多企业不得不使用人工核对，相当于盘点，耗费大量时间与精力。而 RPA 可以通过对数据的定时同步，提高自有数据的可靠性。

其次就是营销活动问题。这部分主要针对电商，由于电商平台中存在比如聚划算等各类活动报名，每一次活动又涉及多种商品，单独申报都会比较费力。RPA 可以针对这些活动进行自动申请，自动填报等操作，也可以使用定时的方式，在活动前进行填报，避免平台并发量高而导致的延迟等问题。

服务

这个分支从时间及流程维度来看，主要处于售后阶段。

这部分业务是相对来说难以规范化的，因为售后服务主要是与消费者打交道，而类似于天猫、京东后台的留言、图片等都有着一定的不规范性，但只要仔细寻找，还是能找到切入点。此前有过一个案例，某大型运动品牌 TP 公司进行商品退货的流程，其内部有严格的留言备注规则，规范客服人员的填报内容，RPA 根据填报字段自动进行图片的下载、售后信息的上传、请求的驳回等操作。根据其负责人反馈，该流程帮助节约了 50% 的人力时间。而且随着 NLP、图像识别等技术的成熟，服务这个分支的应用也会越来越广泛。

会员

这个分支从时间及流程维度来看，处于整个周期范围内。会员对于每个零售企业来说，都是非常重要的资产，如何在售前阶段推送相关资料给会员、如何在售中给会员最好的咨询、如何在售后服务里给会员最好的关怀等，单靠人力维护会耗费极大。

RPA 可以设置相关的同步规则，将多个平台的会员信息进行整合串联，及时地将会员信息传达到企业内部，提高客户的满意度。RPA 在会员管理模块中起到的作用，会随着时间的推移，越来越重要。

数据

数据是涵盖整个企业运营周期的，包括从客户需求的收集、设计生产的数据归档、运营售后的数据采集、外部市场的数据反馈等，这些数据的及时性及有效性，都可能会影响企业的运营。随着数智化趋势的加剧，数据被摆在越来越重要的位置，如何快速获取数据、如何有效地使用数据被企业越来越看重。数据不再是孤独的，RPA 可以打破每个平台的孤岛情况，将其保存至自有数据库内，并通过关联等操作，将这些内容进行串联，提高数据的可用性，有效地避免数据孤岛现象。

支付

这部分主要是在于与门店、供应商等结算操作。如上文所言，电商平台、支付平台越来越多，需要进行结算的次数也越来越多。这部分数据与财务对账类似，需要耗费大量的人力及时间。而且随着电商平台订单量的越来越大，简单地 Excel 已经无法支撑起平台的结算业务。所以，RPA 结合数据库，给企业会带来快速、准确的支付结算服务。

3.4.2.2 RPA 在零售行业的价值

综上所述，RPA 在零售行业的价值主要集中在以下几个方面：

价值点一：将多个非开放的系统进行业务串联

现在企业外部及内部都存在部分系统并不开放 API 接口（或为封

闭的系统）的情况，但业务又急需两个系统之间的数据同步。这种背景之下，导致无法通过简单的系统集成方式进行串联，日常需要使用手工的方式进行业务数据同步，占用业务人员大量时间，且容易出现操作失误导致数据问题。RPA 可以根据这些业务进行多系统之间的信息打通，解决数据孤岛问题。在提高效率的公式，也降低因为人工操作导致的数据问题。

价值点二：将部分平台无法下载的数据进行采集

运营团队为了更精准的进行广告投放及活动运营，会借助电商平台（天猫、京东等）以及线下门店提供的大量分析数据来辅助决策。但由于天猫、京东数据存在报表、字段数量多，页面采集难等问题，采集难度较高，因此有相当一部分企业又是以 Excel 报表汇总数据的形式进行呈现。而 Excel 数据报表存在无法上卷下钻操作、无法详细对比历史数据等的局限性，致使业务团队使用这部分平台数据时体验极差。RPA 可以根据业务需要，采集指定页面的报表存入数据库，用于客户后期的分析。

价值点三：提高线上线下业务结算的效率

在数智化转型的大趋势背景下，越来越多的企业需要将割裂的业务进行全盘整合，由此衍生出线上电商业务、线下实体门店与第三方支付平台（支付宝、微信、银联等）进行业务结算需求。这部分流程相当于企业自身的财务对账流程，其本身具有强规则、重复及数据量大的特点，在人工进行业务操作时，需要耗费大量的时间去下载、处理、整合、对账，同时由于人工的介入，数据的准确性也会降低。RPA 将线上线下结算的业务流程进行全自动化，从下载、处理、对账、输出结果进行串联，缩短业务的操作耗时，也间接地提升了企业的款项追溯能力，提高回款或打款准时率。

价值点四：电商售后团队的业务标准化

每个电商售后团队都有对应的退换货规则、收发货业务操作逻辑，但由于受制于留言、备注等无法标准化，这项业务始终无法被商家视为标准流程。若售后团队能将留言备注进行一定的规则约束，便可以将部分流程作为标准流程自动化进行批量操作。这样不仅有利于售后团队在后期的原因追溯，也可以将流程规范化，方便后期 RPA 流程自动化转型。

3.4.3 RPA 项目落地思路及方法论

RPA 项目的实施与企业其他信息系统的实施有一些相似之处，但由于不同企业的规模、大小、业务流程复杂度、人员统筹配合等均有所不同，因此每个企业在 RPA 项目的实施步骤中会有所细微差别，企业应该结合自己的业务流程运营情况，决定适合本企业的落地实施方法。

其中有以下 4 个关键点：

3.4.3.1 组建 RPA 项目团队

项目并不是一个人能完成或者决定的，此时需要成立一个 RPA 项目团队，用于支持 RPA 的实现和部署，这个团队需要具备一定使用 RPA 工具和技术经验，用来识别和管理正在进行的 RPA 项目实施落地。一般来讲，RPA 项目团队（包括企业方和实施方）主要有以下 4 种不同的角色。

企业业务人员

业务人员提出明确和详细的业务需求，与业务实施咨询顾问一起讨论及梳理需求，整理出涉及的信息系统、相关平台、网络情况、账号密码等所需信息。最后和项目经理一起确定最适合 RPA 实施的业务流程。

项目经理（包括企业方和实施方）

充分地利用好每个角色的专业领域知识，最终的目标是更快更好地落地 RPA，以便在整个组织中以最有效的方式部署 RPA。若为第三方供应商开发，则需要企业和乙方项目经理达成高度合作，共同实现 RPA 落地。

业务咨询顾问

业务咨询顾问需要对企业运行的所有流程都尽可能地熟悉，不仅是业务上的，也要能熟悉系统工作流，这样才能最大程度的挖掘流程及设计更符合企业现有工作流的 RPA 流程，同时该岗位还需负责对流程的测试和提出优化建议。

实施开发经理

从技术角度管理整体 RPA 工作，通常需实施开发经理具备应用程序开发的相关经验，以及基本的项目管理技能，能够推动任务的完成。实施开发经理负责管理整个 RPA 部署工作，包括管理 RPA 工作所需的所有技术资源、构建 RPA 部署标准。若为第三方供应商开发，此角色便是配合 RPA 更好地兼容企业内部系统及配合实施 RPA 对企业内部系统的新要求。

3.4.3.2　业务流程梳理

流程梳理是企业方和实施方深入了解当前的业务流程，考虑到当前流程运行中存在的各种情况及痛点的重要方法。企业在确认是否应用 RPA 之前，可以和实施方咨询顾问讨论当前流程存在的盲点，优化当前流程，从而更契合企业的需求，这样企业能初步判断流程是否适合落地 RPA。在确认应用 RPA 之后，流程梳理同样会在 RPA 实施交付的过程中，能够避免由于业务流程梳理不清楚、不规范导致的应用开发问题，确保项目能更稳定顺利的落地，企业能感受到 RPA 技术带来的稳定及高效性。

企业要基本了解 RPA 的工作模式，RPA 的使用场景非常多，凡是具有高重复性、强规则性的流程与工作任务，均可以通过软件机器人进行自动化，提高人的工作效率、降低企业成本。并不是所有的业务流程都适合 RPA 来实现，要选择 RPA 来实现是有一定的条件的，它适合于重复的、有规则的、稳定少变的流程。

3.4.3.3　项目实施关键文档

BPL（Business Process List，业务流程梳理列表）

企业在 BPL 文档里需要填写详细的流程信息，梳理当前流程是在做什么、有关流程的一些人力、物力的投入以及流程需要涉及的系统环境信息，如图 3－35 所示：

客户填写																	百胜顾问填写				
业务需求团队/部门	业务流程	优先级	流程描述	流程风险	现人力投入（单次）	单次操作时间（H）	频率	总操作时间（小时/月）	数据量	时间要求	步骤	涉及的系统	数据基础	步骤描述	是否有逻辑判断	逻辑判断复杂度（简单、中等、复杂、非常复杂）	RPA场景匹配度	流程风险	RPA工作范围	人天评估	备注
工厂运营财务部	A. 工单日常结算	高	每天通对可以结算的生产工单进行结算	低	1	1小时	每天一次	50H/月	1000条/月	须在每日中午12点后执行，须在每日1点前出具结果报表	A1	SAP	账号密码	登入SAP并进入事务代码coois	否						
											A2	SAP	界面数据	依次填入工厂8100+8700，工单状态排除TECO和结算的生产工单清单	否						
												SAP	界面数据	下载保存查询到的数据表为Excel文件	否						
											A3	Excel	Excel报表	将下载保存的数据表根据以下规则进行过滤： 1、对系统状态为包含“CNF”且不包含“PCNF” 2、对系统状态为包含“DLV”且不包含“PDLV”	是						
												Excel	Excel报表	将过滤结果单独保存一张表格	否						
											A4	SAP	账号密码	登入SAP并进入事务代码co02	否						

图 3－35　BPL 示例

BWD（Business Workflow Document，**业务流程梳理文档**）

编写业务流程梳理文档可以由企业自己完成或者与实施方合作完成。下图简单地描述了编写一份 BWD 文档的具体步骤：

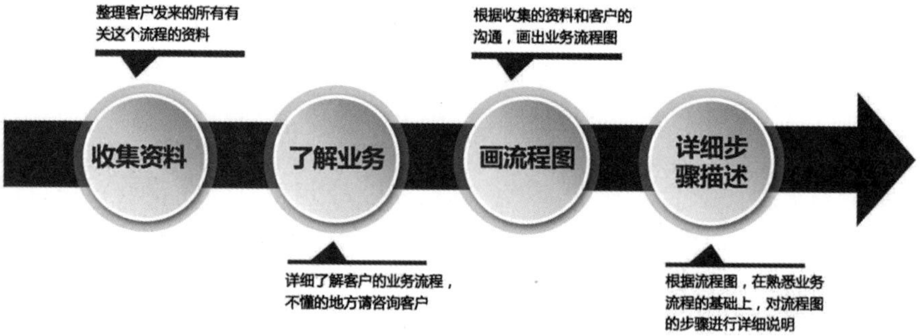

图 3－36　BWD 梳理步骤

企业的 IT 部门收集并整理企业业务部门发来的所有有关这个流程的资料，包括使用的各种 word 文档、Excel 表单、视频/音频、PPT、简要介绍等；

企业方和实施方一起要详细了解业务流程信息，包含但不仅限于以下内容：涉及的业务场景、每月的人力投入、每月的业务重复量、流程图、流程步骤详细说明、流程所在的部门、所涉及的业务数据量、涉及的系统环境、与上下游流程的关联性、流程的起止点、术语解释等一系列有关流程的所有信息。除此之外，对于异常的处理也应慎重。需在

BWD 进行体现，也可以根据实际需要进行增减变动。

最后，客户方与实施方再确认一遍 BWD，如果没有问题的话，客户要提交给相关部门负责人审核并签字。

RPA 项目整体解决方案

整体解决方案里要包括项目部署方案及整体架构设计，服务器、客户端、控制台的配置要求及推荐，项目的技术可行性分析，业务流程的分析及优化，根据客户业务需求安装所需的软件（数据库、浏览器、远程工具、沟通工具等），项目涉及的系统及平台，项目实施中可能遇到的风险点，项目上线后运维支持等。

企业和实施方可以一起讨论对流程进行模块拆分以及业务整合。将同平台、同频率的流程进行合并，使流程覆盖所有类似模块，提高运行效率的同时降低开发成本。对不同功能节点进行拆分，从业务角度看，对同平台的流程进行模块拆分；从功能角度看，对不同功能流程进行拆分（虽然同属一个功能流，但功能独立）。必要的拆分，可以有效降低流程运行的时效而相互影响的情况。

3.4.3.4　企业 RPA 的整体规划

公司级 RPA 规划的落地需要经历试点、内部推广使用及后期的优化运维。

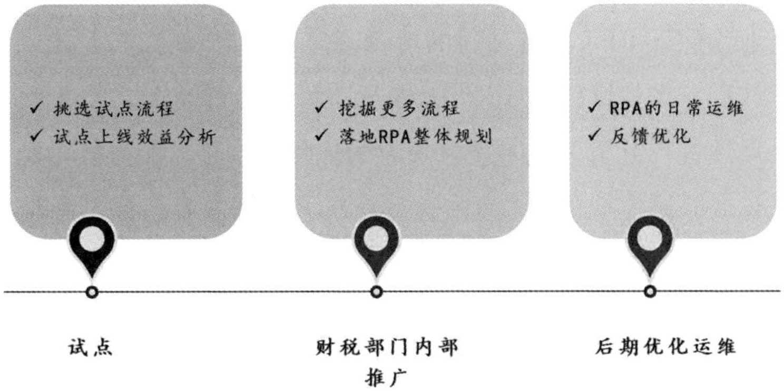

图3－37　RPA 整体规划

试点

企业如何选择合适的试点流程，决定着后期其他流程的展开及RPA整体规划是否能顺利实施。当前有很多供应商企业推出了标准流程解决方案，价格低、落地快是其最大的特点；同样也是企业运营部门选择试点流程的一个好的可选项，对于一些不熟悉RPA的企业或者不知如何挖掘流程的企业，标准流程解决方案再合适不过了。

当然标准流程因其功能特殊，并不是所有的流程都适合标准化，标准化流程也无法满足企业的定制化需求，那么企业仍要面临如何选择一款或多款恰当合适的流程来落地的问题。建议企业选择试点流程要尽量精简及效益相对明显。

企业内部推广

RPA的推广上线是在试点的基础上，实现新零售行业RPA的全场景、全流程、全范围上线。企业在完成对基于RPA的新的业务流程测试、优化和改进之后，如果对RPA的实施落地觉得满意，那么企业就可以进入内部推广阶段。通过对流程梳理评估后RPA适配度最高的业务流程进行RPA试点运行后，已经证明了RPA战略的可行性及高ROI。此时企业就可以考虑挖掘更多流程及部署实施RPA整体规划，推动企业智能化办公。

后期运维和优化

企业为保证RPA实施项目的持续改进，在RPA试点上线或者全面推广上线后，需持续关注RPA历程及项目的运行情况，收集使用结果并根据反馈进行分析，同时进行相应的优化。若是有能力的企业，可以自行优化或联系专业的供应商进行运维，使RPA成长性不断增强、性能不断优化。

RPA自我优化的第一步是企业自己收集使用阶段的反馈，主要来自两方面，一方面是业务人员，企业业务领域的拓展、战略目标的转变，法律法规等的变化可能带来业务处理流程的改变，这些都对现有的基于 RPA 的业务流程提出了挑战。另一方面是所依托的软硬件环境变更。企业可以安排自己的 IT 人员或让专业的第三方来运维优化。

3.4.4 小结

新零售就是以用户为中心，将线上和线下系统打通，在围绕服务用户，沉淀数据过程中，企业部署大量的企业系统，与此同时也给企业带来了数据断点、数据孤岛的痛点。企业从“旧零售”到“新零售”，不能把人力浪费在数据的搬运上。

而 RPA 技术能完美解决这些企业的痛点，根据预设的操作规则，RPA 机器人通过模拟人在电脑上的操作行为，代替员工自动处理数据信息。不仅可以提高业务处理效率和准确率，有效避免人为失误，还能降低人力及时间成本，让企业跟上“快”节奏，为企业提供降本增效的解决方案，在行业竞争中保持优势。

新零售时代，需要我们用新的思维来应对互联网效率的冲击，解放人力去做更有开拓更有意义的事情，像一些重复操作的固定工作，数据采集工作，完全可以交给 RPA 机器人这种新时代的数字劳动力来做。

有了 RPA 机器人的辅助，95% 的重复录入工作都可以实现了“自动化”，相关业务板块的员工从烦琐的工作中解放了出来，将宝贵的工作时间分配到了人力更加紧缺的客服、售后、分析等业务上去，极大地提高了线上线下整合营销的效率。

RPA 有可能影响地球上的每个行业。实际上，世界上每个职业都涉及重复性任务。而且在几乎每种情况下，计算机在执行这些任务方面都做得更好。RPA 的可能性确实是无限的。

拓展阅读：百胜软件 RPA 发展历程

百胜软件作为阿里云 RPA 零售行业的总代，在 2018 年阿里云 RPA 正式问世的时候便一直不断的尝试、探索、升级、反馈、积攒行业经验，共同努力才有了今天的成果（见图 3-38）。阿里云 RPA 前身是淘宝码栈，2011 年诞生于阿里巴巴集团淘宝平台，普遍赋能集团内部，如天猫、淘宝、飞猪、集团财务、菜鸟、蚂蚁金服等，曾经获得淘宝年度创新奖和集团特殊贡献奖。2018 年正式上线后，正式更名为阿里云 RPA，发布了版本 3.0，支持私有化部署和定制开发。目前已为电商、金融、制造、政务等多个领域输出行业解决方案，平均提高效能 500%。2020 年 7 月已发布 RPA4.0 版本，深化 AI 融合（NLP、OCR、其他 AI 工具）。

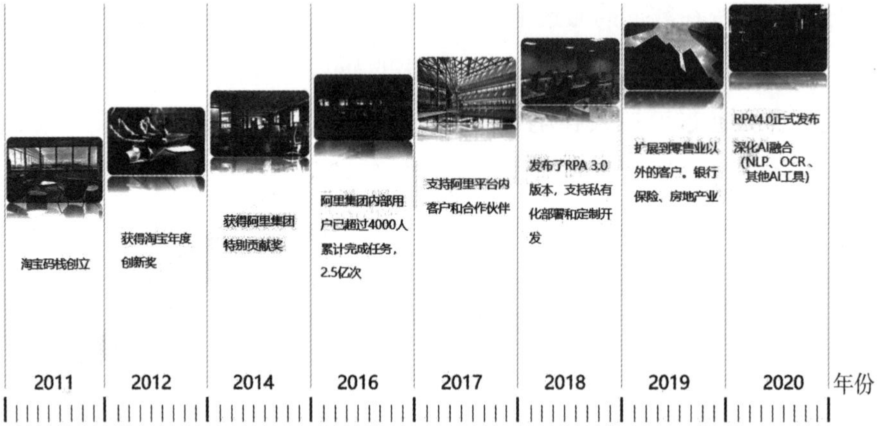

图 3-38　RPA 发展历程

百胜软件云计算事业部团队于 2018 年初步接触 RPA3.0 版本，经过长时间的产品技术学习，2018 年 6 月开始落地实施第一个 RPA 项目：菜鸟裹裹全国增值税纳税申报。当时使用的初级版阿里云 RPA 不免功能有限，问题重重，同样作为首次落地实施的百胜软件团队也是“十分年轻、且经验尚不充足”，可想而知交付的道路多么坎坷，但无论多么艰难，我们坚持过来了，历时半年，终于全部上线，并得到了客户的认可。

两年的时光，无数个日夜，阿里云 RPA 已成长至 4.0 版本，变得更强大、更便捷，而百胜软件云计算事业部 RPA 团队与 RPA 一起成长，不断壮大的同时，也变得越来越专业、服务越来越完善。截至目前，百胜软件云计算RPA团队发展成为具有20多位资深咨询专家，30多位开发工程师。RPA流程咨询专家运用各行业丰富RPA咨询经验，已经为上百家企业提供了数十种提效降本RPA的解决方案。

百胜软件作为全渠道数字零售解决方案服务商，专注于为零售行业提供运营咨询和数智化解决方案。多年新零售行业浸润，拥有丰富的新零售实施交付经验，新零售将是RPA的重要实施领域，我们会对新零售行业进行深刻分析，为企业提供专业的解决方案和服务，助力零售企业实现商业价值。

第4部分

四大零售行业数智化转型策略

4.1 快消行业数智化转型策略

快速消费品（Fast Moving Consumer Goods，FMCG），主要是指日常用品，具有消费频次高、使用寿命短等特点。快消品的便利性、视觉化、流动性、同质性等产品特征，使得消费者对于快消品具有简单、迅速、冲动、感性的消费习惯，与之对应的，消费者对于品牌的忠诚度也相对较低。

根据行业调查数据显示，快消品消费在居民消费的比重约为34.6%，已成为居民消费支出中最大的项目。其中，食品烟酒占比最高，为28.00%。尽管如此，如今的快消行业在移动互联时代依然失了阵脚，行业业绩基本停滞，存量难保，增量难寻，已成为快消行业日益突出的问题。作为所有行业中最为传统的行业，快消行业也在探索其发展之路。

4.1.1 快消行业发展的困惑

快消行业的渠道主要有三种，传统渠道、现代渠道和电商渠道。最早的传统渠道架构，各层级的代理商到终端最后触达消费者。2003年，B2B开始兴起，快消B2B受到了越来越多品牌商和经销商的关注。随着移动互联网的发展，移动电商、移动社交发展迅猛，新零售、社群营销让快消行业一时失了方向。

传统渠道该何去何从？

传统渠道，企业需要建立庞大的渠道体系，产品必须通过层层分销到达终端，最终触达消费者，经销商在过去很长时间里的主要功能是承担资金流和仓储物流的职能。

电商的出现，极大地压缩了渠道层级，使传统经销商面临着巨大威胁。资金流，有了移动支付；仓储物流，也已经社会化。近几年，B2B、新零售让经销商更加“举步维艰”。

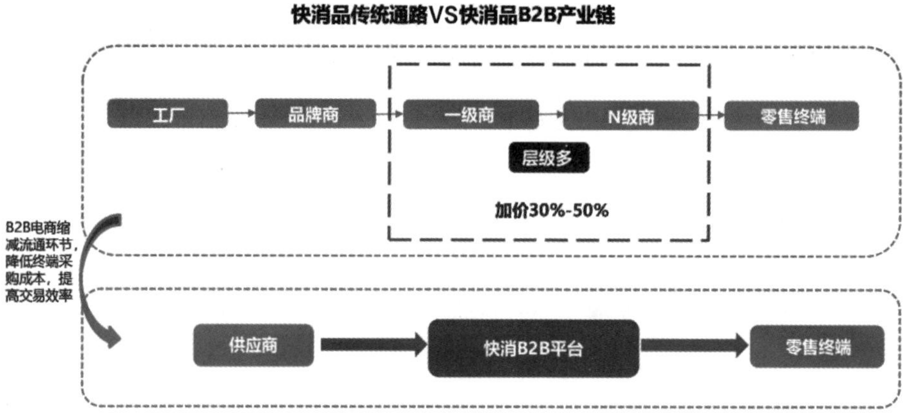

图 4－1　快消品传统通路与 B2B 产业链对比

品牌该如何推广？

电视上铺天盖地的广告在过去对品牌的宣传效果显著，但是随着消费人群的变化，传统的品牌宣传方式好像失效了。究其原因，是消费者对品牌认知方式的改变，今天的消费者已经不再好“骗”。相比于制作精良的广告，他们更愿意相信朋友圈的推荐和身边人的分享。原来单向的、甚至是不实的信息传递已经不再适用于移动互联网时代。

从 4P 理论到 4I 理论，如何抓住消费者的心？

从 4P 理论、4C 理论、4R 理论再到 4I 理论，营销理论已经经历了四个阶段。自 4C 理论开始，营销就一直围绕“消费者”开展。如今的消费群体趋向年轻化，这一代的价值观、消费观和消费行为已发生本质的区别，个性化的消费需求越来越多，商品需要更有针对性地触达消费者。

4P 理论：产品 Product、价格 Price、渠道 Place、促销 Promotion；

4C 理论：消费者的需求与欲望 Consumer Need and Wants、消费者愿意付出的成本 Cost、消费者购买商品时的便利性 Conveniece、与消费者互动沟通 Communication；

4R 理论：关系 Relationship、节省 Retrenchment、关联 Relativity、回报 Retribution；

4I 理论：个体的识别 Individual Identification、即时的信息 Instant Message、互动的沟通 Interactive Communication、“我”的个性化 iPersonality。

4.1.2 快消行业的变革之路

品牌推广，是灵魂的碰撞

产品质量，是品牌的灵魂。快消品主要满足日常需要，功能性更强，产品较为同质化，消费者对于品牌的感知度相对较弱。企业打造品牌形象，必须将质量作为首要关注。

这一灵魂与消费者灵魂的共鸣，这是品牌发展的核心。企业应站在消费者角度去运营，将品牌形象与时俱进，融入更多的“年轻元素”和“趣味元素”。让消费者参与品牌共创，还可以充分发掘其个性化需求，不只获得基础的功能需要，又得到心理满足，消费者自然会用钱包表明他们的支持。

营销已经进入 3.0 时代

营销 3.0 时代，营销的使命是解决产品同质化与消费者日益增长的个性化需求之间的矛盾。这要求企业走进消费者的生活方式，探索其潜在需求，以确定产品的升级方向。

移动互联普及，沟通方式已经从传播转变为互动，营销人员可以直接触达到消费者。互动式沟通针对性强，而且直接快捷，这也要求企业转变思维方式，同时加强营销人员的培训工作。

社群营销，短视频爆发，直播带货，这些新时代的产物，都是基于同消费者之间的互动以达到成交的目的。然而对于快消行业而言，动辄上百万元千万元甚至几亿元的消费者，完全通过真人的互动和服务并不现实，这也就需要企业通过新的工具去实现精准的营销。

全渠道，值得尝试

线下的品牌纷纷去做电商，线上的电商又开始布局线下。对于全渠道的探索，可谓是愈演愈烈。全渠道，不只是线上线下的结合，更是营销销售的一体化。马云自己也说，以后没有电子商务，只有新零售。而新零售的场，即是实现全渠道。

电商的发展、物流的效率、移动支付的便捷，让企业以低成本和高触达效率实现产品销售和品牌塑造。2019 年“双十一”有 100 万款新品在天猫首发，超过亿元销售的品牌 299 个，其中有传统的大品牌，也有从电商平台起步的互联网品牌。

而线下渠道的深耕同样重要，并不能简单地认为线上代表着绝对的优势和趋势。首先，渠道是商流、信息流、资金量和信息流的承载，同时又可为企业分担库存及资金压力。另外，快消品相对于其他商品更贴近消费者，企业无法面面俱到，而完成服务最终消费者的这项任务，渠道仍是主力。

做通渠道精细化运营，让产品无处不在。增量市场的新用户在哪里，用户习惯通过哪种渠道消费，就在哪个渠道重点发力，在该渠道投入更多的资源。做全渠道，要注意资源分配，还要注意不同品类的消费特性。如线下渠道之于饮料（占比超 90%），线上渠道之于宠物食品/用品（占比超 60%）。

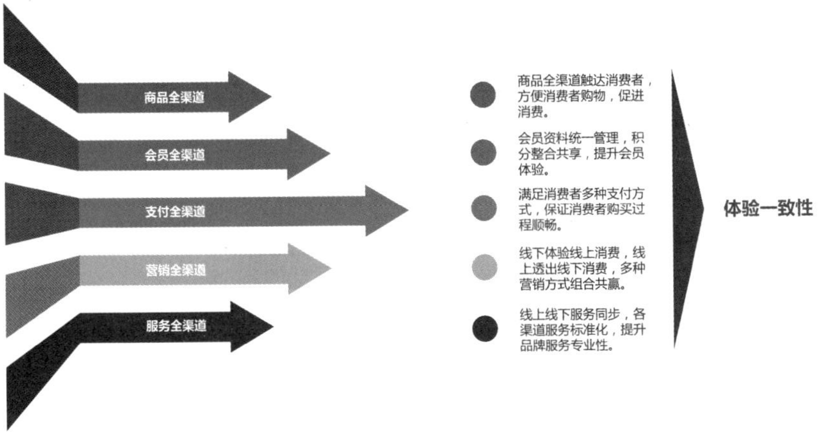

图4-2　全渠道带来体验一致性

4.1.3　快消行业的数字化转型

对于快消品企业，快速有效地触达消费者并实现销售是根本目标。要实现这一目标，保持对渠道和零售模式创新的足够敏感度至关重要。面对复杂的市场环境，用数字化的企业模式去承载各个方面的转型，去获取并分析各种无序的数据，以应对挑战，是企业需要深入思考并尽快布局的系统化课题。数字化是基础建设，当前的快消企业转型，需要从数字化转型开始，也唯有进行数字化建设，才能实现品牌、渠道种种方面的变革。

新一代消费者消费模式的转变，是驱动数字化转型的首要因素。除了追求高品质的产品，他们的消费路径也发生了转变，熟人种草已成为新的趋势。这一转变，对品牌的产品设计、营销渠道和营销方式形成巨大的挑战。

市场的竞争激烈，是驱动数字化转型的重要因素。新的竞争者不断涌入市场，异军突起并大获成功，对企业现有业务形成极大冲击。在企业固有模式下，脱离时代，数字化程度低造成管理效率低下，导致成本居高不下，市场竞争力越来越低。

快消行业的数字化，不只是从系统层面寻找突破，更应结合管理咨询层面共同发力。数字时代，随着业务越来越复杂，数据流动性较强，数据来源也更为广泛。所以，快消行业需要新的营销理念和经营策略，作为管理的支撑，同样需要新的方法和工具。

品牌数字化

首要任务是明确增长方向。结合全域大数据分析，精准识别品类的基本属性和增长来源，以确定核心竞争目标。品牌要以消费者角度出发，重新认知并定位品类，思考影响品类增长的本质问题和关键要素。

当品牌的增长方向已明确，接下来则要识别增长抓手。分析目标消费者对品牌的价值追求，消费者标签化管理，对消费者全方位洞察。通过塑造“品牌价值”，延长消费者全生命周期价值。

商品数字化

2018 年 6 月，中国 ECR（Efficient Consumer Response，高效消费者响应）委员会联合 50 多家零售商、品牌商、服务商共同发起“商品数字化”倡议，旨在大力推动商品数字化，促进贸易伙伴间数据互通、信息互联、业务互促。

快消行业的商品数字化，是将商品以及商品的消费信息进行收集，并贴上各种标签，通过大数据分析，以达到对商品、市场的精确分析，为决策提供依据。

移动互联网的出现，让商品数字化的实现变得更为容易。商品数字化，最重要的是将人的 ID 和商品的 ID 进行融合加工，赋予商品以连接的属性。目前已经有较为成熟的中台管理系统，来承接这些信息，并可以实现将信息进行清洗和整合，通过一定的算法，推测出人的消费喜好，以此来实现千人千面。

渠道数字化

渠道为王，是快消行业经营的传统意识。传统渠道模式体系下，运营套路已经非常成熟，做直营，做分销，管理好经销商。现在全渠道来了，带来的一个最大的问题就是信息流。如果要打通各渠道，势必要参与到 B2B 或者新零售平台的信息流中，这无疑将会增加企业的运营成本。而且，以前企业对渠道拥有绝对的控制权，但在电商平台面前，由于信息流、资金流、物流都被转移，企业变得相对弱势。

渠道数字化，首先需要推进的是渠道的变革。经销商大多规模一般，野蛮生长，其成长路径可能相对要长，企业作为渠道的开端，应该主导数字化的升级。渠道数字化，并非颠覆以往的深度分销体系，而是在以往深度分销体系基础上进行彻底的数字化改造，它需要企业搭建完整的以自我为主的数字化渠道体系，结合自己的企业实际和市场能力，系统完整地完成数字化分销体系的改造。

业务数据化

没有数据，数字化只是一个空壳。没有数据，精准营销、千人千面也只能是概念。这里的数据，不仅是我们所理解的基础数据，而是附带一些属性的经营数据，例如消费者的购买数据、市场的运营数据等。

业务数据化主要分为三个环节。首先是业务系统化，需要有相应的系统去承接各业务的数据，实现业务的存储。其次是信息结构化，通过算法将非结构的信息如声像信息转化为可分析的结构化信息。最后是数据集中化，企业需要将割裂在各系统中的数据进行整合，统筹管理数据的全貌，更好地发挥“大数据”的价值，与数据中台章节中介绍的对数据进行统一加工处理的概念一致。

4.1.4 快消行业的数字化建设

传统企业数字化转型有两个关键问题需要解决：一是强大的技术平台，二是互联网式的数据运营能力。传统企业内部的“烟囱式”架构导致各业务之间互不相通，主数据无法统一，数据分散，无法实现实时交易等问题。快消品由于销售周期较短，商品流转较快，这就要求从研产供销到财务核算各个环节均要快速反应。打破环节间的壁垒，解决

“烟囱式”问题，中台是重要的技术手段。中台包含业务中台和数据中台，企业要通过数据和业务中台打通内部和外部的数据，将消费者在不同场景下的数据统一管理。

业务中台要做的就是对复用性较高的商品、库存、订单等流程进行统一归集管理。

快消行业渠道较多，因此在订单管理、渠道管理这块相比其他行业更复杂，这里一方面需要考虑不同渠道的发货成本，发货时效，仓库存量等问题；另一方面，分销渠道仍然是快消行业的重要渠道，因此要通过数智化升级来完善经销商管理，比如完善经销商的详细信息、订单历史和往来结算等信息、财务层面还要管理经销商信用额度信息等。可将渠道经销商纳入中台统一经营，渠道的经营数据、库存数据采用共享方式推送到管理平台，帮助企业分析渠道经营情况，从而达到更好的销售预测及智能配铺货。

数据中台要做的工作是对数据的采集、存储、整合、应用。

快消行业多在线下布局，渠道众多且分散，给数据的采集带来一定的难度。移动互联的发展，让沟通渠道大幅缩短，使企业可以直接触达消费者。现在通过 App、小程序等方式，加之线下的引导，很容易促成消费者的注册。如果想要收集到更详细的信息，还可以通过激励政策推动消费者完善资料。不过，明确消费者的归属以及消费者个人信息的安全需要特别关注。

收集数据是持续性的，收集到的数据一定是需要空间来存储。数据存储要考虑的问题也不少。首先要考虑空间的扩展性，以应对不断庞大的数据量。收集的数据，一定会存在冗余、规范性、真伪性等问题，所以应先对数据进行清洗和整合，仅存储有效信息。同时也要考虑多系统间数据通信问题，消除数据孤岛，流动的数据才是有价值的。

业务中台和数据中台不应是割裂的，相辅相成才能更大发挥价值。企业要通过数据和业务中台打通内部和外部的数据，将各渠道经营数据沉淀下来，形成数据闭环。通过数据中台算法的支持，勾画出用户画像、商品全流程视图，为前端业务决策提供有力的支撑。

4.1.5 小结

国内消费能力的不断提升，给快消行业带来新的机遇和挑战。快消企业首先要完善渠道结构，提供最全面的业务入口和最优的体验；其次，要在科学的渠道结构基础上搭建管理中台，使得各渠道协同运营，提升供应链效率；同时依托数据分析能力，实现全渠道营销、精细化运营、数字化决策。

4.2 鞋服行业数智化转型策略

4.2.1 鞋服行业现状及发展趋势

图 4－3 大数据驱动下的“人、货、场”重构

4.2.1.1 人——内外部用户的心智运营

外部客户

营销理论几十年间不断更迭，从 4P、4C、4R 再到 4I，其实是市场逐渐意识到传统的营销方式已经不能适应新时代的变化。传统零售其实是“货→场→人”的顺序，先设计生产货品，然后再去找适合销售的渠道，最后终端才是消费者。然而新零售的出现颠覆了传统的生意链

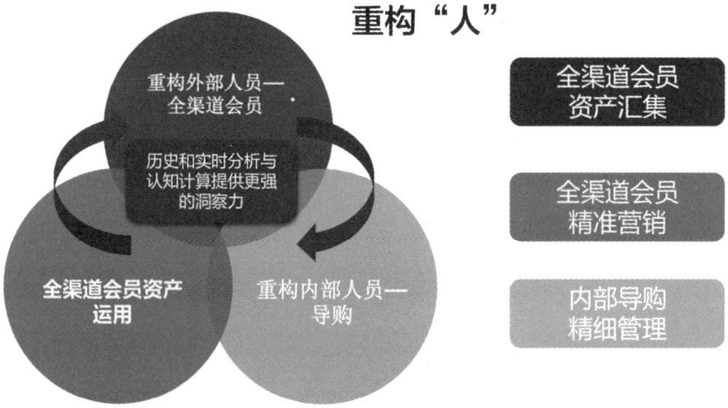

图 4－4　重构“人”

条，从“货→场→人”转换为“人→货→场”的逻辑，一切以人为本，从了解消费者偏好开始，围绕消费者的诉求设计产品和铺设渠道触点，使消费者与企业产生共鸣，以满足消费者的需求为目标实现企业利益最大化。

新零售时代的变化首先是消费升级，随着经济发展和中产阶级的崛起，消费者开始注重生活品质和内容，对衣食住行的要求越来越高，导致靠低价策略赢得市场的品牌逐渐没落；其次是消费需求逐渐趋于个性化，消费者越来越倾向于展示自我和凸显个性，需要在不同场合、不同场景体现自己的穿着品位，对品牌的设计提出了更高要求，所以有些品牌开始尝试个性化定制的服务；最后，对消费者心智的把控也对企业提出了更高挑战。从传统的过客经济转变为粉丝经济，企业对会员的管理重视度越来越高，因为过去渠道为王的时代，企业的经营思路还没有完全扭转，对消费者的诉求和关怀都仅仅停留在纸面上而已，没有形成完整全面的会员运营方案，包括会员黏性提升和忠诚度培养的计划等，再加上信息系统和数据化运营水平的缺位，无法形成有战略价值和指导意义的用户画像。

会员管理的系统支撑不足，线上线下多渠道的会员无法打通，无法准确地描述客户需求和人群画像，精准营销、数据分析、数据挖掘也就成为无米之炊、无本之源。最近几年，私域流量和社群运营是热门话题，企业开始纷纷投入这个新战场。这个问题首先是因为线上公域获客成本越来越高，像天猫的获客成本接近200元/人，其次是线下的门店客流越来越少、越来越分散，面对如此高昂的获取成本，企业必须把通过各种渠道带来的用户留在自己的用户池中，让过客变为忠诚会员，保持客户的黏性，提升客户的终身价值。

内部客户

企业的内部客户就是员工，过去我们说公司的员工销售行为叫坐销，态度是消极的、被动的，等着顾客上门购物。新零售时代，企业的员工要转变为企业和客户的连接器，由坐销转为积极主动的行销。这里指的员工不仅是企业的导购，还有企业其他业务部门的员工及生态合作伙伴，利用社交媒体把公司的触点延伸到与客户接触的每个角落。但很遗憾的是，目前还没有哪家企业把这个问题解决的很好，主要还是受限于企业的组织方式、利益分配方式、赋能体系和信息系统的支撑能力。

有一些头部企业很早就意识到员工对提高客户黏性的重要作用，就开始尝试通过系统将员工和客户进行绑定，然后利用公众号、小程序做分销，提升销售额。但是效果始终有限，原因是企业只提供了一套绑定分配工具，而缺乏对员工的赋能和管控系统。我们说对人的管理需要“胡萝卜加大棒”的方式，除了输出利益，还需要监管和赋能，才能最大化员工的效能。

4.2.1.2 货——数字化、智能化管理

谈完人的问题，再来说一说货的问题。新零售时代的到来，还有一个重要因素就是货品的运营发生了根本性的质变。首先在宏观层面市场趋于饱和，中国改革开放40年来，随着人口红利消失，产品从稀缺到过剩，从供不应求到供过于求，产能过剩倒逼国家出台供给侧改革、智能制造等推动产业变革的战略方针。

首先，从产品研发层面上看，对品牌来说最大的问题就是产品同质化严重，传统鞋服企业由于缺乏、不重视专业人才，导致设计、创新能

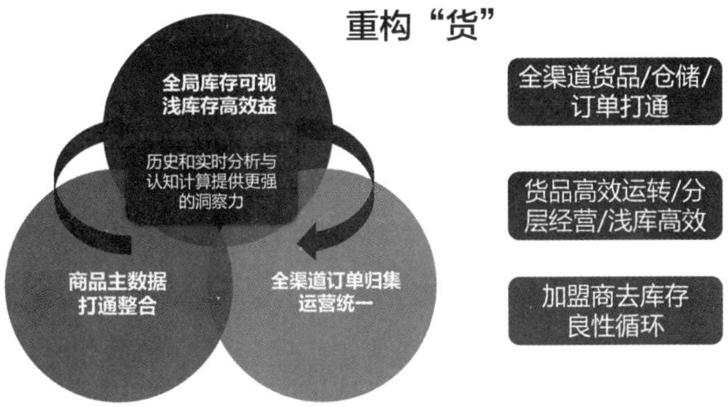

图 4－5　重构“货”

力不足，企业间的跟风抄袭盛行，产品没有竞争力，企业的利润当然就越做越薄。另外，国外的优秀产品依靠品牌、资金和管理优势，打入国内市场，导致国内企业竞争力进一步下降。从信息系统的角度看，产品研发缺少数据支撑，有些优秀的企业有 PLM 系统对产品的生命周期进行管理，但是由于系统间的割裂，导致产品的基础资料管理混乱，再者上下游之间信息不能共享，产品设计最终还是基于所谓的创意在研发，货品设计出来以后，消费者并不买账。

其次，在供应链层面，传统鞋服企业没有对企业经营的产品流、信息流和资金流进行有效地集合管理。原来期货订货的经营方式产生的牛鞭效应，根源在于没有很好对市场需求进行预测，上下游信息不能共享，只能靠堆积库存的方式应对产能爬坡，造成高企的库存水平，使企业的现金周转不灵，进一步恶化企业的整体经营水平。对供应商的管理也是形同虚设，供应商管理系统、采买系统、生产系统、业务系统分离、数据不能共享，没有做到有效协同，也就造成企业追单补货、产能预测和实际市场需求脱节，基本上还属于订单交易方式，说白了就是完全依靠市场来管理供应商，典型的“靠天吃饭”。

最后，商品企划的管理水平也亟待提高。原来为了满足渠道需求，传统鞋服企业一般是线上线下两盘货，库存不能统一归集共享、不能充分利用资源，提升存货周转率。季前采买阶段，由于数据的缺失和不准确，决策只能靠拍脑门，造成首铺的准确率非常低，该铺的铺不到位，不该铺的堆积如山。由于铺货策略的失败，只能靠季中的调拨弥补，造成大量的无效物流和货品丢失、损毁的成本产生，然后消化不掉的产品只能依靠季末不计成本、疯狂地打折促销来消化库存。造成这种局面的问题还是数据和信息的问题，目前绝大多数鞋服企业的商品企划人员还在用 Excel 的方式对产品和计划进行管理，也就造成商企人员还是没办法摘掉“表哥”“表姐”的帽子，无法真正成为企业的中枢大脑，为企业经营进行整体规划。由于缺少数据智能化决策和指导，虽然业务系统支持产品部门进行补货、调拨，但是没有系统的智能化建议和自动化操作，还是靠着商品人员的经验在处理货品的流动，这样的方式造成大量的无效货品流动，增加企业的运营成本。

4.2.1.3　场——全渠道营销

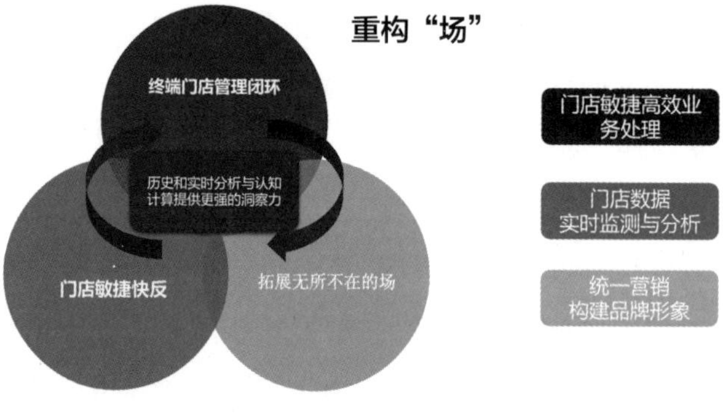

图 4-6　重构“场”

接下来，再看场的层面。首先，新零售时代线上线下边界逐渐模糊，消费者的购买行为趋向于多元化，过去鞋服企业针对线下和线上的分销渠道，大多采用不同的管理策略，大部分企业都是平级部门，线下和线上两个团队的营销方式、管理方式完全不同，让企业无法形成合力。

其次，传统的多级分销渠道，让企业对消费者需求的把握不够精准，产生牛鞭效应，使企业的上下游链条不通畅，降低了企业的竞争力。现在很多企业开始收编分销商、代理商，由渠道经济转为单客经济，这也对企业的信息水平提出了更高的要求，没有信息系统和数据的支撑，企业无法管理如此庞杂的渠道体系。

最后，线上平台多元化程度越来越高、越来越复杂，营销方式多种多样，比如自媒体、IP 经济、直播、社群营销等。企业需要针对不同平台，输出企业文化、品牌内涵和产品内容，还要兼顾线下渠道的业务场景，对信息化的挑战可想而知。

鞋服企业经营的最重要指标是正价产品的消化率，但是在线上线下渠道还是各自为政的情况下，企业的库存不能统一归集，线下终端缺货销售的比例非常高，但同时库存的周转却一直很低，只能靠季末打折，严重影响企业的利润。这就需要企业通过全渠道的系统建设方式，用最少的库存带来最大的利润。

由于线下门店客流越来越少，商场、购物中心和品牌希望通过打折促销的方式吸引客流，但是缺乏有效的系统和数据支撑，很多活动就是赔本赚吆喝，做完之后发现根本没有收益，越打折越赔钱，所以需要在系统层面提供全面的促销预测模型。

随着 5G 和 IOT 的到来，企业面临着要管理大量的物理设备，比如 RFID、摄像头等，以及各种结构化和非结构化数据。但是现在企业还是传统的自建机房模式以及单点的业务系统，数据库也只能存储结构化数据，存储能力、算力等尚不足以支持未来大数据时代的需求。

4.2.1.4 财——企业经营的仪表盘

由于整体经济环境的产业失衡，使得房屋租金、人工费用等大幅度提升，企业的利润不断下滑，企业经营的好坏，最终都体现在财务这个仪表盘层面。然而行业讲了很多年的业财融合、财务业务一体化始终没能成行，财务部门更多的还是在处理各种各样的手工对账业务，究其原因还是数据问题，业务系统和财务系统互相独立，无法同时满足快速的业务变化和财务的严谨合规。懂业务的不懂财务，懂财务的不懂业务，互相独立的设计系统、制定部门经营策略，系统间的割裂，也同时导致业务数据没办法直接进入财务系统生产凭证，财务人员每天还是大量做手工账，没办法解放生产力，从财务会计转型为管理会计，无法真正为企业经营提供指导。

4.2.2 鞋服行业的数智化转型

鞋服生意是时尚、质量、价格和持续性的结合，然而一家公司如果出现问题，往往最先就会体现在库存上。目前，大部分鞋服企业的库存天数都在150天以上，解决畅销品的缺货和滞销品的积压，是一个永恒难题。鞋服行业的数智化转型，应当始终围绕提高存货周转率这一主题。针对高企的库存水平，我们从以下几个方面探讨企业如何利用数智化转型解决库存问题：

4.2.2.1 智慧营销

消除信息孤岛

销售是库存管理的源头，影响销售主要的两个因素是客户需求的波动性和不确定性。不确定性和波动性带来最大的问题就是牛鞭效应，这种现象在鞋服行业尤其明显。原因是鞋服属于创新性产品而且行业目前大多数都采用期货订货制，但是由于影响消费者购买的因素过多，比如季节、天气、流行因素等变量太多，导致零售商、分销商、品牌层级之间传递信息失真，无法判断真实有效的市场需求。企业应当利用信息化系统，将所有分销渠道的业务数据在线化，消除系统目前的信息孤岛现象，使用数据预测销售需求，降低存货风险。

全域会员运营

用户层面的经营：一是连接筛选，利用信息化系统更准确地了解客户需求，连接打通多触点，比如线上天猫、京东、知乎、豆瓣、抖音等平台，线下门店体系等。二是数据分析，通过对用户属性（男女、年龄、职业、收入等）、用户行为数据（浏览、加购、下单等）、用户偏好数据（颜色、尺码等）、用户状态数据（流失、高频、低频等）几个维度对会员清洗打标，形成完整的用户画像。三是数据挖掘，通过对数据进行建模，利用推荐算法、人工智能、机器学习等技术，针对不同用户群体进行深入挖掘。四是信息个性化触达，通过微信等线上渠道将不同产品推荐给不同偏好的人群，最终做到千人千面的精准营销，提高转化率和连带率。五是数据决策，对消费者全方位的了解，可以帮助企业在产品研发上有数据做依托。

全渠道

互联网时代，线上购物的便捷和高效，让现在的消费者更倾向于线上购物方式。同时，线下门店陈列面积有限导致的缺货销售问题，都亟须企业通过信息化建设打通线上线下的货品、库存和订单等数据，通过不同的订单路由规则，找到最适配消费者购物的渠道和路径，增强用户体验，降低库存水平，达到利润最大化。

智慧员工

据埃森哲预计，"智慧员工"可以全面提升企业竞争优势，将在未来五年推动企业收入增长 38%，并显著提高企业的盈利能力。首先通过系统为导购赋能，比如在移动端放置会员画像、产品信息、品牌故事、培训素材等，帮助导购提升能力、提高转化；其次利用数据推荐系统帮助导购精准营销，系统通过算法直接推送给导购用户的偏好，让导购更加精准地服务客户；最后监控和管理导购的行为，通过系统和硬件结合，有效管理导购的日常工作，比如利用摄像头查看导购服务是否规范，话术是否正确等。

智慧门店

人力成本上升以及对门店精细化管理的需求，比如企业想统计进店率和试衣率等，需要配置大量硬件设备（摄像头等）捕捉用户行为。另外，随着 5G 等基础设施的普及，物联网芯片和硬件成本将逐渐降低，无人商店、虚拟现实、增强现实将成为主流，届时产生的海量数据需要信息化系统能够提供算力和存储空间，基础设施云化也成为企业未来的必选项。

4.2.2.2 智能决策

计划是库存问题最大的挑战。大部分鞋服企业在商品企划层面做得比较粗糙，更多还是靠感觉、靠拍脑袋的方式在做计划。工欲善其事，必先利其器，其实鞋服企业之所以计划做不好、做不准，究其原因就是不能有效掌握和利用数据。

采买计划

采买和生产计划是鞋服企业经营最核心的源头，做好采买计划，后期的配补调、促销等计划就能够主动很多，一般企业都会做，但是效果却不尽如人意。造成这种结果主要是由于数据不全面以及缺乏有效的数据模型支持，比如设定控制单位环节，一方面数据散落在各种系统中，另一方面业务的统计口径不一致（渠道、产品分类迥异），导致在控制单位的粒度不够细，最终在计划中体现的数据就是比较粗糙的。这些可以通过中台来解决，中台通过建立统一数据中心、统一指标口径、数据溯源等技术可以有效解决数据问题。再如采买计划中最困难的环节，销售预测对企业来说是更大的挑战，现在可以利用中台的大数据能力，收集和掌握更多数据，通过趋势分析法、时间序列法、回归分析法进行建模预测，能够更加精确地预测销售趋势。

配补调计划

前期的采买策略直接决定了配货计划，但是需求不可能100%预测准确。那么对于超出计划范围的需求，就需要通过补货和调货进行微调。可以利用中台强大的算力结合建模、深度学习等技术，在产品的季前、季中、季末各个环节进行智能分配和预测，优化产品生命周期各阶段的存货水平。

促销计划

通过前面的智能采买、配货调等计划，企业已经可以由被动季末促销，转变为主动出击，利用中台赋予的数据能力，企业可以精准地预测促销活动带来的增量和产生的成本，做到既降低库存天数又能够提升促销带来的利润额。

研发和生产

通过有效数据积累和精准化信息描述，企业可以在研产阶段开发出更加适合消费者个性的产品，以及在生产层面在畅销款追单的场景，可以做到快速反应；另外，通过 3D 建模等技术在产品研发层面降低开发成本，优化研发效率。

4.2.2.3 智能管理

图 4－7 通过 RPA 进行智能管理

传统鞋服企业的管理水平普遍粗放，需要结合数智化转型，逐步升级为精细化管理。

可以通过 RPA 降本增效：降低企业的运营成本，提升员工工作效率；基于数据决策，减少重复劳动，释放员工的能力，鼓励员工在业务层面进行创新。比如财务部门目前还存在大量的手工作业，对账报税开票等，都可以通过 RPA 实现自动化处理，释放财务部门的能力更多地关注企业管理等创造价值的业务。

仓库管理自动化程度低、偏僻简陋、拥挤。数智化转型要实现：一是数据流和实物流的同步，通过系统可全面掌控仓库当下库存、单据状态、任务执行各方面的情况；二是作业全方面的指导，通过上架策略、分配策略、补货策略的设定，以及作业路径的全方面优化，提高员工作业效率、提高库存利用率和库存周转率；三是通过对关键作业环节的数据确认和系统监控，避免作业中的错误情况，保证系统数据的准确性。

4.2.3 小结

在数智化转型的大趋势之下，鞋服企业必须根据目前市场对于人、货、场、财四者关系的微观以及宏观的变化相应的做出应对改变策略。而这些策略的趋势走向都离不开“智能”两个字，全域会员加上从内到外的智能营销，从研发到生产到供应到最后销售的智能决策以及面向全渠道业务数据的智能管理，品牌商只有综合三者的智能化升级才能在鞋服行业站稳脚跟持续性地发展壮大。

4.3 美妆行业数智化转型策略

4.3.1 美妆行业现状

随着物质生活水平的不断提高，变美这件事情已经逐渐成为很多人的“刚需”，尤其是年轻人对于“颜值至上”的价值观越来越推崇，导致即使在整个零售行业开始经历“疲软期”，美妆行业仍然保持了较高增长。

美妆行业细分品类

护肤和彩妆是美妆行业两大主流细分行业，护肤品即为护理肌肤，有着美容养颜、补水保湿等功效；而彩妆产品，多有“锦上添花”之效，多指可用于脸部的增色修饰等的华抓昂坪，可分为底妆、眼线、眼影、睫毛膏、眉粉/眉笔、口红、腮红等。根据 2019 年的中国化妆品市场细分品类销量占比来看，护肤品市场规模占比过半，不过彩妆增长趋势明显，尤其是三四线城市等下沉市场，增长趋势尤为明显。

美妆用户

根据最新数据显示，2020 年我国化妆品使用人口可以达到 4 亿人，若考虑到美妆人口逐步年轻化以及算上男性人口，未来美妆市场人口或可达 5 亿 ~8 亿人。

这其中“Z 世代”（95 后消费者）正在逐渐成为零售行业的消费担当，在他们颜值至上、自信张扬、表达个性等的价值主张之下，美妆也逐步成为他们自我表达的一种方式，“Z 世代”逐步成为美妆行业的重要担当之一。随着消费者逐步的年轻化，零售整体的消费习惯也在随之发生改变，比如年轻人相比于价格会更关注“购物满足感”了、更愿意为感觉/个性/自我买单了，但前提是你得足够了解他们，懂他们的需求、理解他们的价值观等。除此之外，男性美妆用户、小镇青年等同样成为美妆行业新的增长点。

美妆渠道

渠道的演变也在一定程度上助推了美妆市场的发展，从目前主流的几个美妆渠道——比如 CS 渠道、KA 渠道、百货等的演变历程，也大约能看出中国美妆市场的发展轨迹。

CS 是最早诞生的美妆销售渠道，比如外资的有屈臣氏、丝芙兰等等，本土的有娇兰佳人、唐三彩等，2003 年开始，CS 渠道蓬勃发展，成长为了美妆主流渠道之一，同时也有相当一部分本土美妆品牌，比如丸美、珀莱雅、自然堂等，借助 CS 渠道逐步崛起。

与此同时，主打中高端市场的外资美妆品牌，一直以百货专柜渠道为主，直到电商美妆渠道后来居上，改变了这一格局。本土品牌凭借着本土化及反应灵活的供应链优势，最先开始入驻电商，比如御泥坊、膜法世家等，凭借着第一波互联网用户红利大放异彩。2017 年左右，天猫开始转型逐步品牌化，资源逐步向高端品牌倾斜，外资高端品牌也开始部署电商渠道，迅速赶超本土品牌，根据 2020 年天猫六一八美妆销售排行榜单，欧莱雅、兰蔻、雅诗兰黛分别占比前三，销量榜单前十中外资美妆品牌占据 9 席。凭借电商渠道，高端美妆品牌摆脱了百货专柜的制约，迎来了飞速的发展。

与此同时，以小红书为首的 UGC（User Generated Content，用户原创内容）平台开始崛起，UGC 平台以社交为基础，围绕美妆等电商产品，通过用户产出内容、浏览等行为，引导用户在商城进行选购。凭借着社交流量及熟人社交等电商模式兴起，成为电商渠道的最新风口。

此外对于大多数国货美妆品牌来说，天猫等平台资源倾斜对本土美妆品牌似乎并不友好，抖音也成了国货美妆的新舞台，根据前瞻产业研究院的数据，2019 年抖音平台的美妆内容日均播放/阅读量达到了 12 亿次以上，日均发布量为超过 35 万条。2020 年疫情的爆发更是助长了这一趋势，根据抖音发布的《2020 抖音直播数据图谱》显示，2020 年 2 月份，美妆类开播主播数相比 2019 年同期增长了 71%，直播用户观看次数相比 2019 年增长了 126%。根据抖音和快手平台 6 月份某一周的美妆销量数据排行来看，无论是护肤品还是彩妆，销量排名前 10 位的品牌有超过一半都是国货品牌，这其中表现亮眼的有完美日记、半亩花田、新锐彩妆品牌 Colorkey 珂拉琪等。

美妆行业数智化现状

数智化并非为了数智化而数智化，数智化的目的是获得企业价值最大化。这里的数智化并非简单的入驻电商或者借助高科技的营销工具进行营销，而是品牌如何整合线上线下优势，通过业务中台和数据中台的布局打造品牌差异化特性、最终实现增长的手段。2020 年的疫情带火了直播和私域电商等，同时也变相的助长了各企业对数智化转型的重视，以往从未关注过这方面的品牌也开始考虑搭建自己的业务中台、数据中台等，想要通过数智化水平的提升来更好地在未来适应“疫情”这种无法预料的“变化”。当然，中台的布局只是数智化的第一步，想要实现数智化转型道阻且长，不过这种趋势也能变相地推动整个零售行业的数智化水平提升。

美妆行业也不例外，同时各家品牌都开始更加重视自己的数字运营能力，在这个背景之下，微信小程序商城逐渐成为一颗冉冉升起的新星。相比于私域社交电商，美妆行业的商品属性更佳契合直播带货，比如依靠直播风口大火的“口红一哥”李佳琦，头部主播薇娅等，目前主要的带货品类还是美妆品类。

在这类线上渠道火爆的同时，很多品牌开始意识到 DTC（Direct To

Consumer，即直接面向消费者）营销的重要性。省掉了多级中间商、没了平台的各类规则限制，品牌拥有了更高的自由度，但如何利用好这份“自由度”，如何通过 DTC 营销更好地教育品牌消费者，则需要借助强大的数据能力及消费者数智化运营能力。

经过一些走访和考察，美妆行业整体数智化投入普遍低于营收比例的0.5%，数智化建设更加着重在基础业务方面，对于业务中台、数据中台等更多停留在项目进行或者规划中，仍有超过一半美妆品牌未考虑或规划过中台项目，超过一半的美妆企业高管对数智化转型没有深刻的认知，不知该如何开展……整体来看，美妆行业的数智化仍处于较初级的水平。

4.3.2 美妆行业发展趋势预测

CS 渠道何去何从

线下门店客流越来越少——这一点疫情之前其实已经成了很多品牌头疼的事情，CS 渠道红利期的那几年，几乎不用愁客流问题，只想着怎么做活动、促销就可以赚钱了，但是这招早已不适用于如今实体店面流量被各类渠道瓜分的所剩无几的情况，何况价格、成本都还拼不过线上。

但是 CS 渠道作为很多美妆品牌的发迹启蒙渠道，仍然有着普通线下门店及线上渠道无法代替的优势，比如 CS 渠道以多品牌美妆集合点为主，拥有线下门店体验的优势之外，还减少了开设单品牌门店的运营成本，相对于美妆行业其他的线下渠道，更容易转型突破适应新的潮流趋势，因此，CS 渠道与线上渠道的深度融合，打造基于数据的强运营能力，或可成为未来美妆渠道的一种主要模式。线上渠道拥有天然的营销推广优势，线上渠道埋点与用户数据挖掘加上线下 CS 渠道的服务及体验，通过用户画像等数据支撑深度运营，线上营销推广全面触达用户，线下 CS 渠道可以从场景、产品体验两方面入手，二者结合打造用户深度运营场景。

目前已有很多 CS 渠道开始热衷于直播、短视频等引流方式，直播俨然已成为拉动各个零售品牌增长的一匹黑马，美妆行业的商品属性又十分契合直播带货，不过品牌不能仅着眼于这些方式带来的短期收益，更应该注重与消费者建立长远、稳定的联系，这才应该是线上渠道为 CS 渠道带来的真正的价值。

如何取悦年轻消费者

随着年轻人逐渐成为消费主力军，品牌逐步年轻化已成为传统美妆品牌改革很重要的一步，说得夸张点，掌握了当下年轻消费者基本上就掌握了品牌一半的未来，因此尽量笼络取悦年轻人已经成为各个美妆品牌势在必行的一步。但怎么样才能真正吸引他们的眼球？也让很多品牌头疼，仅仅靠年轻化的包装、门店陈列等，可没有办法真正吸引年轻人。

当下年轻人对于价格的敏感程度明显减弱，不再像十年前电商刚起步的那批消费者，单纯电商平台那套用折扣、活动、优惠券等引导很难起到作用。相比于过去消费者的货比三家，多方位的参考后再购买，如今的年轻消费者愿意为了主张“个性”“自我”等价值观而买单，也更热衷在各类平台分享自己的声音或者观点，因此在营销渠道布局层面，社交电商、熟人社交的搭建势在必行。

疫情后的美妆发展

疫情对于美妆行业的影响，显性影响体现在线下渠道、供应链、消费需求降低等各方面都受到了阻力，同时各美妆品牌也要关注疫情带来的隐性影响，比如消费者的品类喜好趋势。以往无论什么时候，口红都是一种几乎能够经受所有风暴的产品，但疫情期需要居家隔离、戴口罩，口红仍然适用吗？根据各类数据报告来看，结果不容乐观。在过去的几个月中，消费者对于口红、彩妆等关注度降低，对于面膜、面部精华等护肤品的需求又明显上升，消费者的保养意识不断提升，对于护肤产品的要求也会提高，未来各类防晒、彩妆等产品朝着养护这个方向或许会成为一种新的趋势。

4.3.3 美妆行业数智化转型建议

零售的数智化转型有两个方向的发力点，一是以洞悉消费者、围绕“人”展开的数智化运营，二是以消费者为中心重塑“人、货、场”全链路数智化转型。

“中台”是最有力的数智化转型工具

很多品牌通过搭建中台、重组业务和系统架构来进行转型，也就是我们今天说的“中台”的概念。中台归集了复用性较高的订单、库存、商品等功能，更好地连接了前端触点和后台支撑体系，简化效率、提升企业整体效率的同时，对于未来市场的不可预测性提供了相对灵活多变的组织保障，因此中台是现阶段最有力的企业数智化转型工具。

围绕“人”展开的数智化运营

“人”的运营更多围绕的是目标人群、权益玩法、透传渠道等三个方面展开，品牌想洞悉你的消费者，寻找智能化、自动化的手段，就必须得借助数据能力，得完成从数据埋点布局、到数据整合、再到分析数据应用投放及营销等一整个闭环。

内容运营方面，美妆品牌需要注意的一点，就是对于内容的投放需要打破以往的拍脑袋想创意的方式，借助数据能力，一方面可以对用户选购热点、品牌产品独有的价值点进行分析，另一方面可以通过对消费者画像/目标人群、投放渠道、玩法等分析后，选出最优品牌

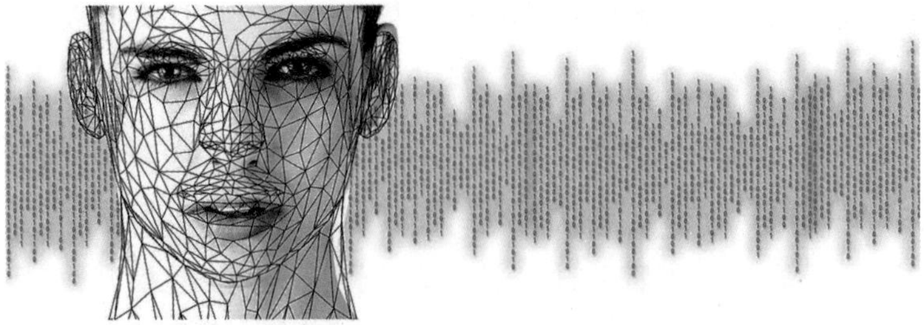

图 4－8　构建品牌消费者画像

投放策略。

在数据运营布局方面，美妆品牌相对于其他类目，有着天然优势，就是智能设备（即智能美妆镜、试装镜等硬件设施），一方面可以提供更加多样性、趣味性的消费者体验，另一方面为消费者数据埋点布局也起到了很好的作用。

除了智能硬件设备，还可以依靠各种线上渠道，比如私域电商、自营 App 等布局各类触点，既可以很好收集消费者行为动线数据，又可以更好地用于数据分析投放。

当企业数据在营销阶段足够成熟后，可以尝试开始借助数据能力反哺供应端，布局自动化制造，小批量柔性生产。比如有阵子比较火的定制化妆品/护肤品概念，要能玩转这一套，必须得数据与供应端足够成熟与灵活，否则都只能是噱头与伪命题。

相信此次疫情让很多品牌已经开始重视企业自有数据资产的布局搭建，企业想要寻求破局生计，可以先从数智化辅助决策、升级整合营销策略等方面着手，通过数智化推动企业在多变的市场环境中维持相对稳定的增长。

以消费者为中心重塑“人、货、场”全链路数智化转型

凭借着移动支付和电子商务等的良好基础，中国已成为数智化水平发展最快的国家，并逐步形成了一种消费带动产业的趋势。在数智化逐步发展的这些年，一方面消费者的数智化习惯已慢慢地成熟，另一方面，整个市场已积累了大量的消费数据，又更进一步推动了后端企业在商业模式中的创新与突破。

美妆品牌如何利用好这些数据基础、挖掘其背后真正的商业价值，这些数据除了运用到营销策略之外，能否运用到企业从生产到营销一整个环节？如何用数据反哺产品、如何利用大数据洞察美妆潮流，是目前大部分企业对于数智化转型的关注点。

4.3.4 小结

无论是美妆行业，还是其他行业，数智化转型都不仅仅是一项软件工程，需要从战略、组织、技术、业务、甚至文化等方面全方位考量的一项浩大工程，企业可以以中台为抓手，通过内部提效、外部提能，能够灵活地支撑前端系统来满足日益复杂的消费者需求。

4.4 珠宝行业数智化转型策略

4.4.1 珠宝行业现状

2018 年我国珠宝市场规模为 6965 亿元，同比增长 6.71%，预计 2024 年有望达到 14196 亿元。国内珠宝市场竞争激烈部分主要在中高端市场（大众市场），高端市场解基本上被 Tiffany、Cartier、Bvlgari 等国际大牌垄断。中高端市场比较知名的国内品牌有潮宏基、周大福、老凤祥、周大生等头部品牌，全国覆盖基本上都超过 3000 家门店的体量，整体而言，珠宝行业龙头集聚效应仍会持续加强。

图 4 –9　国产珠宝品牌在大众市场竞争激烈

随着生产规模的扩大和消费水平的提升，国内珠宝首饰消费已日趋成熟。不仅如此，时尚、个性成为潮流，促使品牌经营不断规范，专业化、集约化趋势明显。2015 年，“互联网 +” 战略上升至国家战略，各行各业纷纷涉足互联网领域寻求发展突破。在此番浪潮中，珠宝行业电商快速崛起，众多业内品牌取得不错的成绩。当下，互联网的普及，珠宝企业在营销方式上也发生着变化。珠宝行业利用电子商务进行可持续性发展，不只是一种选择，已成为一种必然。

移动电商竞争日趋激烈

早期珠宝行业的电商摸索，以创建网上商城为主，同时借助第三方平台等方式开展。而移动互联时代，原有模式已无法适应行业的发展需求，新时期下，“互联网+珠宝”将造就新的珠宝电商模式。目前，国内的珠宝电子商务已经进入一个理性发展时期，珠宝电商市场也已经呈现出新的气象。

据中国互联网信息中心报告数据显示，截至2020年3月底，手机网民规模达8.97亿人，这表明，年轻群体已经完全适应和习惯小屏幕，最新的调查数据也显示，消费者网络消费习惯也悄然发生改变，移动端的购买比例超50%成为主流，电商企业和品牌正式开始角逐移动互联网销售平台。手机端App的丰富，移动支付技术的完善，移动电商逐步成为互联网消费的主战场，传统电商纷纷开始进军移动电子商务领域。除了淘宝、京东等已经成熟的手机版商城，打造企业自有移动电商平台也是很多企业正在使用的模式，微商城也因此已成为移动电商的重要分支和强势发展的新平台。

优质品牌将成为珠宝电商的核心竞争力

对于各行各业的从业者而言，互联网是可共享的基础设施资源，有限的优质互联网资源将成为未来争夺的热点。经过多年的发展，中国的电子商务早已过了单纯拼价格的发展阶段。当代消费观念的转变，消费行为不再只是图便宜，追求优质品牌和产品的意识正逐步增强。这无疑都在无形中推动着中国的电商企业向品牌化方向发展。

要实现电商品牌的可持续发展，就需要在复杂的市场环境中找准定位，在快速变化中求生、求胜和变强。随着消费市场的不断细分，珠宝市场品牌的打造也呈现出不同的方式。用户定位、消费升级、个性化服务……这些创新的举动都会将品牌植入消费者的心中。而今后电商企业间的竞争将会是品牌间的对决，个性鲜明、情感聚焦的品牌将会是市场竞争中的佼佼者。

全渠道模式将成企业竞争的有效助力

珠宝不同于其他消费品，不菲的价格，所承载的情感表达，只有亲自佩戴才能体验其价值。珠宝行业有一些本质特性，是互联网没法改变的，相对于其他零售行业，珠宝的购买频次相对较低，同时平均购买单价又会比其他零售行业高出许多，因此珠宝自身的特性，决定了其线下体验不可或缺，亦无法完全被线上代替。

于是，线上推广、线下体验销售的模式应运而生，众多的珠宝品牌也借助这种模式取得不错的成绩。业内人士认为，未来的几年，将是电商＋实体体验店的全渠道模式发展的黄金时期。值得注意的是，随着全渠道模式的发展进入白热化，市场出现两极分化态势。对于传统珠宝企业，需要借助线上开拓市场，而成型的珠宝电商企业则必须做大库存，重视线下体验店的布局。同时，全渠道对品牌内部的信息流管理、物流管理、资金流管理是一大挑战，也对会员运营模式提出新的要求。必须经过详尽的市场调研，具备强大的信息化管理能力，才会避免盲目跟进、陷入举步维艰的境地。

实体店数字化升级给予消费者更好的体验是趋势

结合上文的分析来看，实体门店对于珠宝行业的消费群体来讲仍是主要的消费场所；无论是通过全渠道或是“互联网＋”，还是新零售所带来的流量，实体门店还是大部分消费者进行体验与交付的重要场所。

珠宝行业的全渠道营销是未来的必然方向，而不是简单的选址开店、坐等客上门的传统零售模式；企业可以通过提前决策影响消费者的购买行为，可以通过朋友圈、微商、电商、公众号和微博的不同引流方法进行定制策略；最终达到全渠道营销的目标。

4.4.2 珠宝行业信息化挑战

企业如何建立全渠道与推广运营？必须从自身做起，重新考量产品的定位，打破惯例，进行思维重构、组织的重构、业务模式重构、产业链重构，研、产、供、销全方位的考虑；并具备信息化的管理能力与利用全渠道等相应的管理工具。全渠道的落地需要围绕消费者的需求与如何建立更友好的互动沟通平台，更好地触达与服务好消费者。

传统的珠宝企业更加注重渠道与产品质量等，而新零售下的珠宝企业更注重用户的体验感，企业需要设计满足主流消费群体的产品，让用户获得更好的体验，增加用户的黏性。因此如何精准获取用户需求、准确了解你的客户，将是重中之重。

国内大众市场中的黄金首饰由于客单价较高，多用于婚嫁，非消耗品，购买周期不固定，一次性购买顾客较多等原因，给珠宝行业的会员运营带来了很多挑战。不过这也反向证明了在流量红利逐渐消失后，珠宝行业相比普通消费品，对于深耕会员的需求会更加迫切。

根据二八定律原则，80% 的利润来自前 20% 的顾客，因此会员的重要性在每个行业都有很高的共识，珠宝行业也不例外。即使珠宝行业对于会员整体的认知相对偏低，但对于会员重要性、会员体系搭建的重视程度也在逐步增加。不过我们要明确一个概念，会员管理非低价管理，不是用促销打折等方式吸引一次性流量。一方面可以通过即时性的触达，获取消费者的个性化需求，用不同的手段对不同的消费者，以此来提升消费者体验，为企业带来稳定的会员池、逐渐变现的过程，也就是我们常说的会员生命周期管理。另一方面，对于精准挖掘潜客以及现有会员的需求，可以通过建立完善的会员标签体系（可以搭配商品标签体系），通过“人以群分”来对会员分层、精细化管理，同时通过“物以类聚”使商品能更精确地触达对应的人。

4.4.3 珠宝行业信息化建设策略

业务不仅需要连接，还需要引擎。引擎的意思是什么？就是要能够驱动起来，需要支撑业务的动力，不是简单作为业务的载体，记录单、库存、商品等信息。从潮宏基实践中，我们认为这个强大的信息化引擎只有智能中台才能承载。企业中台对系统服务商提出了更高的要求，服务商既要有先进的技术架构来应对新零售经济形态下快速迭代的特点，同时对珠宝行业也要有很强的专业性及服务经验。我们对中台的理解其实是前中后分离的多层架构，这个架构当中每个节点负责的是不同的事务。

前端负责做交互，考虑的是如何跟用户交互。这里的用户既包括直接用户也包括间接用户，直接用户的消费者，间接用户是珠宝顾问和店员，需要轻量级的、移动化的、跨平台的内容，实现最简单的业务交互，打造多样的触点，提高客户体验度。在这些前端触点里，没有任何业务逻辑，所有业务逻辑都要依靠中台提供。

通过前端轻量级的应用，更轻更快把门店与网店链接起来，实现线上与线下数据交互，打通全渠道业务，业务上实现网店订单，门店配送；门店缺货订单，网店仓配送。基于中台前端赋予快速接入的能力，实现门店前端更多的业务接入，珠宝定制、商场财务对账、售后维修以及旧金回收等业务，更便捷快速的接入一些新业务。

后台做的是数据的归集、前端的分析、基础架构管理、供应链等。中台所有业务都被确认后，我们如何实现高效的后端，如何进行生产，如何进行采购，如何进行基于产品的交付，如何集成财务核算，这些事情都交由后台完成。

所有的管理都有明确的主体和归属，建档以后要发布在哪个渠道——天猫、自营商城、门店、代理商等都是渠道归集在一起由中台统一处理，最后起到的就是引擎作用，即订单如何支付、如何交付、如何去做库存的满足和匹配。

中台是以此为中心建立了各个业务体系，整个业务实践当中强调的是业务的协同触碰、跨渠道的融合，建立的是对资源的重新整合和价值链的重新分配，通过 IT 技术架构实现其他方式没有办法协同和满足的业务，共同整合起来。

中台建立以订单为核心的业务驱动机制，要通过以订单为核心，将所有的业务回归到整个订单池里。同时，促进全局库存共享机制，珠宝行业每件商品都是一物一码，那么在不同平台上就需要实时的、全局的库存共享机制，任务平台只要能够看到这些货品就可以销售，销售后别的平台能够实时同步库存情况。

同时要具备高效的库存配置和供应链的响应能力，解决的是关于商城结算周期带来的库存一致性问题。现状是大部分的业务还是在线下门店，商场的结算往往都是滞后的，但很多时候结算之前业务就要开展了，比如退货等，账务处理上比较麻烦。

会员管理大幅度的提升，形成更精准化的全域会员标签，统一视图，为会员的精准营销提供了精准的会员标签化识别体系。实现精准实时的绩效评估体系，所有的业务轨迹都变得实时、透明和高度可控；业务开展推进应用后，每个业务单元、每个渠道和门店的利润都有了明显的增加，数据信息清晰可见。

通过中台的“资源整合分配”能力支撑“多触点”与“跨渠道融合”，最终实现：

· 强力掌控终端，现货为王；
· 全局库存共享，高效流动；
· 全渠道订单归集，统一运营；
· 统一会员管理体系，精准营销；
· 智慧供应链，快速响应。

4.4.4 小结

全渠道模式的优势在网购渠道，将互联网线上的店铺与线下实体门店对接，实现网络订单落地化配送，使消费者能享受到线上便捷的购物体验同时也可以享受线下门店带来的贴心服务。在复杂多变的市场环境下，寻求业务突破与创新，不单单只是通过外部的力量进行升级，通过潮宏基的实践，企业要进行业务升级，必须要从自身出发，鸡蛋从外部打破，沦为食物可能性最大，鸡蛋必须要内部进行打破，才可能获得新生。

第5部分

数智化转型客户实践

>>>>

5.1 梦洁家纺“一屋好货”企业中台实践

梦洁家纺（以下简称梦洁）的新零售模式是当下中国品牌企业探索和践行新商业文明的典型代表，通过供给侧的业务主动变革结合数字化技术匹配消费侧需求矛盾的成功案例。梦洁将它称为“一屋好货”。接下来我们就来主要介绍一下一屋好货的新零售模式，梦洁通过“人、货、服务、流量”的重构，重构其内在逻辑关系，再结合“互联网+”的技术理念来促进新的业务运营策略，最后落实到这些具体运营策略的展开模式。

企业做信息化转型通常把它称为项目制来做，对于品牌方来说更加关心的是业务方面的开展，这方面是与IT思路方面两者是齐头并进的。梦洁最初的商业本质就是想通过在IT设施布局优化的基础上开展业务方面的发展从而达到品牌价值、公司价值、产品价值等多个方面的价值最大化。具体的体现会由商品价值最优化，会员数据精准化，服务体验人性化以及流量资源裂变化四个方面来呈现其最大化的价值，后续我们也会分别从这四个方面来介绍梦洁成功因素，成功道路上的问题以及克服问题的方式。

5.1.1 梦洁企业以及行业背景

梦洁品牌始于1956年，秉承“爱在家庭”核心理念的同时恪守品格与博爱的企业文化。以精湛工艺、卓越品质和独具匠心的设计，竭诚为广大用户打造中国最舒适的家居体验。梦洁一直以来都是以“文化和质量”为核心竞争力，从20世纪90年代“一根鸡毛引发的全员降薪”到十年前的“千人质量承诺”，视质量为企业生命的彰显。梦洁是一个历史非常悠久的传统企业，它有着自己相当扎实的底蕴但同时也存在这个因素带来的弊端，就是当需要拥抱变化的时候就会略显“笨重”。所以他们在2019年的核心市场战略定位为围绕三四五线市场，提出了“小轻快”的加盟商体系模式来应对市场需求的变化。

从行业角度入手，梦洁的大行业背景基础是家纺行业，而大多数人对家纺行业的感知可能并不会特别的强烈。很少有人会去特别对家纺的行业或者产品做多的关注。因为它就是拥有这么一个行业特性。

家纺行业是一个冷门行业，虽然行业很大，但是集中度很低，它是一个中低频的行业。家纺行业重点特性，它不是一个外在型的消费，社交属性较差，属于私密型，个人消费型的行业（梦洁恰巧是意识到了这个特点属性的存在，早在2015年就开始倾全公司之力启动了转型改变的第一步），并且它是一个多模式多店态多品牌多类商品的行业（线下门店都需要做陈列，所以门店规模多偏大，装修都偏富丽堂皇，通常行业都是集团化的品牌，下设很多面向不同群体的品牌）。

在简单了解过它的行业特性后，再来看看梦洁基于这样一个大行业特性通用痛点的各方面劣势因素下，想要扭转劣势的原因，同时也是为什么要在“一屋好货”这个自建的私域流量平台下发力的原因。

5.1.1.1　梦洁“一屋好货”介绍

为什么要做“一屋好货”

因为梦洁意识到单纯的传统电商不是企业的未来，因为平台品牌无法掌控，品牌真正自己拥有的除了用户、商品之外还要识别哪个场是品牌自己的，绝对不能抛开品牌自己的场。市场上大多数的第三方平台和渠道不是长久的核心，但是已经开设的门店是重资产且可以自我把控，应该发光发热。梦洁做了各种尝试，线上64个触点，分成熟度、分区域、分级别，根据不同的触点特性去找到品牌想要的顾客是最有效的。某些加盟商也有线上分销能力，但是这只是销售能力，带来的是短暂的业绩提升，而非基业长青，找到新客户、并且把客户留下来，需要从战略高度高举高打，最后得到了一个结论：**实验之后，数据要回来，人要回来**。

百胜软件方在和梦洁高层沟通中反复提起，最担心的问题是失去新生代人群。

百胜软件对之前梦洁的现状做过一个简要的分析，梦洁擅长的是把传统的零售店开好，以及把人培训好（品牌总经理、区域总监、督导、导购员等角色）。基于这一点，发现梦洁的培训能力非常完善，使得后面的项目更加有信心。

百胜软件对上面的情况简要分析拆解后发现：

第一，梦洁的传统门店修建的非常漂亮，但是店开得越久，新顾客反而越少，并且还有一种感知，它的老客户都在僵尸化；

第二，加盟商和区域经理都在关注销售额做了多少，增长了多少，而关注未来发展的少之又少；

第三，很少有人去关心到底有多少 85 后、90 后、95 后到店消费（当梦洁发现这个问题之后，才爆发了要做智慧零售转型的坚定信念）；

第四，互联网原住民在接受新的频道和消息的速度是非常非常快的，梦洁对新的消费者的感知也产生了变化，感知到他们的消费集中爱吃喝玩乐等体验层面上或者是去体验线下新奇的购物店，这才是目前甚至将来他们关键人物的生活常态。

针对上述的现状分析，梦洁自己设定了三四线加盟商的几个能力指标：把店开对，开业活动做好，爆款 + 爆场做好，店外导购选好（非店内的导购，是三四线城市对小圈子有一定人脉基础的，可发展的店外导购）以及最后的家具服务做好。

梦洁智慧零售分销模式：S2B2b2C

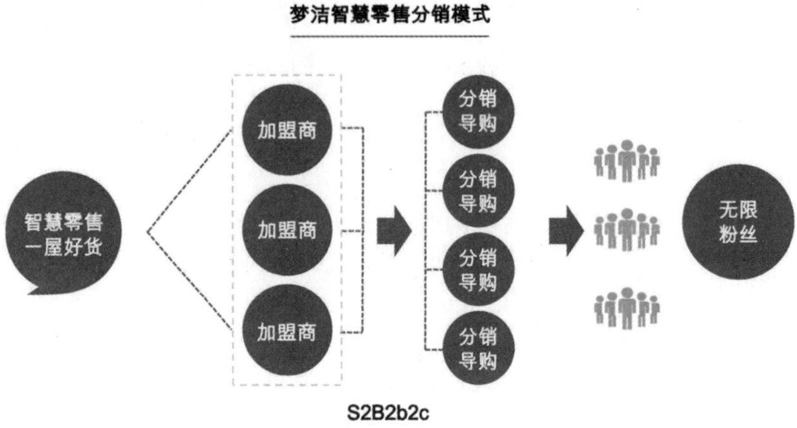

图 5－1　S2B2b2C 模式

（“S”代表供应链，“B”代表加盟商分销商，“b ”代表分销导购，“C”代表粉丝流量）

传统电商的玩法是搜索维度，而社交电商则是推荐维度，一定要有朋友和分享两个关键要素。梦洁通过线下万家门店做引流来精准获客，再通过社群转化提高成交的效率，利用一屋好货来留存会员和营销数据最后再通过爆款促销促进复购。

梦洁小店的店主同时就是“B”，小店内的店员看作“b”，一屋好货和万家实体店有个互相引流的机制，用梦洁传统的话说用铺盖来做延伸，铺天盖地计划，铺天就是线上的一屋好货，盖地就是线下的万家实体店。

根据上述的原因，梦洁分别做了有针对性的部署动作并且也获得了非常不错的成绩效果，在我们拆解分析这些部署动作之前先来了解一下梦洁的战绩。

5. 1. 1. 2　梦洁家纺疫情期间的战绩成果

成果一：日均访客量达到 5 万次以上，最高可以破 10 万次是往常的 10 倍。

成果二：商城 GMV 日均销售 150 万元以上（150 万 ×365 天 =5. 47

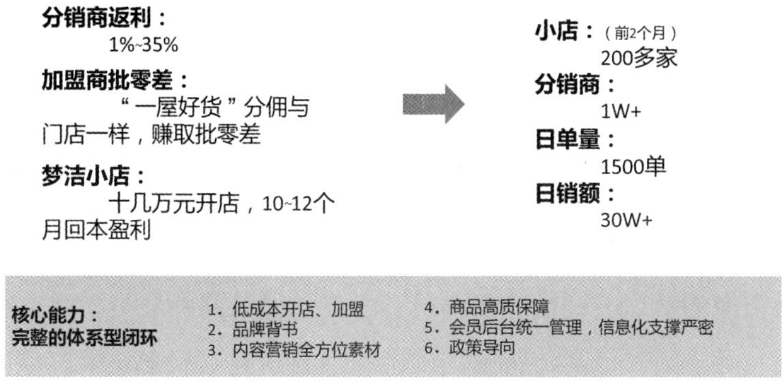

图 5 –2　梦洁家纺疫情期间的战绩成果

亿）。

成果三：全员分享纳新，7 天新增用户 15 万人，加速会员线上化（最重要的未来的来源）。

上述都是真实实际梦洁在疫情期间取得的战绩成果，我们根据这些成果来反向拆析一下梦洁一屋好货的模式以及成功因素。

5. 1. 2　梦洁“一屋好货”战术策略分享

百胜软件和梦洁一起搭建了智慧零售的项目，其战术策略分四个维度，分别如下：

客户（未来的核心）：手里掌握的会员数量，客户群体。

产品：一是做“一屋好货”给它整体的采购供应做了改变；二是社交零售平台对商品内容化的包装以及在做拼团砍价时候的选品。

服务：梦洁自己有一个七星洗护，为它的奢侈端品牌做服务，2018—2019 年项目构建期间发现，光有高端洗护远远不够，洗护只是其中一部分，是引流和复购的强大援助手段，外部洗护的招商，在长沙市试点通过政府支持补助投放洗衣柜。

动态分配：动态分销重点推进，①流量的来源，②流量的互引，3000 家门店，2000 家梦洁小店夫妻老婆店，3 到 5 人 S2B2b2C，C 再升级到 b 到 B，形成流量的闭环。

5.1.2.1 新零售“一屋好货”之“人”的战术策略

梦洁在百胜软件 E3 + 企业中台会员中心内做了集团层面所有会员的统一管理，统一的集团会员体系打造做到了会员权益，会员积分的互通。同时这一点也是在整个品牌项目中的难点，线上有多个第三方平台和自营的平台，线下有不同品牌不同属性的门店会员，有直营店的会员，加盟商的会员，经销商的会员，所有他们之间的会员权益会员积分如何做打通。第一，梦洁将集团的会员池先搭建了起来；第二，再进行不同属性不同层级会员效益的联动。

不管是阿里体系还是腾讯体系，受到很多政策影响，公域流量的一些会员数据浏览数据是无法完全开放给品牌方的，所以梦洁的二阶诉求是做集团会员的精准画像分析，就定位在梦洁自己体系下的会员的动态模型。比如会员的 50 度画像，消费者在梦洁的这 50 度，关键点在于会员标签、商品标签、渠道标签这三者的联动。

梦洁会员运营

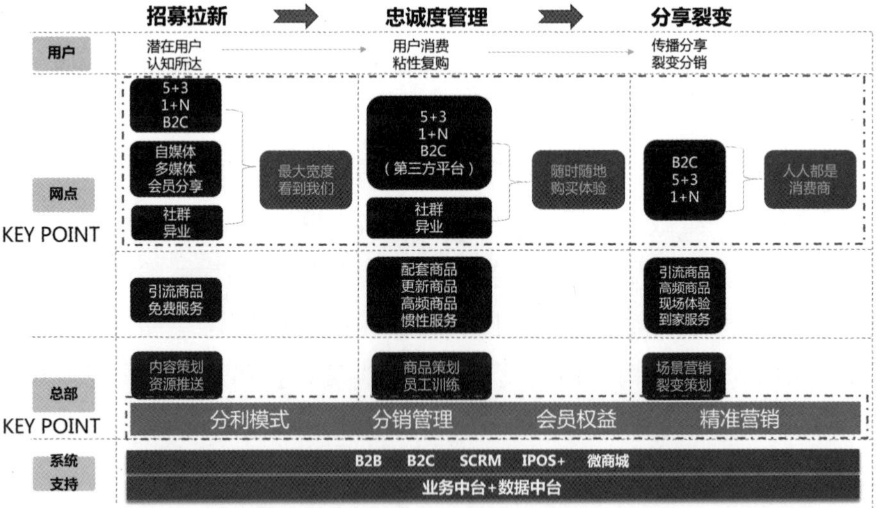

图 5-3　梦洁会员运营一览图

对于会员，梦洁持有的态度一直都是存量精准并且拉新量的理念，在全渠道大环境的前提下，此理念就是非常合适地帮助梦洁建立起了S2B2b2C的这一套“一屋好货”模式。

百胜软件对于这一套运营模式也做了一次精细化的拆解，根据三种不同阶段下会员对应手段，企业总部具体需要考虑的关注点同时也做了剖析。分别是招募拉新阶段，忠诚度管理阶段，和最后的分享裂变阶段。

在总部思考好分利模式，分销管理（人员扩张的管理），会员权益和精准营销关键点后，

企业总部针对招募拉新阶段的会员手段可以考虑如何做好引流商品，也就是之前提到过的“P”，在“一屋好货”里，社交属性还是比较弱的，所以内容策划都是比较偏暖一些的有温度的商品，并且资源推送的人设也是做了一番包装。因为C端用户往往都有称为次模式下小“b”的潜在可能。

同样在忠诚度管理的阶段内，也就是针对会员复购，会员黏性的运营策略中，商品的策划侧重点则在于配套商品，更新商品，高频商品和惯性服务上，同时开始关注员工的训练。

最后在分享裂变阶段，企业总部同样需要做的是对于引流商品，高频商品的包装，加上现场体验和到家服务的配合往场景营销和裂变策划方向做文章。

目标人群的标签化

标签化其实相当于会员的精准画像，也就是梦洁在会员打通基础上做的二阶的措施，做目标人群标签化的理由是，因为做完标签后企业才能分人群，分完人群后才能做下一步的分策略运营，才能把单体的“C”变成群体的“C”，效率才能更高。梦洁第一个人群标签化的应用就是人群的设定，包括行为轨迹、浏览度、收入水平、区域所在地等方面，百胜软件在咨询业态内也可以帮助企业做到这一点。在这个基础之上，再做市场销售层面上的分析，工具是通用的，数据模型也是通用

的，从企业自身经营来说，即便可能是在技术层面无法拥有数据中台支持的情况下，也必须要先去思考完成一点。完成这一点动作后，才会有继续进阶的有针对性的，按照人群细分做的推广，之后梦洁的“一屋好货”模式才能以分销的方式对社群成员进行分享并且发展其为分销商。

5.1.2.2 新零售“一屋好货”之“货”的战术策略

图5－4 梦洁“货”的战术策略

商品的选品对于任何一个零售行业来说都是必修课之一，梦洁对于商品层面的战术策略有着两个关键性的手段，分别是选品策略以及货品重构战术：

第一个关键点：商品的选品，比如采购供应链的扩充，活动的选品以及商品层面数据负能配合导购的人对人能力。“货”大幅提升的关键点在于，高频快消品，一屋子里面都需要用的东西，就都卖，比如起居室里面屋内生活用不到的东西就不做纳入。做全渠道和智慧零售一定先想好闭环怎么做，洗护就是梦洁这个闭环里最重要的一环，代表着引流、转化、留存和复购。

对于梦洁来说，3000 多家门店，资产非常重。但线下门店又必然存在，它作为一个形象的标杆存在市场中，导购的人对人能力就需要更好地利用起来，梦洁的品牌总经理曾经提到过，作为品牌的职业人，如果去线下门店，销售能力是远不如他们的导购的，一定需要利用好门店导购的能力。

不同行业情况不同，比如美妆行业的SKU生命周期相对于比较好控一些，但是对于家纺行业这种生命周期比较难控制的情况下，商品的选品更加重要，特别是小程序商城里的选品，它和第三方平台里的选品一定是不一样的，第三方平台是流量驱动的，小程序商城是人驱动的，需要找准点，因地制宜。

选品是一个非常重要的维度，拼团一般需要包邮，如果客单价过低的话，作为商家来说容易亏钱，推广的时候成本也会较高。根据梦洁实践下来的经验，小程序选品过程中的两个关键维度：一是基于大数据分析选择热销单品，二是基于生活场景组合一些产品（没有人规定鞋服行业在选品里一定要选择衣服）。另外，拼团还有一个非常重要的维度就是有利于社群的裂变，通过不断的裂变让更多的人知道这个产品。

对于货品的重构的总结：

数据能力：梦洁要求的会员动态标签、货品的动态标签和它渠道的动态标签，三个标签称为一个内循环，正在发力在做。

线下能力：新零售、数字零售、数智化转型都要发挥好目前既有的能力，线下能力就是此既有能力之一，梦洁的开店能力和培训能力、线下导购对于家纺行业的知识、亲和力等。

5.1.2.3　新零售“一屋好货”之“服务”建立信任壁垒

企业为了百年化或者国际化发展，服务则必定是老板需要考虑的另一个关注点之一。服务为了什么？是为了引流，还是为了复购，服务在不同层面上的应用。

梦洁的洗护和“一屋好货”两个小程序是可以做一件跳转的，它的洗护是可以根据LBS定位做一键呼叫功能。它的服务不仅仅是洗护，还有配套快消产品的促销，比如洗衣凝珠、防褪色洗衣片，而它还有一个最关键的点是“一屋好货”与C端的用户产生了交互，产生了绑定，因为只有绑定和交互，才能沉淀会员的数据，才能在用户生命周期中的

图5-5　梦洁“服务”的战术策略

任何一环中保证不出问题，无论它是处于过客、看客、新客、老客、沉睡新客、复购新客或者粉丝中的任一环节，没有绑定和交互就无法持久地收割这一客户。

举例：原价75元的洗衣凝珠，1分钱做616百人拼团秒杀大促，20人拼团1元秒杀等动作吸引粉丝超过十万人。

前段玩法各种各样，适合企业自身的才是正确的，梦洁在带有社交属性的前端玩法中做得比较好的是拼团秒杀和砍价。类似答题、抽奖等反而效果并不一定好。最后看了下这些数据，真的成百人团的非常少，基本都是20人团，但是在这里面有一个虚拟成团的动作，根据成团的比例数后，自动成团，比如15人也可以成团，只是价格少许往上升一些，其根本的动作目的也就是吸引粉丝。

5.1.2.4　新零售“一屋好货”之“流量”关键

如何扩大分销导购人数？梦洁通过对线下加盟门店导购的鼓励，发展他们身边的C端粉丝，将潜在的粉丝慢慢转化为和他们自己身份一样的小“b”也就是店外导购。所以小“b”人数就是第一个最重要的节点，第二点也是常识，就是扩大C端粉丝的人数。

梦洁董事长曾经提起过，推动加盟商的核心是提升他们的意愿和能力，提升意愿的核心是利益切割，将利益导向给加盟商，提升能力的核

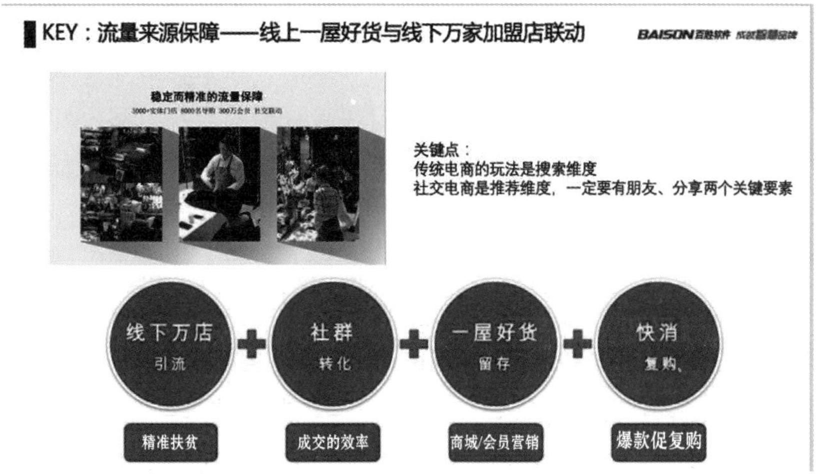

图 5-6　梦洁“流量”的战术策略

心是培训赋能。

因为利益是唯一能够驱动加盟商的刺激点，企业想要增加销售业绩，想要有效清理堆积库存，想要有效增加会员池的数量，唯一的途径可能就是好好和加盟商一起坐下来，将利益分配出去，把加盟商驱动起来。

梦洁“一屋好货”利用用户进店规则限定牢牢地把代理商的用户锁定在代理商的门店体系中，解决了代理商最害怕失去自己会员的问题。梦洁采取的方式是：

第一，根据 lbs 定位，就近用户进入就近的门店，保障代理商地区的用户只进入代理商的门店。

第二，设立专属门店，将用户的消费匹配给导购，借助工具使导购和用户之间形成关系链。

第三，安全规则的进店逻辑设定，尽可能地去让每一个用户跟代理商之间形成一个闭环来降低代理商进入数字化零售的门槛。

梦洁在此虽然可能损失了一些利益，但是同时收获了加盟商的会员数据，某些三四线城市的部分人口数量，就被梦洁很好地吸收了进来。同样的，梦洁赋予加盟商很多的培训，能力方面知识体系方面都做出了很大的努力。

上文提到过，梦洁采用的是加盟商体系的，在家纺行业中，很多商家都是采用次加盟商的体系玩法来针对线下分销的市场拓展，可以说线下分销也是动态流量的来源之一。所以在这种体系下，梦洁针对加盟商同样也做过一轮精细化的分析。百胜软件针对这轮分析也做过这样一个总结。

加盟体系下加盟商的通用痛点

· 客流量减少活动效果不佳；

· 库存压力大成本上升；

· 销售增速放缓，焦虑，迷茫。

加盟商赋能原则

图5－7　梦洁加盟商赋能维度

赋能不是忽悠加盟商，企业总部往下到网店，每一级讲解导师的能力必须保证，并且从战略高度上不能想着剥削加盟商。

赋能的四个方面包括商品，流量，数据和工具，数据工具包括 IT 类系统工具以及 DT 类的分析工具。

梦洁的培训赋能平均每月 20 场，它是一个偏传统的公司，但是能在短时间内做到这样的频次是属于比较优秀的。梦洁自己内部写了

“分销实战宝典”“快速吸粉的 18 个方法”“发展合伙人（外部分销）的十大方法”等各类数据，并且会定期组织不同职能合伙人开展培训沙龙、专业图文、视频、直播讲解，帮助合伙人快速实现吸粉到转化。

5.1.3 项目总结

5.1.3.1 梦洁的运营关键点——确定组织

设定一级部门做内容包装加人设包装。梦洁建立了新零售事业部，统揽各项事宜，直接有 CEO 负责。一级部门同样也负责营销包装，梦洁做了丰富的营销活动，每周五加上固定活动期，除了火爆的“双十一”“双十二”“6·18”之外，各种节日比如情人节、母亲节、端午节等都会在各个平台宣传推广。

其实在梦洁发展“一屋好货”计划的最前期也经理过一段迷茫的时期，因为有很多障碍挡在梦洁的面前无法去解决，当时的梦洁也对这些做了总结。

5.1.3.2 百胜软件助力梦洁建设企业中台的关键点

共享化服务应用的建设：梦洁前期玩不转全渠道的原因之一就是缺少中台体系搭建，无中台玩不转！通过共享服务化中心提供的能力改变原本“烟囱式”的 IT 系统架构。

集团化多品牌多组织对接：实现跨网点之间的调拨，公司间的调拨，中台系统内完成门店配货退货的流程。

全渠道的打通：网订场景（店发仓发自提），店订场景（仓发店发自提退仓）等各种场景的打通。

全渠道会员精细化管理：会员整合，会员标签，提供服务，客服升级。

梦洁新零售“一屋好货”模式的成功离不开企业高层的战术制定以及想要改变的信心。再加上百胜软件中台在其中的地基和辅助，将传统的加盟商模式快速应对成了私域流量的针对性手段，在打破传统人货场的概念之上，又增加服务和流量两个关键点的把控，从传统人找货、人找场、货找场的模式通过互联网信息时代的快速变化响应，完美转变为货找人、场找人、人找人的模式。将三者结合到了新的高度新的意义。但是同样这一场变革只是在成功的道路上迈出了踏实的一步，后续依然会有更多的市场变化需要去应对。百胜软件微服务架构的企业中台依然会在将来的变化中起到关键性奠定基础的一步，继续帮助梦洁在将来全渠道业务场景升级的战役中打下更扎实基础。

5.2 安踏 E3 + 企业中台实践

安踏集团是国内体育用品行业的领军者，业务覆盖从品牌、商品、生产制造、供应链、销售、终端零售等全价值链，包括运动鞋、服装及配饰。目前安踏集团经营安踏、安踏儿童、FILA、FILA KIDS、NBA、Descente、Kolon Sport、Sprandi、Kingkow 等多个品牌，拥有过万家的终端零售门店。2015 年公司营收首次突破百亿元人民币，成为中国首家进入百亿俱乐部的运动品企业。

随着技术的发展，虚拟与现实的不断融合，零售业务也走向了全渠道化，最大限度地满足消费者的需求。但原来“烟囱式”的系统割裂了整体的业务流和数据流，无法进行有效的整合，限制了公司的业务创新。因此本项目的核心诉求，就是以消费者为中心，进行订单、商品、库存的有效整合，以实现线上线下的业务整合，创造“任何时间、任何地点、任何商品、任何渠道”购物体验。

5.2.1 安踏中台项目的背景分析

随着安踏多品牌运营的快速发展，现有的电商信息化管理软件已经不能满足业务需求，主要从以下几个方面存在挑战：

原有 PHP 架构的电商管理软件的性能瓶颈；海外市场的拓展，原有电商管理软件的多语言、多币别等都不支持；全渠道场景的各个组织内结算和跨组织结算等复杂结算体系等；随着渠道越来越多，重复建设的内容越来越多，迫切需要建设公共服务能力；供应链管理需要更清晰敏捷，原有割裂的系统很难实现。

安踏电商是从 2012 年就开始使用百胜软件 PHP 架构的电商管理软件 E3，经过七八年的定制化开发，性能已经提升到极限了，每小时订单极限处理量在 60 万单左右，想要在性能上再有所突破已经不可能了，同时由于历史业务的需求开发，冗余了非常多的无效代码，业务上的新的需求实现起来已经非常难了，基本上改不动了。

在业务部门提出三年业务量要求，每小时百万单、日千万单、年千亿的销售金额目标，现有的系统已经没有办法支持了，2017 年安踏团队找到了百胜软件希望能得到解决方案，当时百胜软件正在与阿里中间件团队合作打算通过阿里云中间件来支撑百胜软件现有的业务中台（当时百胜软件的中台只有一个潮宏基项目），三方团队通过多次的 POC 验证，得到的结果是基于阿里云中间件的百胜软件中台是可以支撑安踏电商未来 5 年到 10 年的业务发展。2018 年 1 月三方达成合作，共创安踏电商企业中台。

5.2.2 安踏中台项目业务建设方案

安踏搭建的企业中台主要目标是实现全渠道、多品牌、全球化的业务支撑。

全渠道业务中又主要包括线上线下的业务，多品牌包括品牌直营业务和分销业务，全球化主要有香港新加坡等地的业务范围。基于 E3 + 企业中台打造安踏的业务中台系统，通过中台的“业务资源整合能力”支撑安踏“多触点”与“渠道”融合的能力。实现线上线下的全渠道商品互通、会员整合营销、库存共享、全域订单智能路由，以及全渠道模式下的价值链利益的重新分配。

5.2.2.1 建立安踏全渠道库存虚实管理体系

安踏是一个订货制的服装企业，每季度分销商和电商各渠道都需要先订货，然后期货会按月进行生产和入库，入库后需要按订货比例进行分配给各个分销商和渠道。同时电商订单发货是通过订单所属区域仓库进行满足，这样的物流成本最低，消费者收货时效最快。基于这两方面的业务现状，业务人员希望可以实现每个分销商或电商渠道可以看到自己的明确的可用库存，并且实际货品可以按历史消费者订单区域分布放在安踏各个区域总仓进行管理实物。

基于以上业务需求，总结核心点年度订货和各销售平台库存需要独立管理，但又不想对物理仓库做实际的拆分操作，因此库存中心采用虚实仓的方案进行处理，业务部门使用虚拟仓库管理各自店铺销售库存数量，仓库人员使用实仓进行库存真实出入库业务操作。通过中台的库存中心，整合直营、分销、门店等渠道的库存、渠道分解物理库存的分配、订货、移动。

技术方案需要在数据库中有实仓表和虚仓表，虚仓表中的数据分为一个待分配虚仓和多个已分配虚仓，REDIS 中也有对应数据。实仓、待分配虚仓、已分配虚仓的关系是 n∶1∶m，实仓数量 = 待分配虚仓数量 + 已分配虚仓数量。当库存发生变化时，采购流程修改 REDIS 中实仓数量和待分配虚仓数量，零售流程修改 REDIS 中实仓数量，待分配虚仓通过某种单据将库存数量同步到已分配虚仓数量中，这样处理保证了库存的一致性。

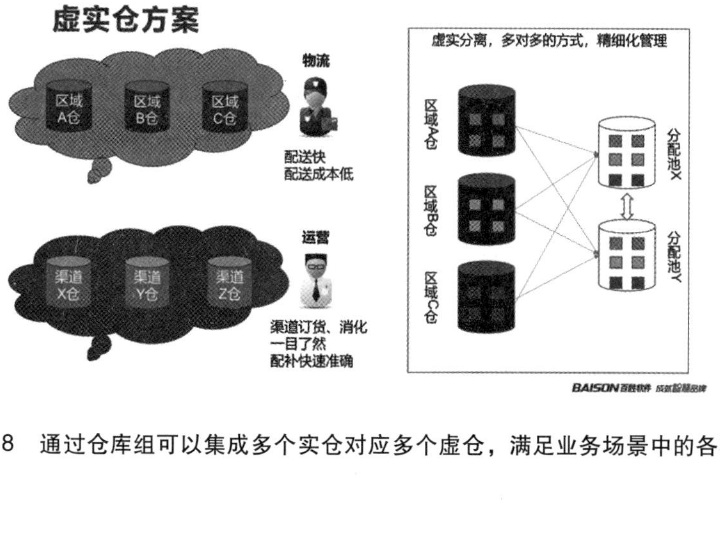

图 5－8　通过仓库组可以集成多个实仓对应多个虚仓，满足业务场景中的各种需求

5.2.2.2 建立安踏全渠道订单路由管理体系

安踏全渠道业务中，发货模式存在多种，包括普通发货模式、O2O发货模式和共享发货模式。

当B2C销售订单适配到本组织电商仓发货，叫作普通发货模式；

当B2C销售订单适配到门店仓进行发货时，叫作O2O发货模式；

当B2C销售订单适配到其他销售组织的电商仓进行发货时，叫作共享发货模式。

B2C销售订单进行适配的时候，首先需要优先发销售组织本身仓库的库存（销售组织本身仓库分为电商仓和门店仓，可以优先适配电商仓库存，在电商仓库存不足时，再适配门店仓库存），在销售组织本身仓库库存不足时，才可以适配其他组织共享的库存。

实现安踏全部电商渠道订单统一管理，统一路由，打造全渠道订单中心，实现线上订单线下发货，分销订单直营发货，直营订单门店发货等。

结合仓库发货可达地区，增加发货效率，减少商家物流成本，因此需要设置订单分单策略，当订单进入系统后，订单根据设置的订单分单策略（不拆分，单仓发货、允许拆分，最少包裹、靠近消费者等规则）得出订单的最优的发货仓库来占用库存并进行发货，从而实现多仓发货、提高发货效率、有效节约配送成本。

在建设中台的初期分析出来，订单路由的几个性能瓶颈：

一是选择最优发货仓库组合（拆单）时频繁访问数据库来获取商品、仓库和库存可用数等信息，数据库IO次数太多。

二是选择最优发货仓库组合（拆单）使用穷举法，最糟糕情况可能需要遍历所有仓库组合。

三是大并发情况下仓库中的商品被同时访问产生大量的数据库行锁，导致订单操作事务处于锁等待中。

为了突破这些性能瓶颈，我们结合业务需求后设计了初步算法：

第一，不拆分（单仓发货）：适用于一个仓库发货模式，满足发货即适配成功，单据匹配仓库，不满足发货即适配失败，单据不匹配仓库，为缺货订单。

第二，允许拆分（遵循最少包裹原则，多仓满足时拆单）：适用于单个或多个仓库发货模式，按照（参与适配设置以及权重计算出）仓库优先级依次判断，取仓库数量较少满足发货的仓库进行匹配，满足发货即适配成功，若存在单仓不满足，多仓库存汇合满足，那么进行拆分订单来适配仓库。若所有仓库均不满足发货，单据不匹配仓库，为缺货订单。

第三，电商仓和门店仓在算法上有小部分差别，门店仓按省进行分库后订单的寻源算法第一次在本省内匹配，如果匹配不上，需要二次寻源寻找临近省进行匹配，所以会多次执行以下算法。

5.2.3 安踏中台项目技术建设方案

安踏新零售信息化建设在技术上需要建设互联网构建的微服务的企业中台，通过分布式数据库和分布式服务、缓存、异步消息等技术解决业务量快速发展的性能需求。项目建设过程中主要使用的组件如下：

EDAS

功能：阿里云企业级分布式服务，E3 + 使用 EDAS 实现业务中心的日常运维。

开源组件：无。

HSF

功能：阿里云 RPC 服务，E3 + 使用 HSF 实现跨进程的服务调用。在阿里云环境上使用 EDAS 进行服务注册，在本地开发环境使用轻量级配置中心进行服务注册，HSF 生产环境只能部署在阿里云线上。

开源组件：开源 dubbo，在阿里云环境上使用 EDAS 进行服务注册，在本地环境使用 Zookeeper 进行服务注册。

Rocket MQ

功能：阿里云消息服务，E3 + 的库存服务使用 MQ 实现异步虚实仓更新和库存同步功能 ；E3 + 的分单服务使用 MQ 存储订单分单请求和订单分单结果，同 OMS 实现异步调用。

开源组件：开源 Rocket MQ。

Redis

功能：阿里云 Redis 服务，E3 + 的 ORM 层使用 Redis 缓存数据库表的行记录；E3 + 使用 Redis 缓存用户登录信息、使用 Redis 实现全局锁功能。

开源组件：开源 Redis。

Zookeeper

功能：服务注册，E3 + 系统参数配置功能使用 Zookeeper 实现一次设置，所有服务中心自动同步系统参数。（待开发）

开源组件：无须。

SchedularX

功能：阿里云任务调度服务，E3 + 使用 SchedularX 使用任务调用功能。

开源组件：开源任务调度。

DRDS

功能：阿里云分布式数据库中间件，E3 + 使用 DRDS 实现销售订单表、实仓库存表、虚仓库存表的水平扩展功能。

开源组件：开源 mycat。

RDS

功能：阿里云数据库服务，E3 + 使用 DRDS 连接多个 RDS 实现分布式数据库功能。

开源组件：mysql。

DTS

功能：阿里云实时数据同步服务，E3 + 使用 DTS 实现 DRDS 数据到 ADS 数据的同步。

开源组件：暂时没有直接替代开源工具，可以结合开源解析 mysql binlog 的组件开发同步工具。

ADS

功能：阿里云分析型数据服务，E3 + 使用 ADS 进行复杂条件非实时业务查询，同时保存 E3 + 系统所有历史数据。

开源组件：开源 ElasticSearch。

LOG

功能：阿里云日志服务，E3 + 使用 LOG 保存业务操作日志、接口日志、数据操作日志。

开源组件：开源 Logstash。

OSS

功能：阿里云对象存储服务，E3 + 使用 OSS 保存商品图案。

开源组件：开源 fastDFS。

ARMS

功能：阿里云监控服务，E3 + 使用 ARMS 监控各个业务中心的基础性能、jvm 性能、sql 性能和 HSF 调用链路；监控数据库（RDS）的基础性能。

开源组件：百胜软件自研监控系统。

5.2.3.1 微服务分层逻辑

企业中台采用的微服务进行建设，系统分层逻辑架构图，主要分为前端和后端，后端又分为业务应用和服务中心以及相关业务库，具体分层如下：

层级间基础原则

· 服务中心的业务服务层各中心之间不能互相调用，特例：交易中心可单向调用库存中心的寻源服务。

· 业务应用的各个应用之间不允许直接相互调用，必须通过接口集

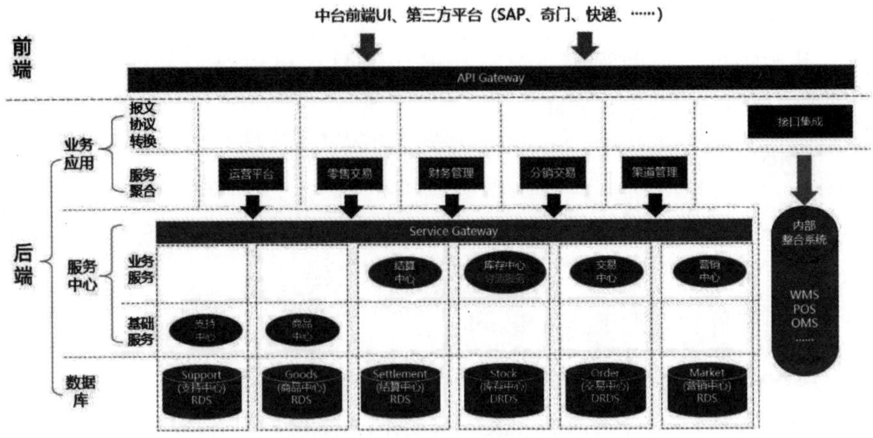

图5－9　系统分层逻辑

成进行调用；接口集成不允许直接调用服务中心。

· 服务中心的业务服务层可以主动调用基础服务层，服务中心的基础服务层不能主动调用业务服务层。

· 一个服务中心只能访问自身对应数据库，即：不得访问其他服务中心的数据库，也不能提供给其他服务中心访问。

· 业务应用层在业务流转过程中可以缓存临时数据，但不能作为最终业务数据；业务应用层和服务中心层 Redis 互相独立，key 必须加前缀便于维护及后续扩展。

· 零售交易业务应用需要区分塔内业务、塔外业务，以满足聚石塔、云鼎等的规定。

· 业务应用的接口集成，出于性能上考虑和解耦合，原则尽量用 MQ 做成异步的调用方式；除非是依赖返回结果，再决定自己业务处理方式，才允许使用同步调用方式；MQ 需规划好 Group、Topic、Tag。

· API Gateway 和接口集成的分工：API Gateway 进行身份认证、权限认证，并进行流量控制，才能放行到接口集成；接口集成进行内部业务应用的接口汇总和协议转换，即把各个业务应用提供的接口集成后，进行协议转换并统一对外提供服务，以适应不同内部整合系统的对接。

特例：中台前端 UI 可不经过接口集成。

5.2.3.2　分库分表设计方案

企业中台项目采用阿里云 mysql 版本 RDS 存储数据，由于 mysql 单表存储数据量超过 500 万行记录，增删改查就会比较慢，因此此次项目采用阿里云 DRDS 进行分库分表，根据目前现有系统中的各表存储的数据量考虑如何分库分表，以及分表键。

目前安踏中台系统中订单表的数据量是千万级的，需要分表分库，按照数据均匀分布的原则，用单据编号作为分库分表字段，订单关联子表也都使用单据编号进行分库分表，这样做的优点是主子表相关数据在同一个底层数据库中便于连接（join）。查询订单表时必须带上分库分表字段，否则就会对订单表执行全表扫描，但是对订单的复杂业务场景查询还是比较多的，当数据量大时查询速度很慢，这个问题可以通过查询数据库 AnalyticDB ＋DTS 的方式解决。

目前生产库中订单表是按单据编号分库分表，所以热、暖、冷订单数据是均匀分布在所有的 DRDS 分库里的分表中，在归档时只能通过全表扫描的方式将生产库中某个业务日期以前的订单归档到备份数据库中，这个过程会比较慢。查询库使用 AnalyticDB 数据仓库一般不需要归档。

门店仓库以区域字段进行分库，区域的值通过一个 hash 函数计算省来获取：

比如，2 个 RDS，16 个分库，hash 函数要考虑省之间库存数量的差异，尽量均匀分布，可以采用最大库存量的省和最小库存量的省放在一个分库中。由于 DRDS 分库字段的值在插入后不能修改，如果仓库区域值修改，需要做删除和插入操作。

对于一些常见的对实时性能高的业务查询，比如根据商品查询库存，根据电话号码查询订单，可以创建异构索引，但是不建议创建过多的异构索引，多写影响写的性能。

目前开发阶段会使用 2 个 RDS，后续生产环境会进行 DRDS 扩容（增加 RDS），来验证数据在分库之间迁移的性能。生产库和查询库中表的字段尽可能保持一致，这样可以保证尽可能多的字段作为查询条件，当然可以在业务层面和技术层面排除一些字段，比如备注、大文本、二进制字段（图片），这样可以减少 DTS 同步数据时的网络 IO 开销。

5.2.4 安踏项目关键成果

在百胜软件和安踏的共同努力下，历经业务蓝图梳理到多次测试运行，最终中台项目于 2019 年 3 月成功上线，通过上线的 11 家大的分销商电商业务实现统一的库存管理、订单管理、结算管理、促销管理、统计分析，在 2019 年“6・18”活动中日处理订单 70 多万单，业务中台毫无压力。

5.3 仙迪 E3 + 企业中台实践

5.3.1 仙迪中台项目背景

企业背景

现今，中国的化妆品市场是全世界最大的新兴市场，也是竞争最激烈的市场，在长期被国际高端美妆品牌占据大部分市场的情形下，中国本土的美妆企业亟须通过数据驱动，为产品、营销、用户和管理等方面提供专业数据洞察和决策支持，通过数字化转型升级，形成竞争优势。

仙迪（香港）国际化妆品集团于 1997 年在香港成立，自成立以来一直致力于优质化妆品的研发、生产和销售。先后打造了“诗婷露雅”“伊贝诗”“凯妮雅”“果本”等多个品牌几百种单品，产品品种由单一护肤品发展到至今包括护肤品、香水、洗发品等。生产基地坐落在中国改革城市深圳，总投资 5000 万元，占地面积 10000 多平方米。仙迪在国内拥有稳定、健全的销售和售后服务，包含有 40 多个区域性的销售分部和数以千计的经销商队伍。一直以来，仙迪集团用开放的心态积极拥抱新时代，未来也将为研究和推动美妆行业数字化转型贡献自己的力量。

在数字化经济的形势下，为快速响应业务创新和市场变化，通过智能化的管控平台提高业务运营效率与人效，仙迪高层认识到了数字化转型的重要性，因此在高度认同百胜软件的数智化转型理念及落地能力后，双方开启了此次合作，将中台搭建作为数智化转型的开端，驱动仙迪的数智化转型。

双方合作初期便明确了“轻前端、强中台”的模式，即以消费者为核心的新零售模式，打造向“零售商+服务商”全域数字化转型的服务平台，未来仙迪战略发展规划将围绕实现仙迪产业互联、数字化建设战略为重心，实现决策智能化、运营数据化、业务在线化、触点数字化、基础设施云化，构建集团数据平台，形成集团数据资产提升业务效益，用数据驱动业务增长。

转型战略

在确定了“以新技术赋能数字化战略、配合商业模式深化”的整体战略目标之后，仙迪决定以消费者为起点，以技术以及运营为抓手，赋能全域触达客户，线上、线下联动，更好地与客户产生互动，全面提升消费者体验。

凝练为项目目标，可以体现在如下几点：

· 基于微服务构建开放共创的业务中台，满足高并发、高性能的集团架构需求，同时提升业务系统的开放性和兼容性；

· 打破 IT 系统间数据孤岛，沉淀有效的业务数据；

· 实现数据库的水平拆分，线性扩展，提升数据库的承载能力；

· 构建集团数据平台，形成集团数据资产；

· 打通全域终端，实现全渠道运营；

· 整合共性业务需求，快速响应业务创新和市场变化，通过智能化的管控平台提高业务运营效率与人效。

转型痛点

仙迪信息化建设尚处于起步与实践阶段，现实距离理想还有很大一段差距，在对仙迪情况进行了一番梳理之后，发现存在着如下问题：

· **终端数据无法获取**：CS 渠道占据仙迪大部分的业绩，但由于渠道网点信息化建设落后等原因，导致这部分渠道的终端数据无法获取。

· **品牌间会员割裂**：各个品牌会员独立运营管理，同时对于各类系统的部署又缺乏统一规范，导致会员数据分散在不同的系统中，而且数据维度不统一、信息不全等。

- **业务系统协同性差：**企业内的业务系统相互割裂，缺乏有效协同。IT 更多是在配合业务部门做功能修补，没有参与到业务系统的选型中来，也没有参与业务发展中来，导致 IT 系统完全由业务部门主导，忽略了架构的先进性和系统的可拓展性，导致“烟囱式”的信息化建设。要实现全渠道业务，需要把所有“烟囱式”单体系统进行打通，困难系数呈指数级别上升。

5.3.2 仙迪中台项目方案

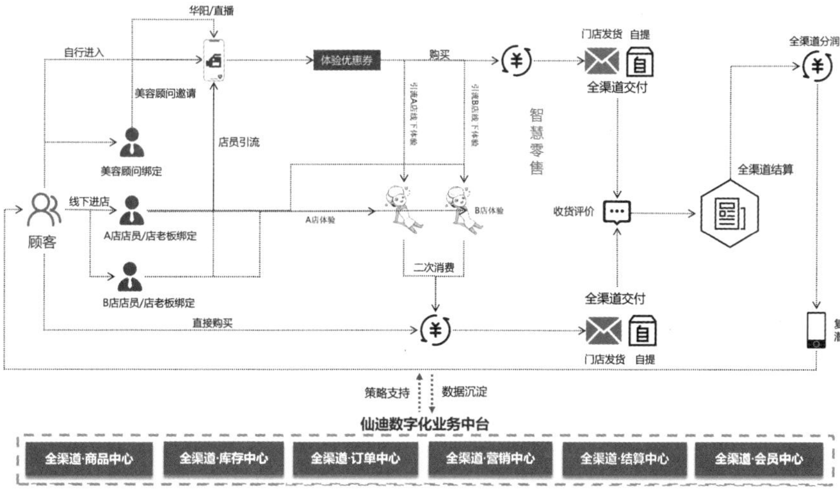

图 5-10 果本品牌样板工程全景图

仙迪数字化业务中台项目基于对仙迪战略目标的理解，以建立向“零售商+服务商”全域数字化转型的服务平台为目标。一期主要以果本品牌为主体，通过会员属地化服务和全渠道体系搭建，建立果本品牌样板工程。在业务体系中，人员的划分包含店老板、店员、美容顾问和会员，其中店老板可以发展店员、美容顾问和会员，店员可以发展美容顾问和会员，美容顾问可以发展会员。

聚焦一期实现范围，实现的主要场景有：线上会员纳新下单属地发货；线上引流线下体验消费；全渠道会员跨域消费；全渠道订单分润。

序号	场景名称	场景简介
1	线上会员纳新下单属地发货	通过看点等直播平台进行吸粉，引流到线上云商城进行下单，根据会员归属进行属地化发货
2	线上引流线下体验消费	通过线上云商城向会员发放体验券，引导客户到线下门店进行体验，通过体验引导客户进行二次消费
3	全渠道会员跨域消费	即使会员发生地址位置的流动，仙迪线下门店依然保持对会员继续服务的能力
4	全渠道会员订单分润	全渠道订单在进行完成后，对参与的店老板、店员和美容顾问也可以实现利润共享

表5－1　仙迪实现场景

场景一：线上会员纳新下单属地发货

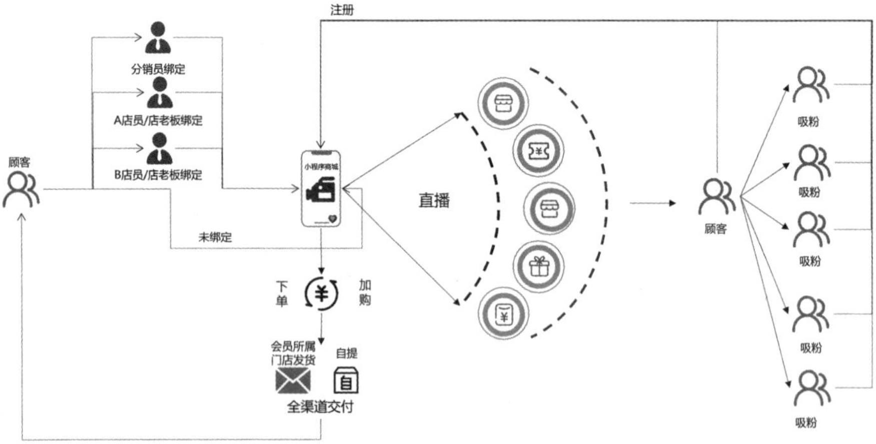

图5－11　线上会员纳新下单属地发货场景图

从业务全局来看，仙迪总部通过看点等直播平台进行直播，吸引粉丝，粉丝通过直播引导进入线上微商城，注册会员，在对应的线上微商城中进行下单支付，订单正常流转到E3＋业务中台，通过中台系统适配到会员所属的门店，由门店通过E3＋业务中台POS端进行发货，发货形式可以是门店自提或者快递发货。

场景二：线上会员引流到属地体验消费

从业务全局来看，仙迪总部可以通过线上微商城向会员发放体验

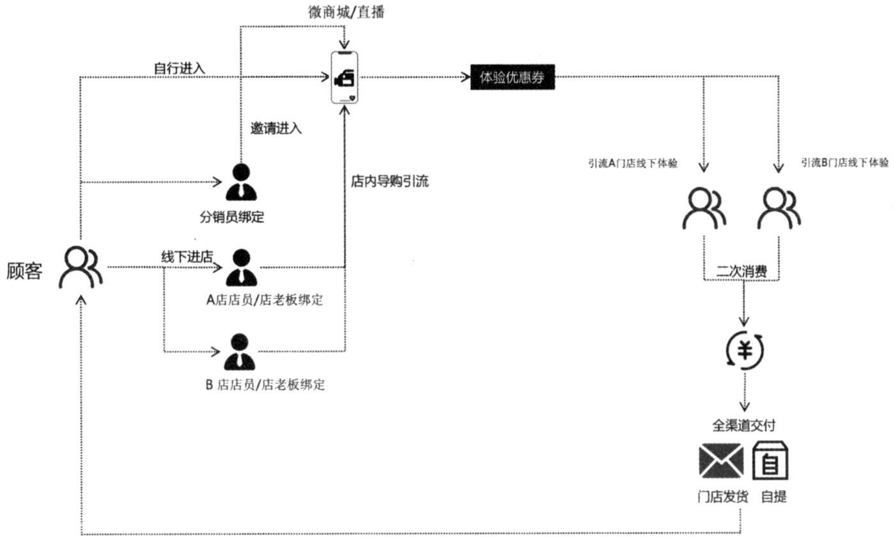

图 5 – 12　线上会员引流到属地体验消费场景图

券，将线上流量引流到线下门店，会员根据体验券可以享受一定体验，美容顾问在给会员提供体验服务时，可以引导会员进行二次消费。在实际场景中，由于会员是流动的，所以会员体验的门店并不一定是该会员绑定的门店。

场景三：全渠道会员线下跨域消费

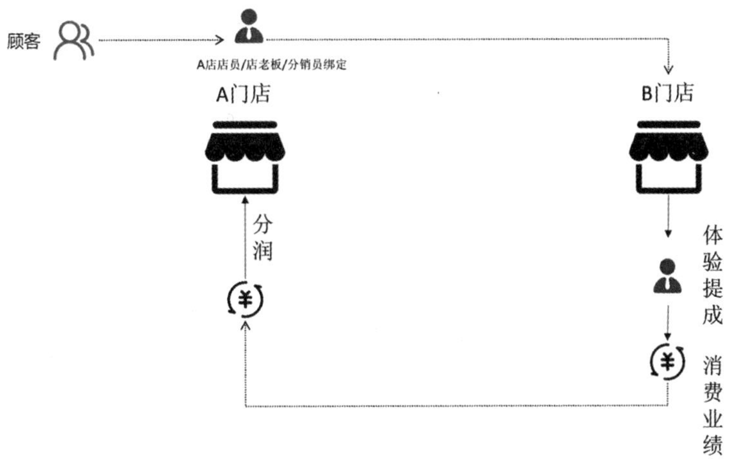

图 5 – 13　全渠道会员线下跨域消费场景图

从业务全局来看，会员是流动的，归属于 A 门店的会员可能流动到 B 门店（与 A 门店非同一主体）进行消费，对于会员档案本质归属还是 A 门店，但是在 B 门店销售时，依然可以共享此会员档案，并且会员产生的消费 A 门店也可以享受一定的分润。

场景四：全渠道订单分润

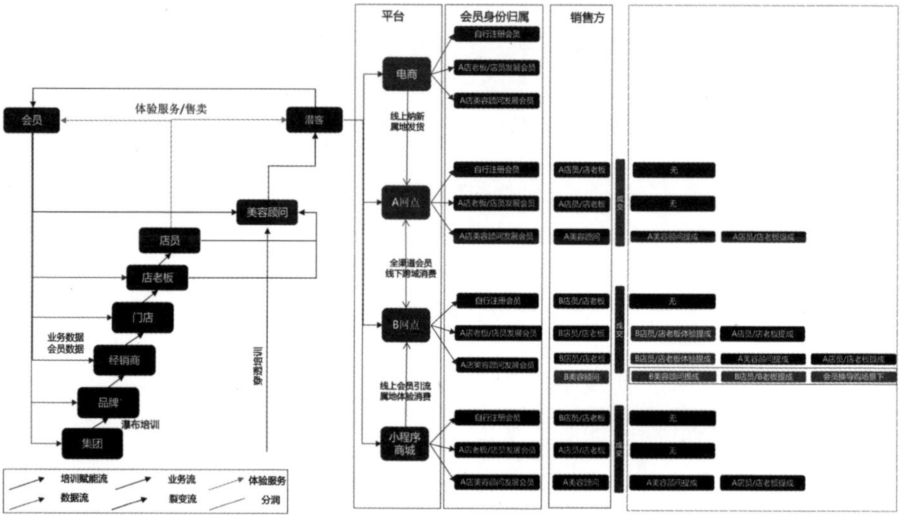

图 5－14　全渠道订单分润逻辑示意图

这里的分润涉及同分销主体内全渠道订单的分润结算（比如：A 店会员到 A 店消费等场景），或者跨分销主体间的分润结算（比如：经销商 1 下属门店 A 的会员到经销商 2 下属门店 B 的会员消费等场景），以及体验券使用后，体验券价值成本的承担方应该是谁，体验券也涉及同分销主体、跨分销主体等使用场景，可以参照图 5－14。最重要的是做这类社交裂变之前，我们一定要想清楚这中间的结算关系、分润关系、培训赋能、数据及业务流等。

5.3.3 仙迪中台项目成果

成果一：实现多品牌全渠道会员身份统一、体验统一、会员管理抓手统一

会员主要从两方面着手进行全渠道会员整合，一方面是企业多品牌管理抓手统一、数据统一，另一方面是会员体验统一。

统一识别：打通集团线上线下会员管理，制定会员清洗规则，对各个 CRM 会员、各个微商城会员、第三方平台购物会员等进行统一的资料收集并做数据清洗。

统一管理：同一系统管理不同品牌的会员，提供多品牌 VIP 等级，统一数据归口，形成精准的消费者画像，多维标签管理。

成果二：实现会员精准营销体系搭建

通过协助果本品牌重新梳理会员体系，重新制定分层规则，搭建会员标签体系，结合静态标签和动态标签的使用，为精准营销体系做好开端。

成果三：实现全渠道订单同分销体系/跨分销体系的分润规则制定

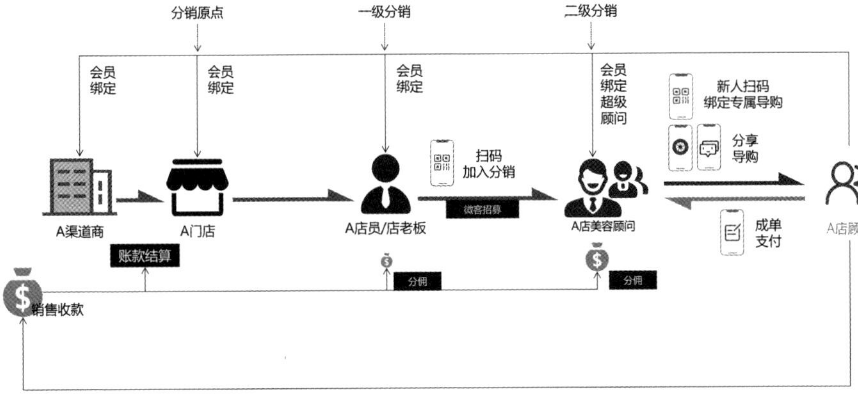

图 5－15　同分销主体全渠道订单分润

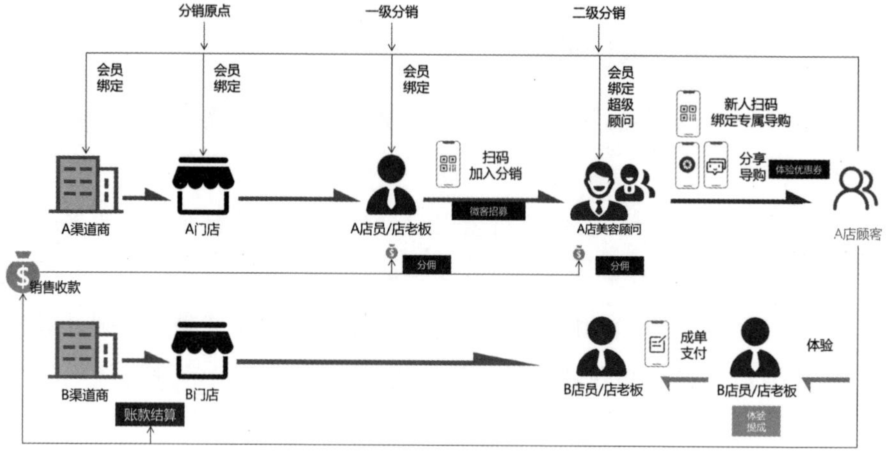

图 5－16　跨分销主体全渠道订单分润

5.4 某外资日用品巨头 E3 + 企业中台实践

5.4.1 某外资日用品巨头中台项目背景

公司背景

中国改革开放数十年以来，诸多外资企业纷纷涌入国内市场，然而在跌宕起伏的市场竞争中，这些外资企业却有着不同的结局。有的因为其原有的品牌知名度，在刚进入中国市场时风光无限，到接连遭遇挫折，最后选择战略性撤退，成为浪潮上散落的水花；而有的却可以经常传出扩张市场版图的捷报，时至多年仍屹立不倒。从败走麦城的那些外资企业所采取的市场策略来看，不难总结出：外资企业想要进入中国市场，就不能依然把中国当成发展中市场，没有专门针对中国市场的产品及服务，依靠原有市场开发的基础款产品或服务是无法扎根中国的，也就是我们常说的“本土化”，实际上就是对用户的定位把握。

本篇着重介绍的某外资日用品巨头公司，正是靠中国市场成功扩张市场版图，目前已发展成为世界最大日用消费品公司之一，在全球多个国家设有工厂及分公司，产品涉及洗发护发、护肤用品、化妆品、医药、家居护理、个人清洁用品等。

业务背景

该公司电商业务基于在中国国内分销代理网络，属于相对传统的模式，整体的业务链路大致是公司工厂负责生产商品、商品生产后先到仓库，再分发给分销/经销商，最后由分销/经销商完成线上销售后，商品从分销/经销商的仓库发给消费者。从生产到销售整条链路时间周期较长，信息流转链路也长，总部（国内）无法获悉分销/经销商前端销售、库存消耗等情况，分销/经销商也无法为总部（国内）提供可靠的需求预测，整个链路存在信息断层、信息黑盒、数据同步不及时等情况，导致经常出现供给不足或过剩，而日化行业对效期管理极其严格，最终都会体现在高昂的库存及成本上。

在新零售的背景下，该公司开始尝试全局链路优化，一方面管控终端，触达消费者，提高消费体验，提升品牌价值；另一方面实现仓库、分销中心、经销商、分销商库存的统一管控，最大化库存流通，降低运输成本，降低企业库存成本，促进企业良性循环。在传统业务模式转型的基础上，他们开始使用 DSTC 模式。

DSTC 模式也叫间连消费者模式，即缩短中间物流环节，将产品从工厂直接发往消费者（有点类似我们常说的“一件代发”业务），相对于传统分销模式从制造厂运往区域配送中心、再到分销商、最后运往消费者一级一级发下去。

这种模式一方面节省了中间多级转化的物流及时间成本；与此同时，中间环节的分销/经销商无须持有实际库存，实际库存仅存在于该公司的制造工厂，对分销/经销商的货品管理，只需在仓库管理时对货品的货权关系进行分配即可，节省仓储成本的同时，也减少了物理调拨的成本；此外，全局的销售、库存数据该公司一目了然，对改善供应链管理提供了可靠的数据支撑。

5.4.2 某外资日用品巨头中台项目方案

百胜软件通过 E3 + 企业中台业务解决方案，为该公司提供能够落地 DSTC 的解决方案。

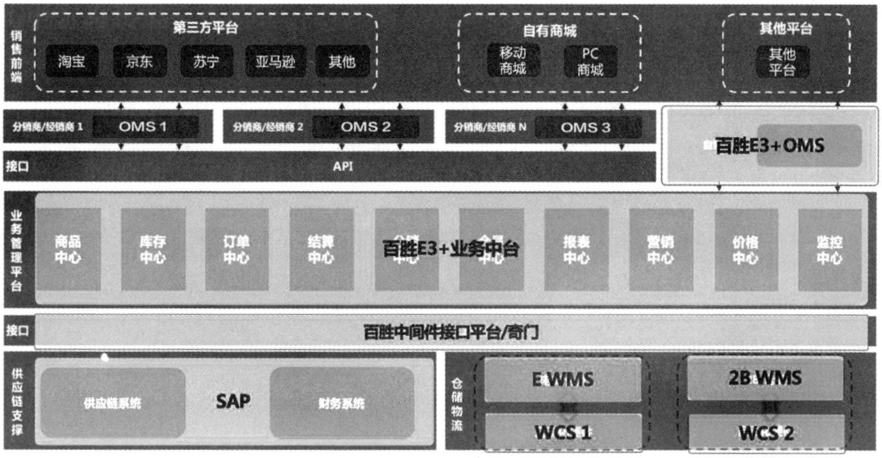

图 5－17　百胜软件 E3＋企业中台解决方案

该项目的实现难点，主要集中在以下几点：

· 该公司庞大的体量，导致了海量的订单流转与处理；

· 中台需要对接多个分销/经销商的不同品牌、多套 OMS，同时需要对接该公司正在使用的 SAP 系统以及相互之间的业务分割、协同；

· 对库存数据的实时性及准确度要求极高，因为需要根据实时库存数据，进行库存补充、销售及产能预测等；

· 对库存管理要求极高：不同法人间的分销/经销商的备货，会存在调拨（这里的调拨非物理调拨，而是库存管理过程中的货权转移），涉及库存的分配机制，如何分仓分库等。

根据这些情况，百胜软件团队制定了如下解决方案：

5.4.2.1　订单路由

①商品及库存信息同步：百胜软件 E3＋同步商品信息和库存信息到分销商/经销商 OMS；

②消费者下单：消费者在各平台下单后，分销/经销商的 OMS 从各平台下载消费者订单，百胜软件 E3＋再从分销/经销商的 OMS 接收消费订单；

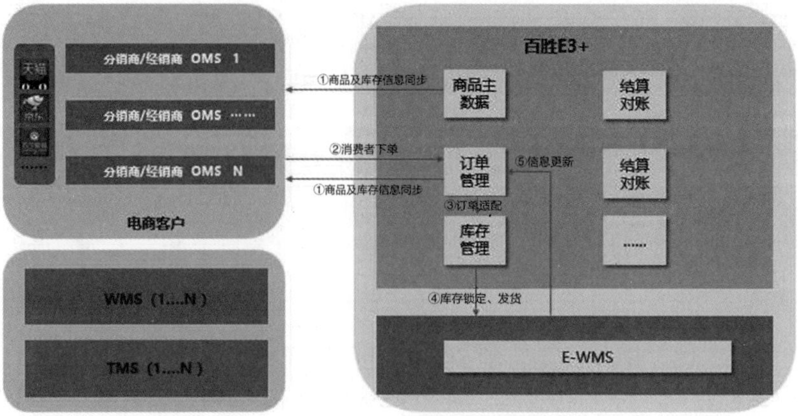

图5－18　订单路由

③订单适配：在订单中心中根据订单路由策略，识别对应的分销商/经销商，从客户专属库存中扣除可销售库存（通过增加“开放的消费者订单”数量）；

④库存锁定、发货：百胜软件E3+向E－WMS发送消费者订单；E－WMS处理消费者订单拣配、发货配送；

⑤信息更新：更新库存结构，更新订单状态，百胜软件E3+同步库存信息到分销商/经销商的OMS。

5.4.2.2　库存共享以及智能补货

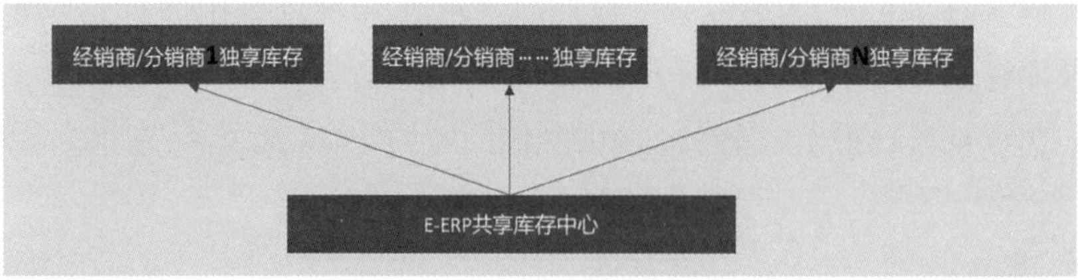

图5－19　共享库存逻辑

在该公司DSTC业务模型下，所有经销商/分销商的库存均在总部（国内）制造工厂下统一管理。在中台中建立虚拟仓，通过“共享库存”和“客户可销售的独享库存”的库存逻辑进行管理，并根据预测消耗和库存目标设定触发补货。“共享库存”用于当经销商/分销商“可销售库存”的库存低于预先定义的预警库存时，系统自动地根据 SKU 设置每个 Drop - ship 客户可以消费的总库存的百分比，以及“共享库存”的百分比进行补货。

5.4.2.3 采购业务

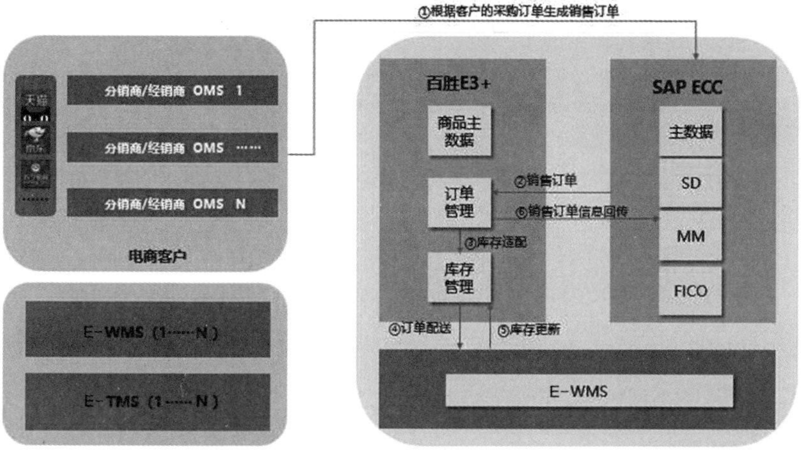

图 5 -20　采购业务

①百胜软件 E3 + 接收 SAP 的库存转移订单。

②百胜软件 E3 + 向 E - WMS 发送 GR 通知。

③百胜软件 E3 + 收到 E - WMS 的 GR 确认，并更新库存水平。

④百胜软件 E3 + 将 GR 发送给 SAP ECC。

⑤百胜软件 E3 + 更新可销售库存水平给分销商/经销商，使 WEB 库存可以进一步更新。

5.4.2.4 需求预测

每周/每日的计划循环在 SAP ECC 的计划系统中启动，使补货订单（STO）通过接口传给 E - EREP。

在计划运行的过程中，有以下几项因素需要考虑：

· 2C 工厂代码中的未消耗的客户预测库存（ - ）

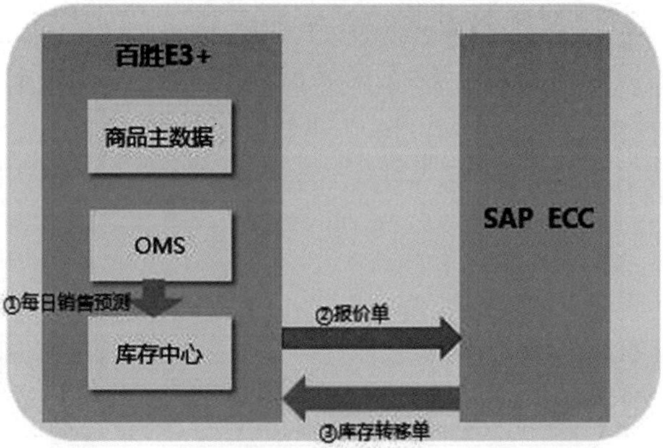

图5－21　需求预测

· 2C 工厂代码总可用库存（+）

· 未消耗的开放销售订单（－）

· Quotation 单（－）

· 开放的 STO（+）

方案实现：

①百胜软件 E3＋支持通过系统自动地或者手动地输入每日的客户预测，并作为激活的版本，把上次预测的版本修改为非活动版本。

②百胜软件 E3＋直接将预测数量的变化转化为 Quotation 单（和每日传输）。百胜软件 E3＋发送 Quotation 单请求到 SAP 中参加部署运行。在 SAP 中，过期的 Quotation 单需要在 DRP 运行前关掉。

③百胜软件 E3＋从 SAP 接收 STO，触发"Purchasing and GR"流程（在 SAP 中开发）。STO 应该在下次计划运行的时候参考，用以决定真实的需求。

5.4.2.5　财务结算对账

①百胜软件 E3＋从经销商/分销商 OMS 接收每日汇总的订单和详细的消费者订单列表（订单号、SKU、交付数量），以及确定的订单状态。

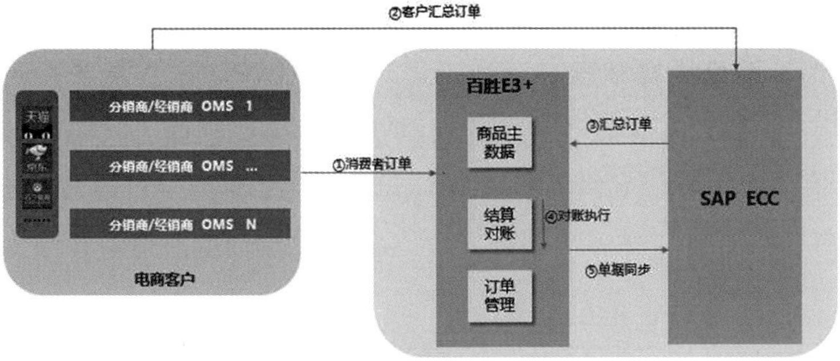

图 5－22　财务结算对账

②SAP 从经销商/分销商 OMS 那里接收相同的汇总订单来做 B2B 账单结算。

③百胜软件 E3＋从接收 SAP 每天汇总的订单。

④百胜软件 E3＋按照以下标准执行订单核对：

· 从经销商/分销商 OMS（步骤 1）收到的汇总订单和详细的消费者订单列表中的 SKU 的数量应该匹配。

· 从经销商/分销商 OMS 收到的列表中的每个消费者订单（步骤 1）都应该匹配存储在百胜软件 E3＋中的消费者订单信息（SKU，交付数量）。

· 从经销商/分销商 OMS 接收的汇总订单号、SKU 和交付数量（步骤 1）应该与从 SAP 接收的汇总的订单号（步骤 3）匹配。

备注：如果在汇总订单层面或详细的消费者订单层面存在差异，会触发警报，以便启动手动干预来解决该差异。

⑤一旦满足上述条件，百胜软件 E3＋将根据详细的消费者订单列表和汇总的 SO 编号创建一个已发布的批处理列表，并将其发送给 SAP。

5.4.3　某外资日用品巨头中台项目成果

成果一：实现该客户 DSTC 业务。

在百胜软件 E3＋系统上实现 DSTC 的业务模式和业务流程，支撑直发消费者业务的成功实践。

成果二：通过全域的商品库存共享管理体系，强化库存管控，加快库存流通，降低库存积压。

在百胜软件 E3 + 系统建立库存共享体系，经销商/分销商的库存统一在百胜软件 E3 + 中管理，通过虚拟仓的库存管理和总部（国内）和经销商/分销商之间的库存共享逻辑，强化库存管理，最大化库存利用，降低库存积压，节省企业成本。

成果三：通过智能订单路由平台，实现直面消费者的订单配送。

建立订单中心，统一管理分销商和经销商的线上订单，由百胜软件 E3 + 统一路由、统一分配。通过灵活的订单处理策略，达到货品库存自动分配、配送渠道自适应等目的，从而提高订单的处理效率。

成果四：制定高效、准确的财务结算对账模式，满足总部（国内）和经销/分销商之间的结算对账需求。

E3 + 企业中台结算中心处理分销商/经销商和公司之间的业务往来，包括订单结算，财务对账等。

成果五：通过智能的需求预测以及配补货机制，高效智能的管理进销存业务，降低企业运营成本。

在百胜软件 E3 + 系统中，建立需求预测以及智能补货机制，智能化的预测商品需求，补货数量，做到企业的智慧化运营。

成果六：面向未来业务的扩展性及更多可能性。

建立一个基于微服务、互联网架构打造的中台系统，满足该公司在新的业务模式的不断开放和创新，支持快速开放、快速接入。

5.5 味全自动化对账流程——RPA 实践

5.5.1 味全自动化对账项目背景

味全成立于 2002 年，主要经营冷藏乳制品及饮料产品。伴随着消费升级，人们对生活品质的要求不断提升，对乳制品、健康软饮的需求也大大增加，味全销售业绩近些年持续增长，需要一套信息化系统对快速发展的业务提供高效支撑。

味全的主要客户群体为各大卖场、超市、便利店等，味全作为供货商，每天都与其庞大的客户群体有着大量的货品往来。味全内部对不同客户有多个“供应商网站”（供应商网站分别来自不同的软件供应商，因此操作方式等均不同），对不同客户的收发货进行管理，客户收到货之后再在上面点击收货。但是这样就会导致对账环节非常麻烦，需要员工手动到不同客户的“供应商网站”导出数据，再与发货数据进行手工对比，一旦发现有差异数据，又得耗费大量精力解决差异数据，而人工往往又很难准确、快速地定位差异及差异原因。

随着味全的业务扩张、单品数量增加，产品的出货量急剧增加，财务人员需要对账的配送回单量也在逐步增加，公司规定每个月底前完成与各客户的对账工作，因此每个月底前财务人员就会非常痛苦，不但要手工核对完成对账，还要解决各种异常、差异数据，在单量特别大的时候，根本无法做到单单核对，对数据的准确性也带来了很大的挑战。历史数据追溯困难，无法重盘几年前的数据。

5.5.2 味全客户痛点

经过对味全实际业务的调研，结合上文，在 RPA 介入之前该流程存在以下痛点：

· 订单量大，对账压力大。

味全客户量越来越多，和客户之间的交流也越来越频繁，据不完全统计，味全目前已和数十家大型商超达成合作关系（如：大润发、家乐福、华润万家等），与旗下上千家门店有货物往来，且货品种类繁多、数量巨大。庞大的单量给财务人员造成了非常大的对账压力，尤其是月底，更是加班加点也很难保证准时完成。

· 数据抓取形式多样，无法批量处理。

财务人员对账时，需要客户方的验收回单，而验收回单需要从各家客户的“供应商网站”查询并下载，但是各家客户网站的验收回单的查询内容和查询方式不同，验收回单格式也不同，见图 5 – 23 举例说明，数据抓取形式多样给对账人员造成了非常大的困扰，不利于统一处理，增加了对账工作量，进而使对账时效延长。

客户名称	供应商网站验收数据下载方式
大润发	网页复制
家乐福	网页复制
华润、乐购	网页复制
百联集团	PDF格式
永辉	依据液态不同分为EXCEL总下载，及单条验收单网页复制
麦德龙	EXCEL下载
易初	EXCEL下载分为总下载及依据查询条件进行单条验收单号下载EXCEL
好德，可的	网页复制
沃尔玛	EXCEL下载（但并没有全部开放）
物美	EXCEL下载
……	……

图 5 – 23　“供应商网站”获取对账单方式举例

· 人工操作无法及时进行差异问题追溯。

经过长期的分析，味全发现验收回单和发货单的差异之后，最佳的处理时间在 7 天内进行处理。当处理异常间隔时间较短时，门店验收人员在二次配检时会发现问题，财务对账人员进行复核后，门店人员会进行补单及修正入单。但若无法及时安排对账（比如单据积压），长时间不进行交涉或拖延时间，处理差异的时间一般会在 15 ~ 30 天，这样会大大增加处理差异的难度。除此之外，人工对账准确率参差不齐，对账准确率无法得到保证，手工对账得出差异后，需要和客户进行再次电话、邮件沟通确认，沟通成本也非常高。

· 大量重复工作需要人工处理。

即使每个客户的“供应商网站”下载数据的步骤和数据样式不一样，但是同一个客户会存在重复的对账工作（每日或每月或定期），对于某一个客户而言，对账人员需要重复地登录网站下载数据、处理数据、对账（逻辑一样）。所以，对账工作本身没有技术含量，不需要操作人员具有较高的专业知识，只需要按既定步骤执行即可，大量机械式的重复工作，为企业增加了不必要的用人成本。

5.5.3 味全中台解决方案

在对味全现有对账流程进行了充分调研和理解的基础上，结合 RPA 的“跨系统”“跨平台”“有规律的工作流”与非侵入式软件融合能力，加上百胜软件 RPA 团队丰富的实施交付经验，我们最终梳理出了适合味全的对账流程，以满足味全在财务对账中、多平台的数据采集等的需求，将对账逻辑整合整理出来并通用适应各个平台，解决了上述难点痛点，解放机械式重复工作量的同时，极大地提高了对账效率和准确率，保障了数据的连贯性，同时也提高了客户数据的利用率，为企业数智化转型助力。

具体的对账流程设计图如图 5 - 24：

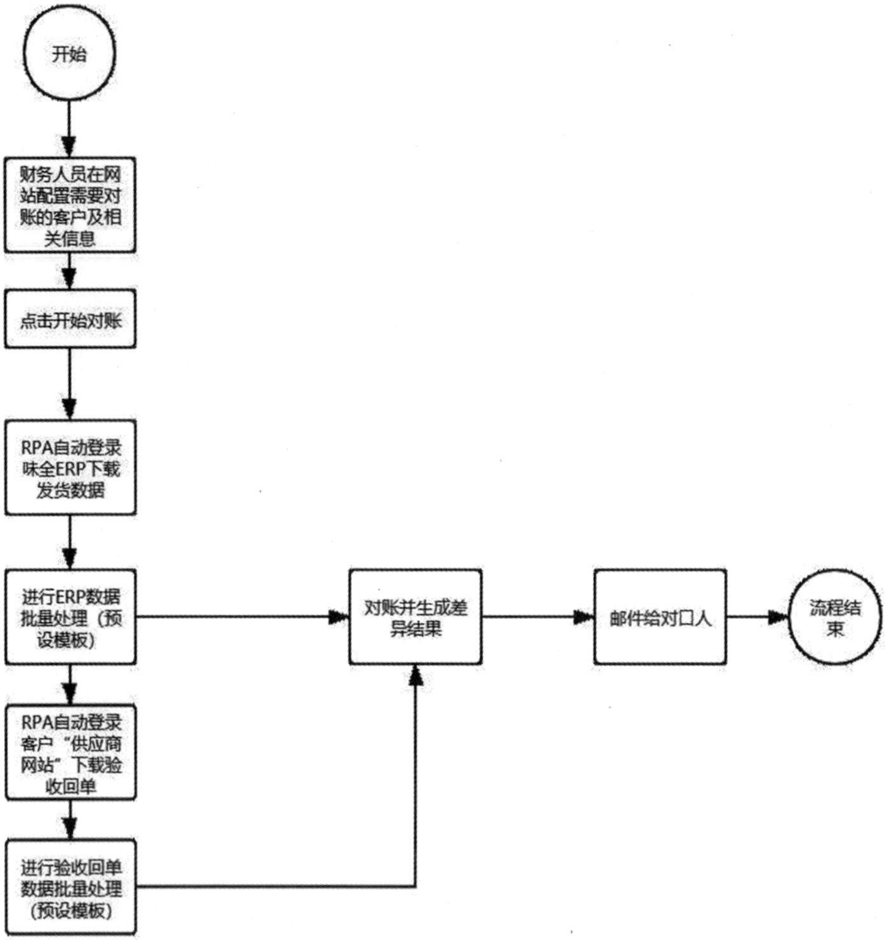

图 5－24　味全对账流程设计

本流程是由财务自行选择需要对账的平台和对账内容，由 RPA 通过读取任务，账号及密码，自动登录味全企业 ERP 系统，下载需要对账的数据，按照一定存储规则进行存储，进行数据初始加工处理。然后根据任务清单登录不同客户的“供应商网站”下载对账单后，按提前设置好的模板进行批量处理，最后进行对账，得出差异对账结果，并将结果以一定方式通知到财务对口。

一次执行多家客户对账

财务只需提前配置好需要进行对账的客户及时间区间，RPA可以内部循环，自动完成多家客户的对账工作，输出差异表，且每个客户的差异表格式统一，有利于财务尽快地定位差异。

对账时效快，大大缩短差异发现时间

RPA自动登录不同客户的“供应商网站”，进行数据下载和批量处理，在效率和准确率上相比人工有了非常大的提升，可以在非常短的时间内完成大量的对账工作，找到差异，大大缩短了发现差异的时间，使得财务可以在最佳处理时间内解决差异。

在解决方案设计过程中，除了完成对账任务，我们仍需考虑流程的兼容适应性及最佳的用户体验等需求。具体如下：

流程复用性

考虑到味全未来的客户量仍会持续增加，其对应的“供应商网站”必定和现有客户有所不同，为了降低客户量增加带来的流程开发/改造成本，我们需要把当前对账程序的兼容性做到最大，所以增加了如下考虑：通过前端RPA机器人采集后自动将数据转换成统一格式，一个对账逻辑适用于各个平台，即使新增加“供应商网站”，只需对新“供应商网站”登录、下载数据、数据整理进行开发即可，后续的对账逻辑无须额外的工作量，这样可以减少味全额外的投入成本。

用户体验

RPA实现一个流程的方式可以有多种，但流程的最终目的是服务客户、满足客户在不同时间不同场景的不同需求，因此需要我们在流程主体功能完善的同时，将用户体验做到最好。在味全流程设计的过程中，我们对用户体验进行了以下优化：

· 人工操作的便捷性。

财务可自由地通过网页界面选择需要对账的客户名称与时间范围（每天、每周或时间区间），任何时间需要对账，都可以得到想要的数据。

· 对账结果准确、及时、明了。

RPA 对账完成后，会将对账结果以邮件发给相关的对接人，财务可以及时获取对账差异结果表，确认无误后，一键转发到客户方，减少复杂的沟通成本，大大提升沟通效率。

· 异常处理机制。

RPA 在执行的过程中，会遇到各种异常，比如网站不稳定导致下载异常、账号密码错误等。在设计异常处理机制时，我们会在各个可能出现异常的步骤增加容错，比如文件下载复核，若没有下载成功，需要重复下载；比如账号密码错误，会尝试登录 3 次，若仍不成功，记录并反馈给财务。可以让用户及时知晓当前客户的执行异常原因及处理程序异常的方向。

· 排队系统与多机器人协作模式。

财务可以在网站选择需要对账的基础信息，网站系统根据机器人使用情况，显示当前可用的机器人个数，财务人员可以选择一个或者多个进行任务的执行；若当前所有机器人均在执行任务中，网站会自动反馈预计运行开始时间与预计结束时间，让用户知晓预计的执行情况。当有空闲机器人时自动添加至其他任务加速任务速度，充分发挥机器人的效益。

5.5.4 味全项目成果

百胜软件 RPA 团队通过对味全 RPA 项目的梳理和交付，优化重构了味全财务的工作模式，实现了平台对账自动化功能的同时，也对味全带来了如下增益：

通过 RPA 上线供应商对账流程，机器人可以 24h 不间断地自动化批量处理、寻找差异，将高重复性、机械性的工作任务，用 RPA 代为处理，解放了味全财务人员在供应商平台对账工作中近 80% 的时间，财务人员目前每天仅需 2～3min 处理订单相关工作就可以了，大大降低了人工的参与度，员工可以参与到更有价值的工作中去，提升价值感。

味全供应商对账流程的上线不仅极大地降低了人工出错率，同时还能精准快速及时地定位差异点，降低沟通成本，强化整体企业效率，帮助企业提升成本效益。

通过 RPA 加强了公司管理的科学性、发展性和高效性，完善标准了管理业务体系，能够使企业快速应对信息化时代的不断变化和市场需求。同时 RPA 上线后可以达到历史数据溯源的效果，企业可进行大数据分析，为味全企业数智化转型升级打下基础。

5.6 GXG E3 + 企业中台实践

5.6.1 中哲慕尚企业历史背景

中哲慕尚集团是国内一家专注于时尚男装市场的公司，同时涵盖运动服饰和其他时尚领域，品牌名简称 GXG，除了 GXG，中哲慕尚集团旗下还有 gxgjeans，gxgkids 以及运动服饰 Yatlas 和 2XU 等品牌，集团以“爱为尚”品牌运营原则进行着“如果爱，请深爱”的价值观向整个市场持续输出富有想象力、平和力的冲击。

中哲慕尚集团从 2007 年开始运营至今，行业业绩表现均至少排名前三位，在 2015 年底时，门店总数就已经达到 2000 家左右，销售额突破 50 亿元。并且在 2010 年成立了电商子公司向着线上渠道发起了进军，在近几年的双十一男装类目排名始终占据着前 5 名之一的地位，仅线上的销售额就有 20 亿元。

项目背景

中哲慕尚集团早在 2016 年的时候就与百胜软件进行了合作，在企业信息化软件建设上先人一步，当时百胜软件为 GXG 提供了线上 E3 全渠道的 OMS 系统以及线下门店的发货工作台系统，而线下 ERP 系统采用了友商 1 的 BOS ERP 系统，线下门店统一使用 BPOS 进行收银，同时也使用了友商 2 的 WMS 系统，友商 3 和友商 4 的 CRM 系统、友商 5 的财务系统。虽然对于几年前套装软件盛行的时代，他们系统架构看似比较全面，但是以我们目前数智化转型的阶段视角来看，系统之间依然是一个互相串联的状态，相互之前需要做的对接工作非常繁重，关键在于线上线下的系统依然是割裂的，甚至采用了两套不同供应商的 POS 系统（其中一套是百胜软件的 POS 系统）去满足全渠道简单发货的场景。

系统需求痛点

百胜软件团队在 2019 年的时候为 GXG 集团做了一次针对数字化加上数智化转型视角的企业中台战略方案。在与 GXG 集团高层的方案汇报讨论会上，客户同样也提出了他们对目前整个公司层面的需求困难点：

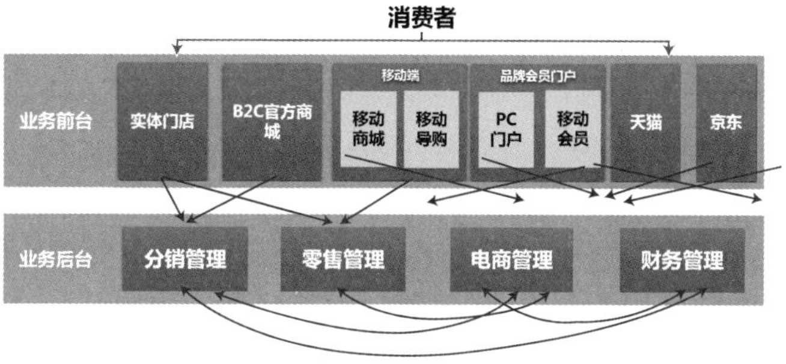

图 5－25　传统“烟囱式”系统架构示意

· “烟囱式”的系统架构串联起不同的应用软件，容易出现单节点的报错导致全盘的瘫痪，并且系统之间由于数量品种的复杂程度高，对接难度非常高，需要花费大量的人力财力去做对接与维护。

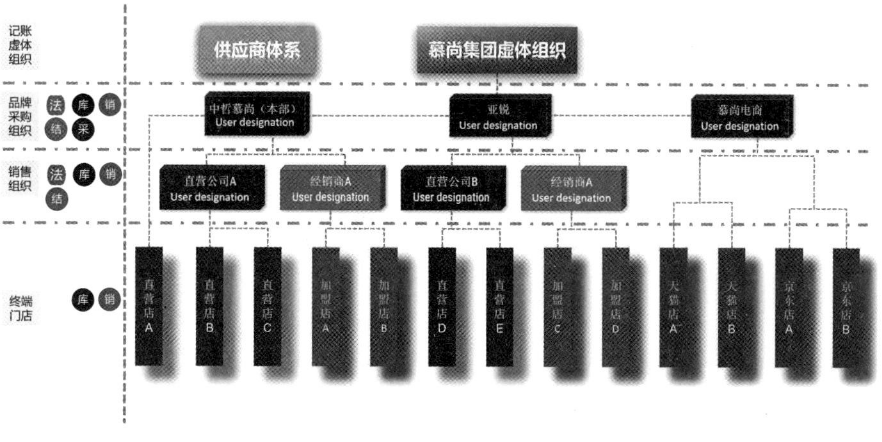

图 5－26　GXG 集体内部组织架构简图

· 由于 GXG 公司本身是一个集团化的企业，公司内部的组织架构也非常复杂，存在不同层级的分子公司，即有记账的虚体组织和品牌采购组织，还有不同的销售组织和终端门店，并且这些销售组织层级下还有各自发展的一级二级经销商，而门店则分有直营、联营、加盟等不同形式的店铺，在整个货品从供应到销售的链路中会涉及多层级之间的相互结算模式，结算形式利率又各不相同。在管理复杂度上呈指数级别的难度提升。

· 由于目前线上线下的割裂原因，经常会出现库存同步不准确的情况，导致负库存的单据和实际的账目永远对不齐，并且线下的 BOS ERP 系统采用了过多的二开机制，当遇到系统升级时阻碍横生，不仅升级难，合规性也非常糟糕。无法满足现阶段急需的业务财务一体化的要求。另外由于友商的 BOS 系统采用的是外界采购的数据库，每年还要花费一笔不小的运维费用去支撑，有了额外支出却不能解决问题。

除了上述的几个主要诉求点之外，GXG 在面向主数据、财务、会员以及支付方面同样都有着对于现状的不满和追求变革的理念。

5.6.2 百胜软件中台解决方案

在清楚了解客户的需求痛点之后，百胜软件的专业团队提出了相应的整体解决方案。

本次的整体解决方案由百胜软件的明星产品之一的 E3 + 企业中台来交付，它是一个以 Spring Cloud 体系为基础，微服务架构一套业务中台系统。为了完整地体现解决 GXG 集团在业务层面的对应痛点，E3 + 企业中台利用了其最最优势的 9 大共享化服务中心配合上前端多个内置应用，从根本底层的系统架构、业务模式等出发来解决问题。其中所展现的方面包含：主数据业务、电商业务、全渠道业务、分销业务、零售终端业务、财务应用、会员应用等几个方面。下文也会一一对的就这些方面的改善方案以及改善成果做分析。

另外此次百胜软件的整体解决方案面向的是 GXG 集团整体业务组织，其涉及的门店数量规模由下线的直营门店 1500 多家，加盟门店 1000 多家和线上店铺 100 多家组成。此种规模也是之前任何一家无论企业规模大小，在切换系统的过程中前所未有的。这不仅表现了百胜软件在覆盖所有切换系统时所需要考虑的问题之广外，同时也体现了 GXG 集团在与百胜软件合作多年之后对百胜软件能力体现的信心之深。

新的系统架构

在具体介绍上文提到的几大方面前，我们先来看一下项目新的整体架构图，对比之前的架构图最直观的区别就在于百胜软件的 E3 + 企业中台替换了原本的百胜软件线上 OMS 系统 + 友商 1 线下 BOS 系统的组合模式。E3 + 企业中台共享服务中心能力来集中支撑原本线上线下业务所需的内置应用功能。周边一圈还是由多个友商分别提供的各个系统，不同点在于中台系统和这些系统是一个统一对接的方式，而并非原本一一串联的方式去进行对接了。

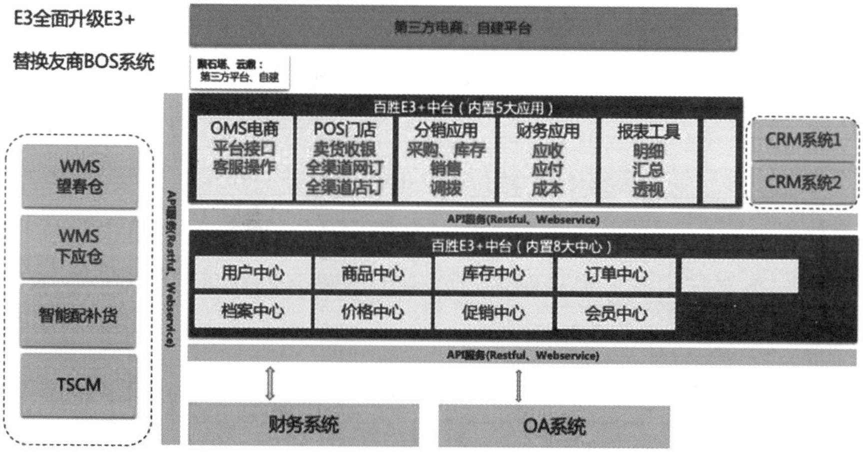

图 5-27　集团信息化升级架构

接着我们来分析一下具体的几大改善的方面。

主数据业务

首先主数据业务层面，主数据的核心在于商品主数据管理维度的重构，分别在于商品属性，商品条码两个层面来展示，百胜软件按照鞋服行业的经验帮助 GXG 在商品属性的颗粒精细化程度上做优化，从商品大类一直到最小颗粒度的款色码 SKU 级别的区分，可以做到按照业务要求等级的不同程度做自定义的进行组合管控。因此，在商品组合套装能力方面，不管是由精选男士的上下装搭配还是子品牌的童装套件来看，自由度明显提高了一个层次。并且配合 GXG 集团自有的一套主数据生命周期管理体系，将数据的标准，规范，质量与发布形成了一套自闭环式的完整链路。

分销业务

线下的分销管理中存在调拨、配货、铺货、补货等多类单据管理，在原本的 BOS 系统中制单过程总是需要来回切换，导致数据汇的时候总有多个来源，并且之前的分销系统，结合服装行业的特性，针对分子公司有渠道调拨单据，针对门店有商店配货单据，针对代理加盟有批发销货单据，三种单据分成发货、退货，就有九张单据了。用户在做单、统计报表的时候，要分好几个地方，需要来回切换、非常麻烦且容易出错。采用新架构的 E3 + 企业中台，引入了销售组织、发货仓库、购货组织、收货仓库，以及法人、货主的概念，很好地解决了业务单据与核算组织的关系，实现了多品牌、多组织、集团化管理框架。进一步将所需要处理的多类单据集中为 1 类单据处理，便于统计分析，制单不用切换，提升效率。

以一个实际的业务场景距离，在原本系统中，有一类典型的业务难点场景：直营门店 A，代销供应商的货，零售后结算。解决此类复杂业务场景的前提条件是首先由 E3 + 企业中台中的档案中心所提供的内外部组织架构梳理的能力。从上游的供应商档案开始，到自己集团内部的组织，再到下游的经销商的档案，业务流程中所有涉及的组织档案都可以提前在档案中心进行一个录入。

然后再将此类的核心业务场景的落地方案划分为具体的十二步单据生成流程。分别为：

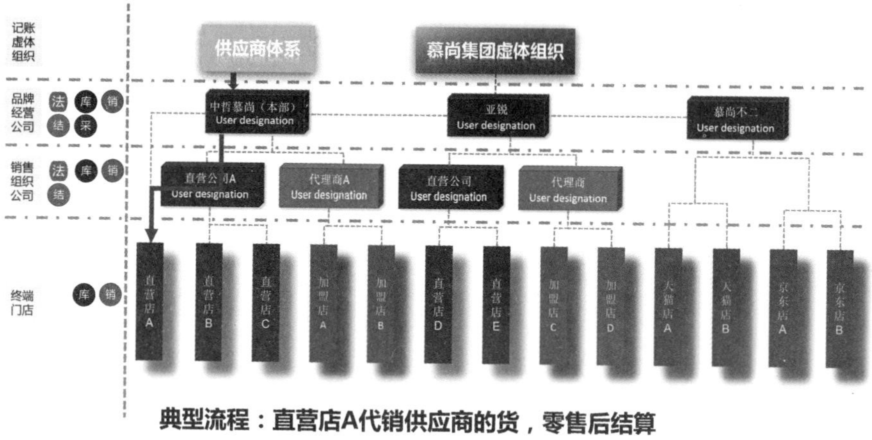

图 5－28　典型分销业务场景

（1）采购入库；

（2）分销发货；

（3）零售；

（4）代销结算［中哲慕尚（本部）与直营公司 A 之间的代销］；

（5）代销结算［供应商 B 与中哲慕尚（本部）之间的代销］；

（6）代销结算单后台自动补单：采购入库单；

（7）代销结算单后台自动补单：分销发货单；

（8）代销结算单后台自动补单：零售单；

（9）供应商应付单（代销结算）；

（10）内部交易结算［代销结算，中哲慕尚（本部）与直营公司 A 之间］；

（11）库存流水账表；

（12）存货流水账表。

每个具体的流程单据对应的都是对每一个小的节点的细致把控，在可以做到自动化生成的情况下尽可能地减少人为的工作量并且减少错误的可能性。

另外针对报表层面，原本老的系统不支持自己开发新的报表，仅支持报表导出后人工的托拉拽做数据透视，而 E3 + 作为业务中台，提供常见业务明细、汇总报表。随着品牌数据整合，数据会越来越多，需要更专业的系统来做数据呈现、绩效分析等。例如：BI 商业智能、数据中台、数据仓库等。

零售终端业务

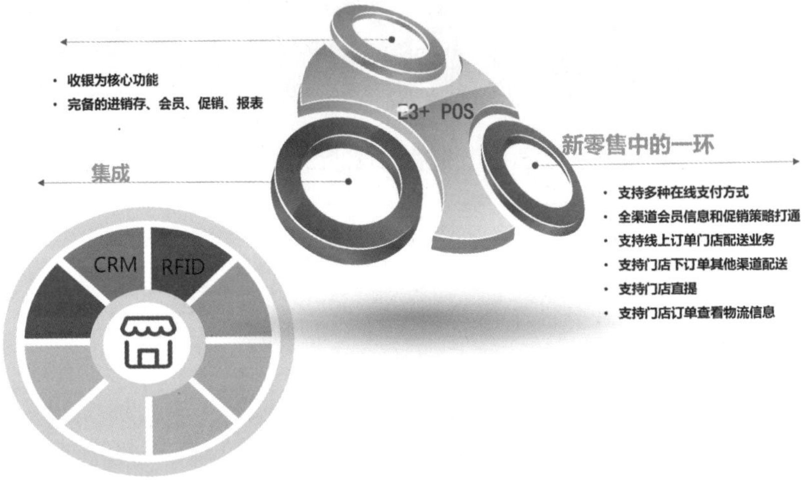

图 5－29　门店零售 POS 三维图

线下门店零售的核心 POS 系统除了最关键的收银功能和门店进销存管理功能两个功能之外。GXG 的业务对 POS 系统的要求还有必须是把它看作新零售中的一环。而原本的发货工作台加上 POS 系统却是只能分别去对应线上订单线下发货和线下缺货销售两种简单模式而已。而在上线了新的百胜软件 E3 + 企业中台中的 POS 应用，彻底改善上述要求的不满足情况。它支持全渠道会员信息和促销信息的打通，支持了原本无法满足的全渠道逆向的退换货流程，支持了门店自提的场景以及门店订单查看物流信息的需求。

对于 GXG 来说，由于拥有多种不同性质的门店店铺，在管理方面之前的系统也有着很大的局限性，比如说它的直营体系的门店在业务层面需要考虑到除了成衣之外的道具，物料以及人员绩效考核的管理，还拥有代理和代销另外两种其他性质的店铺，在代销店铺中另外还有三种不同管理模式的分类。

比如说对于代理模式的店铺，是一种订货会的管理模式，全部的代理订单都必须录入总部的 POS 系统中，货权以一个买断的形式并且允许每三个月进行一次退货。退货的额度比例是有严格管控的，销售出去的折扣比例以及退货的折扣比例也都是规范在订货会销售合同内的。

再者代销模式的店铺又细分三类不同性质，有职业经理人模式的类似直营体系的单做利润分成的 A 模式，也有总部出人出货，代销出场地的 B 模式，还有总部只出货，代销出人出场地的模式，总部生成代销发货单，零售后的收款统一打给总部再由总部做利润分成的方式。

其三种模式总共有五种不同的管控手段，在前期签订好的合同内结算的价格不同，返点返利的扣点也不同，时间周期也不同，约定的退货方式也不同，那在如此复杂的场景中，百胜软件的企业中台系统通过结合档案中心提前录入合同内容的能力与线下门店 POS 系统所提供的经销存能力，妥善地处理各种不同条件下的应变。无论是何种类型的业务往来单据，任意时长的销售合同单据，会再做调整的结算利率都可以在档案中心的合同内进行体现并且自动生成相应所需的单据帮助企业去完善业务流程。

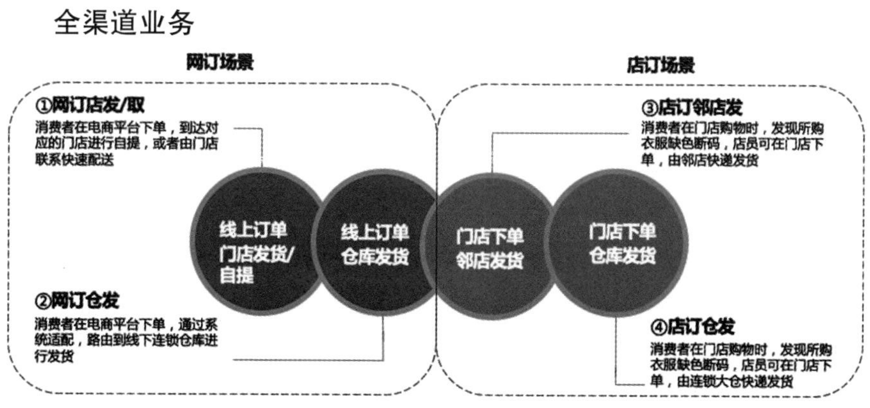

图 5－30　全渠道业务场景

对于全渠道业务而言，GXG集团并不陌生，早在2016年的时候就已经开展了全渠道业务的起步，并且在近几年的实际场景中也早就实现了线上订单门店发货，线上订单门店自提，线上订单仓库发货，门店缺货销售邻店发货的几种基础场景。

而全渠道对于GXG的业务难点往往在于其他几种场景之下，那由于先前的百胜软件门店发货工作台只能应变正向的发货场景，无法满足订单的逆向场景，比如电商订单门店发货需要退换货的场景，并且友商1的BPOS系统也无法处理此类场景的订单，所以本次项目系统的升级过程中在全渠道方面首要解决的是在退换货业务场景中去提高用户体验。在原来满足基础各类店发仓的基础场景下，将逆向的退换货流程也统一由E3 + 企业中台POS内置应用来完成调度。

本次的全渠道业务场景所涉及的范围也远远不再仅限于天猫、京东、拼多多等传统的电商渠道，GXG瞄准了更多移动互联网态势下猛烈发展的其他多个第三方电商平台，比如抖音、快手、小红书等平台。而且集团本身也在发展自己的微商城App渠道以及微信小程序平台。在这些新业务场景的条件下，原本的ERP系统就显得非常被动，对接新的第三方平台的开发难度开发成本偏高，时间周期也比较长，稳定性因素也比较弱。归根结底的关键点还是在于原本系统提出的“云仓”全渠道解决方案去对应新移动互联网时代下的需求就是一个伪命题。单能处理线下门店缺货销售的场景无法去满足线上流量引流下线门店的新玩法和趋势。所以本次GXG集团此次下定决心去改变现状，以一个真正面向全渠道的系统方向去代替所谓云仓的伪全渠道能力。

财务应用

财务作为每个企业重中之重的业务节点，当下各行各业都期望着往业财一体化这个方面发展，而原本集团的信息化系统采用的也是比较陈旧的两套系统硬对接的方式，在原有的财务系统中有自己的一套财务数

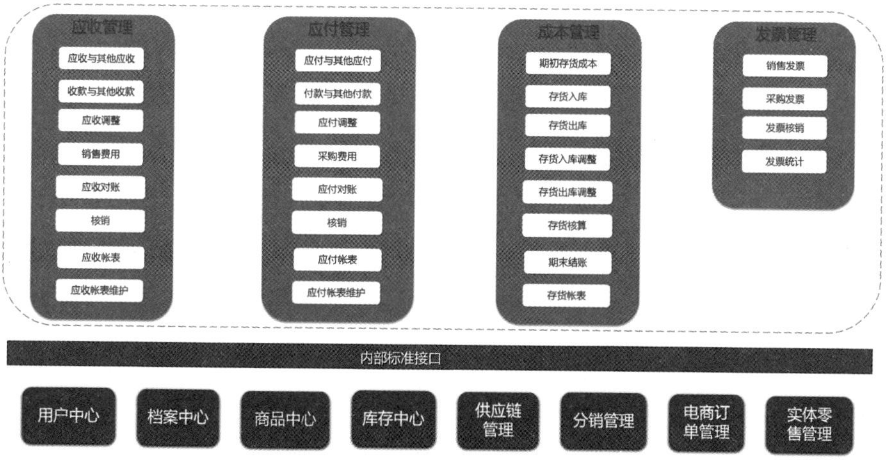

图 5－31　财务中心能力示意

据，另外的 ERP 系统也有着从业务角度出发的另外一套数据，两套数据在相互交互的过程中根本无法一一做对应，传统的硬对接的劣势也暴露无遗。

所以，此项目从财务角度出发的需求点，首先就要解决业财一体化从零到一的起步难点。针对这样的需求点，百胜软件的 E3＋企业中台在系统内建立了应收和应付模块，实现了业务单据中应收应付内容的无缝链接，有效降低了财务对账的出错概率，提升了财务对账操作的效率。其次，集团采用的月加权平均的成本核算算法也完美的承接到了中台财务中心模块进行核算动作，提升了计量成本的正确性。另外，在结算中心启用了发票管理的功能，让业务单据、财务对账、应收应付、发票登记的操作一体化，并且半自动化，减轻了原本财务系统所需要承担的重大压力，帮助集团财务人员有效地提高作业的准确率以及时效性。

会员应用

在会员层面，百胜软件的 E3＋企业中台不仅仅局限于 CRM 运营的视角，并且是从上往下，包含了战略与策略思维的会员中心，而恰恰正是这样的能力视角正好可以帮助 GXG 集团在建立自己的会员池意图上

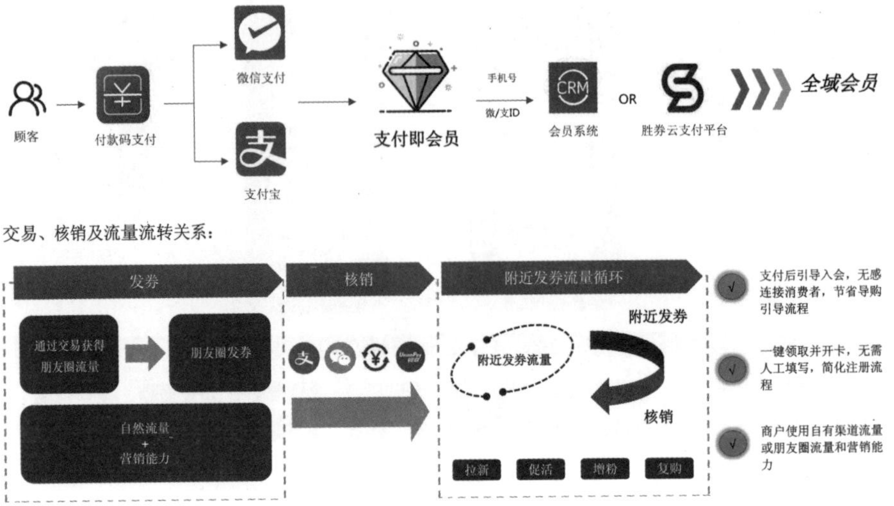

图 5-32　会员中心布局图

实现突破。我们结合上述的项目历程架构图来看，原本 GXG 集团已经接入了两家 CRM 运营厂商，这两家友商的优势各有千秋，但是他们都是聚焦于运营层面的前端触点玩法，真正在战略层面的会员体系搭建和策略层面的管控力度两方面缺显的额外薄弱。

通过此次 E3 + 企业中台的变迁，GXG 集团才真正开始了搭建自己的会员池，开始逐步从战略层面来思考如何更有效更精准地利用自己的会员数据从而去有针对性地改变会员触达的手段。并且做好了从策略角度出发的力度把关，比如说，当现有的两个 CRM 系统各自都有线上制券能力的情况，由中台的会员中心去统一管控制券发放的权限，往全域会员统一精准营销的方向迈进。

5.6.3　GXG 企业中台项目总结

GXG 集团作为鞋服行业的领头羊之一，此次的项目从意向发起阶段到项目真正落地上线的整个过程中的艰难程度可谓是迄今为止的最高之一。体现点不仅在于上线日期的两千多家门店同时切换，而且它是一个全方面的业务升级项目，涵盖范围包括了主数据业务、电商业务、全渠道业务、分销业务、零售终端业务、财务应用、会员应用和支付应用。这也同时体现了百胜软件 E3 + 企业中台是一个具备完善全方面能力的大中台系统，为企业可以提供全方位的业务解决方案以及实际解决效果。项目的成功上线离不开百胜软件过硬的产品实力，灵活的系统架构以及百胜软件团队夜以继日的辛苦付出。

5.7 潮宏基 E3 + 企业中台实践——珠宝版

5.7.1 潮宏基中台项目的背景分析

5.7.1.1 潮宏基信息化系统在传统零售业转型中面临的挑战

在新零售背景下，“人、货、场”的模式得到了重构，现在的消费者慢慢地从 80 后转向 90 后，购买的时候，强调的、关注的更多是分享，让购物过程更加具有娱乐性。建立全域营销，以及社交分享的体系，一方面取决于品牌自身的品牌力，另一方面就是需要信息化的支撑，满足消费者高度一致性的购物体验。

主要体现在以下几点：

· 增强购买以及服务体验。

· 以消费者为中心，实现全渠道购物，享受到线上线下一致性的购物体验。

· 借助营销的力量，建立广泛的社交，以及网络分享能力。

· 打造场景化，体验式的购物场景。

· 整合数据中心，借助大数据的力量，实现企业精准化营销，以及数字化运营的转变。

5.7.1.2 新零售模式下传统 ERP 的局限性

潮宏基是从 2006 年就开始采用 SAP ECC 解决珠宝行业的信息化问题，接近十年的不断迭代和开发维护，在很大程度上解决了业务问题。

但是也形成几十套“烟囱”林立的系统，包括 SAP、POS、会员、BI、OA 以及 OMS 等。

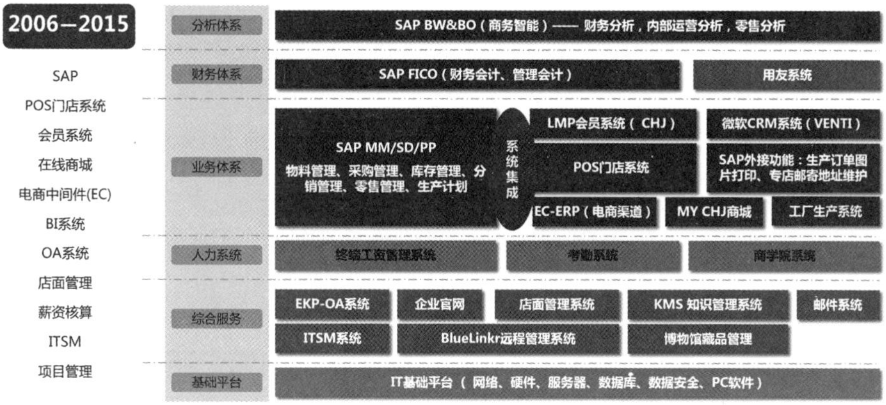

图 5-33　潮宏基项目背景

企业管理系统陈旧，供应链管理系统以及零售分销和门店 POS 系统在 2006 年就一直没有做过升级，系统性能、功能层面滞后。多套系统之间，很多系统功能重复建设，比如会员管理，每个业务部门都有自己的管理系统，在业务管理的层面，大概有 8 套系统，系统之间相互割裂，数据分散，老的平台系统早已无法支持业务的快速发展，所有业务数据的汇总和整理都需要通过 Excel，效率低，速度慢，数据的执行效率和反馈效率太慢，难以支撑业务快速和数据化的业务决策。

ERP 标准解决方案系统沉重，开发运维成本高，系统运行效率低，不能满足复杂又灵活的前端零售业务。而针对快速发展的新零售业务需求，它也无法做到高效响应去满足系统的快速迭代优化。

5.7.2　潮宏基中台项目建设目标

为了满足潮宏基在新零售背景下，全渠道的业务实现需要强大的业务系统的支撑。首先在技术架构层面，需要前、中、后分离的中台技术架构。通过中台沉淀多个业务系统的业务中心，基于中台体系构建共享业务中心，实现全域业务数据的共享和复用，满足前端灵活的业务需求。

5.7.2.1 解决信息化孤岛，为潮宏基数字化转型奠定基础

随着潮宏基业务的不断发展，从分销加盟到直营、联营，到线上电商到全渠道，会员运营，造成了“烟囱式”的信息化架构，不同软件服务商提供不同的服务，也导致了每个软件服务都是自成一套体系，都有用户体系，组织权限，组织档案。在全渠道的业务模式下，数据分散，接口众多，难以形成完成的数据闭环。“烟囱式”信息化架构对于信息化的持续发展带来阻力，系统间协作成本高，功能重复性建设多，不利于业务数据的沉淀和复用。

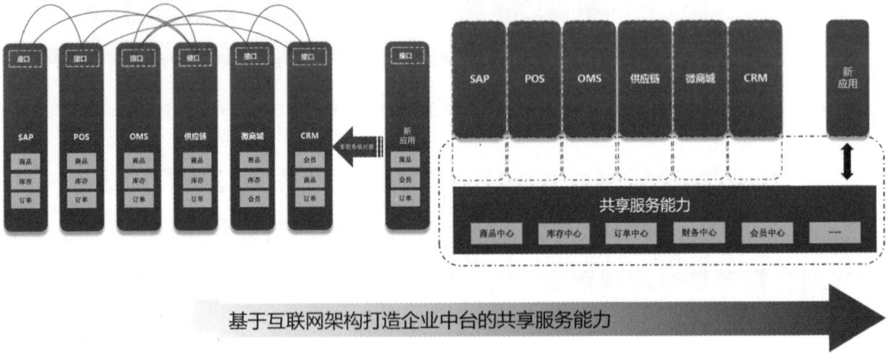

图 5－34 打造中台的共享服务能力，解决信息化孤岛

潮宏基在中台的选型之初就希望通过中台把共享的能力模块化尽可能地进行共享复用，减少重复建设，同时把服务能力和业务数据在中台进行沉淀，打破传统系统架构下带来的数据孤岛的难题。最终，一方面，通过基于互联网架构的中台共享服务能力，打破系统间重复建设，另一方面，在中台沉淀业务数据，为集团打造数据中心，形成数据价值，促进潮宏基的数字化转型，在数据的加持下，提升企业运营效率，打造智慧品牌。

5.7.2.2 建立潮宏基全渠道业务运营体系

建立以订单为核心的业务驱动模式及能力

实现潮宏基全部门店订单的统一管理、统一路由，打造全渠道订单

中心，实现终端店铺的缺货销售，减少门店的商机消费，最大化商品曝光率，提升门店的销售业绩以及消费者满意度。

全局库存共享机制

通过中台的库存共享中心，整合全局库存，实现门店库存共享，加速商品的快速流通。

统一、灵活的商品价格管控体系

满足珠宝行业复杂的定价逻辑，通过价格项、价格维度、价格计算公式，实现珠宝商品灵活的定价策略，满足商品按件、按重量双向的计价维度管理，基于每日金价，实现商品的动态金价管理。

高效的库存配置能力及供应链响应服务能力

基于前端数字化门店的实时销售结果，反馈后端供应链的敏捷调动和快速反应。基于商品管理的动态标签，可以实时分析商品的销售情况。比如，按照商品的大类分析商品的销售趋势，知道后端的补货。另外，在店铺的维度，降低店与店之间商品的无效调拨，通过订单流的全局驱动，降低实物商品的库存调拨，降低运营费用，提升供应链响应能力。

淘汰不合时宜的业务处理方式

例如，仓库库存管理的模式，商品物流配送的管理模式以及传统的配发货模式。

5.7.2.3　满足潮宏基珠宝行业特性业务需求

在商品的管理维度上

· 珠宝行业商品属性特别多，除了常规的基础属性、材质属性、价格属性外，还包含管理属性、营销属性等。并且随时都会增加新的商品属性，停用旧的商品属性。

· 珠宝行业的商品分类比较多，并且不同的分类需要对应不同的商品属性，如黄金、铂金、钻石等。

· 同一商品下，按单品管理。

· 珠宝类价格管理维度灵活多变，无法固定。例如商品维度的一级大类、二级大类、品类、分位段；基础档案维度的商店、客户等。

· 黄金等计重计价模式，基础价格按天变化。

· 同一个价格项存在不同的计价维度。例如标签价的计价维度有二级品类、商品、单品等。

· 不同区域的标签价不同、不同代理客户的结算价也不一致。

在商品库存管理维度上

· 同一商品在门店库存浅，且同一商品的不同单品有价格差异，且存在价格差异较大的情况。

· 导购需要根据顾客需求从总部或者全国门店进行单品查询，并进行调拨确认，过程复杂，消费者体验不好。

· 顾客看货过程中，往往不仅仅选中一件单品，因单品库存少，又容易被选走，出现一刻钟前有货一刻钟后无货可销售，连带第二件单品销售商机一起流失。

· 珠宝类单价较高，对资金链提出高要求，往往陈列有限，爆款断货。

· 门店要货管控的能力普遍缺乏。

· 门店间的频繁调货，因快递保额部分给产品成本带来大影响。

· 大部分的珠宝店铺销售，仍然以货为驱动。

订单服务维度上

· 珠宝类订单，存在大量的定制业务，定制过程需要对钻石、戒指尺寸等内容进行管理。

· 存在售后维修等服务型业务。

· 存在旧金回收类特殊业务形态。

· 存在会员管理的诉求。

· 促销活动需要区分店铺、商品、单品、会员对象等范围，且因价格变化很大，对促销设置的结果需要细致判断。

· 关于商场结算规则复杂。

· 会员复购率低，但会员资产价值高。

5.7.3 潮宏基中台项目解决方案

5.7.3.1 潮宏基新零售信息化建设业务蓝图

基于 E3 + 企业中台打造潮宏基的业务中台系统，通过中台的“业务资源整合能力”支撑潮宏基“多触点”与“渠道”融合的能力。实现线上线下的全渠道商品互通、会员整合营销、库存共享、全域订单智能路由，以及全渠道模式下的价值链利益的重新分配。

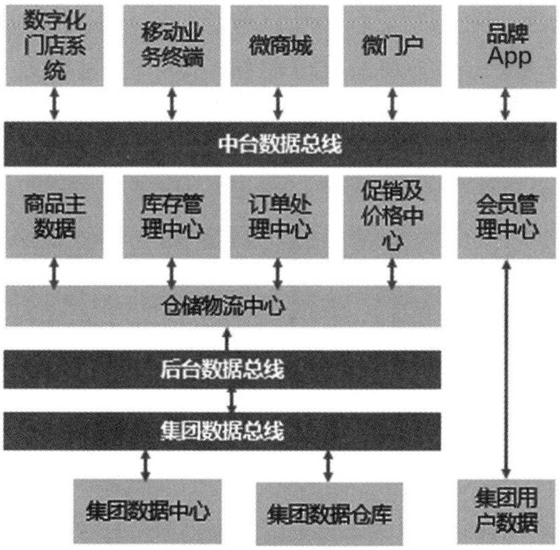

图 5－35　潮宏基信息化业务蓝图

5.7.3.2 强力掌控终端，现货为王

· 数字化前端满足各种应用场合的需要。

· 强大的促销引擎为统一营销打基础。

· 全面实时了解终端订单、库存、商品，可快速响应实现智能补货。

·分析历史订单数据，通过在线订货平台让期货实现准现货模式。

·未来与供应端衔接，打造随需而动的供应链。

5.7.3.3　全局库存共享，高效流动

·大仓、门店、电商仓全局库存可视化，合理调配商品，减少库存积压。

·实现 B 端订单全局范围寻源，统一合理供货。

·实现 C 端订单全渠道范围寻源，快速高效响应。

·合理分配可售库存、安全库存，建立统一库存发布机制保障平台不超卖。

5.7.3.4　全渠道订单归集，统一运营

·根据订单策略，实现全渠道订单统一路由，快速高效响应。

·根据订单结算规则，统一协调各方利益均衡并实现快速分账。

·线下门店分享线上流量红利，线上门店分享线下库存优势。

·前端专注售卖，中台处理运营，后端快速交付。

5.7.3.5　统一会员体系，精准营销

·全渠道整合：基于多品牌的会员及消费信息进行整合，清洗重塑会员数据形成会员画像，进行精准化营销提升品牌经营业绩。

·灵活的策略设置：根据升降级策略、开卡策略、短信策略、积分兑换、抵现等策略，灵活支持全渠道会员权益设置。

·营销流程化：自助设定会员营销条件，自动营销并全营销过程跟踪可视化。

·会员移动端随时随地尊享商家促销优惠等动态，全渠道权益共享，实现会员链通天下。

5.7.3.6　智慧供应链，快速响应

·线上线下业务财务一体化，支持财务管理、第三方财务软件接口打通。

·集应收应付、发票、费用、资金、成本、总账等功能，以成本管理为核心，以计划与流程控制为主线，实现成本集约化管理。

·实现电商供应链落地，营销端与供应端的无缝集成，支持快时尚零售模式。

·链接全渠道，实现供应链全程可视、可控、可优化。

5.7.4 潮宏基项目关键成果

在百胜软件和潮宏基的共同努力下，历经多次业务蓝图梳理到多次测试运行，最终中台项目于2018年4月成功上线，通过上线的数字化门店实现800+家直营门店和代理商门店的收银、服务定制、导购选款、库存管理、统计分析。

5.7.4.1 构建“大中台，小前端”企业中台系统

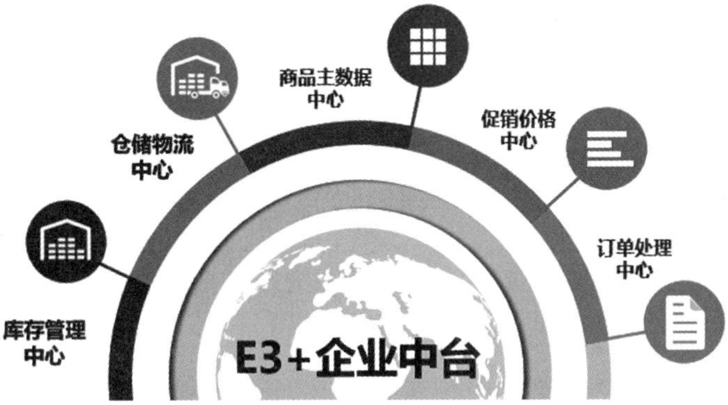

图5-36 企业中台系统的服务共享能力

基于E3+企业中台珠宝版解决方案，帮助潮宏基打造了以“大中台、小前端”为理念的业务中台系统。一方面避免了“烟囱式”系统架构带来的系统间重复建设，另一方面，共享企业服务能力，沉淀企业业务资源，快速支撑前端业务需求，提升企业对业务快速变革，以及快速试错的能力。基于中台的服务共享能力，帮助潮宏基打造了商品主数据中心、促销价格中心、库存管理中心、仓储物流中心、以及订单处理

中心。

解决珠宝行业难题

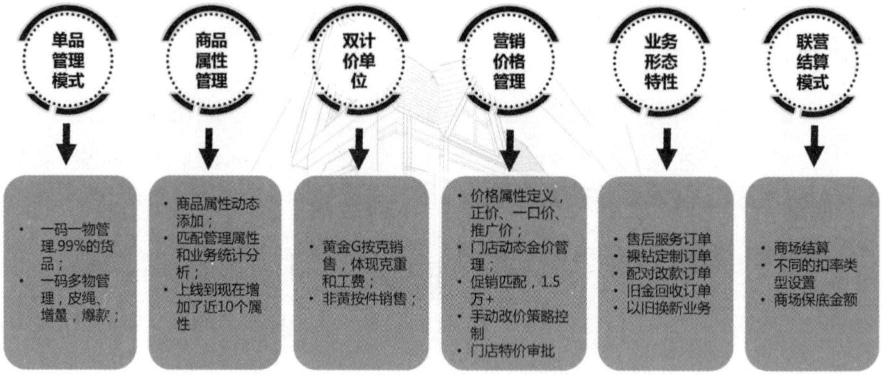

图 5－37　解决的珠宝行业难题

统一业务数据中心——保障数字化转型

在全渠道的运营基础之上，把原来分散在各个业务端的数据，在中台形成统一的数据中心，整合商品，库存，订单，会员能力。借助中台的互联网架构能力，打通原来业务端的数据孤岛，实现业务数据的在线归集，在线统一，在线运营，助力某珠宝客户数字化运营的实现。

首先，在业务能力创新层面，核心服务业务数据能力共享，业务流程快速灵活定制，以业务共享服务的能力支撑业务灵活的快速创新；其次，在数据能力创新层面，数据能力共享，数据汇总，在线统一，基于实时的数据智能化应用实现业务的网络协同操作，例如，智能配补货，库存统一等；最后，在运营能力创新层面，借助数据的力量，持续沉淀企业核心价值服务能力，开放共享，基于中台，服务企业，打造数字生态圈。

5.7.4.2　数字化门店：以消费者为中心，打造数字化、场景化门店

企业中台系统解决了潮宏基信息化“烟囱式”建设的难题，消除了业务数据孤岛，沉淀了企业的共享服务能力，帮助潮宏基打造了一个

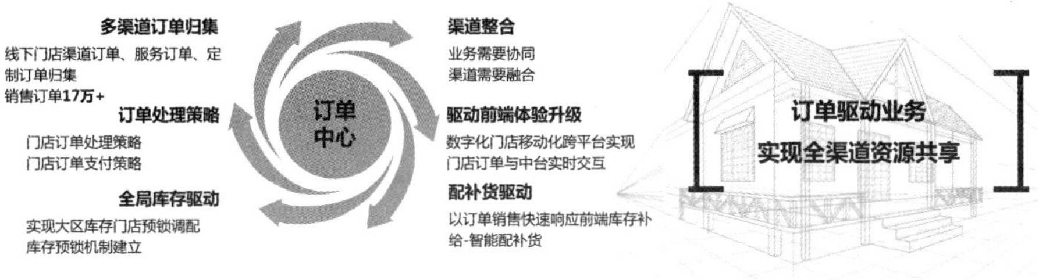

图 5－38　全渠道订单中心

开放共享、高性能的业务中台系统。满足前端业务的开始变革，基于中台服务化的能力，满足前端数字化门店以及其他前端触点的快速响应，个性化需求，数据统一、业务统一、运营统一。

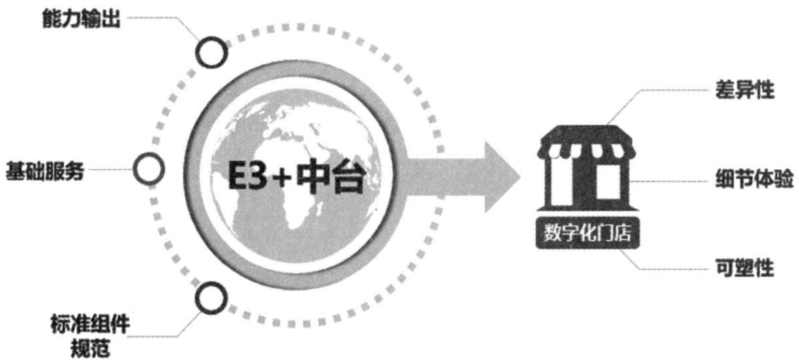

图 5－39　中台快速响应前端数字化门店的需求

基于中台的服务共享能力，在中台沉淀潮宏基业务共享中心，商品、库存、订单、营销、会员等，在中台完成前端业务应用的拆分，实现业务的服务和重用。在数字化门店的前端主要完成的触点层的交互，业务逻辑，业务数据沉淀到中台。

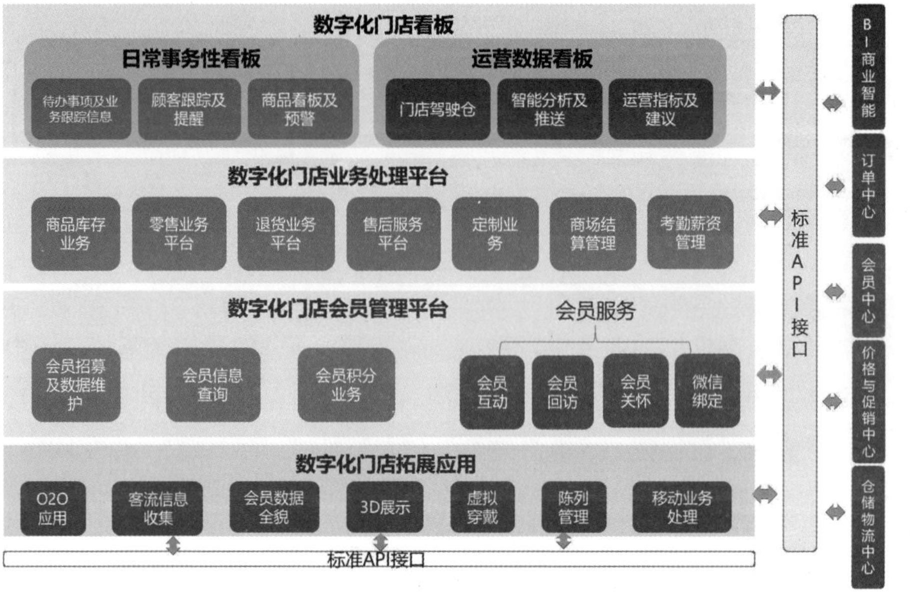

图5－40　构建潮宏基数字化门店系统

基于E3＋企业中台构建潮宏基数字化门店系统，满足潮宏基门店场景化、智能化购物的需求。在满足基本收银、会员管理以及库存管理的基础上，基于中台构建全渠道管理体系，打通线下终端，共享终端库存、订单、会员资源，借助门店智能设备实现门店的数字化升级。

5.7.4.3　商品中心：数字化商品管控

商品中心是对企业中商品相关的信息进行集中的管理和维护。从类目、属性、品牌、商品、单品等维度来管理产品所有的结构化和非结构化数据，通过对商品的价格、生命周期等方面进行各自的定义和管控。

丰富的商品属性管理：支持商品ID及标准属性继承，根据行业特性，全面支持属性模板管理，扩展动态属性；支持多维度、多类目的商品数据分析，实现全面多维度的商品360°视图管理。

通过商品主数据的管理，实现主数据的统一视图，保证全域的数据一致性；通过商品属性的自定义功能，细化属性管理的维度；通过动态标签，实现商品动态属性管理，灵活高效地分析商品运营情况；最后通

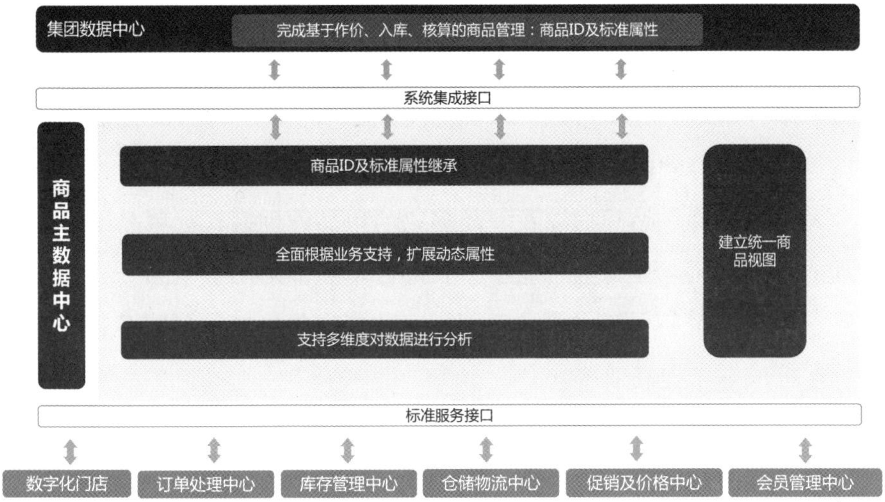

图 5-41　商品属性管理

过商品的标签化功能，实现商品生命周期以及状态管理，提高商品运营能力。

商品主数据结构

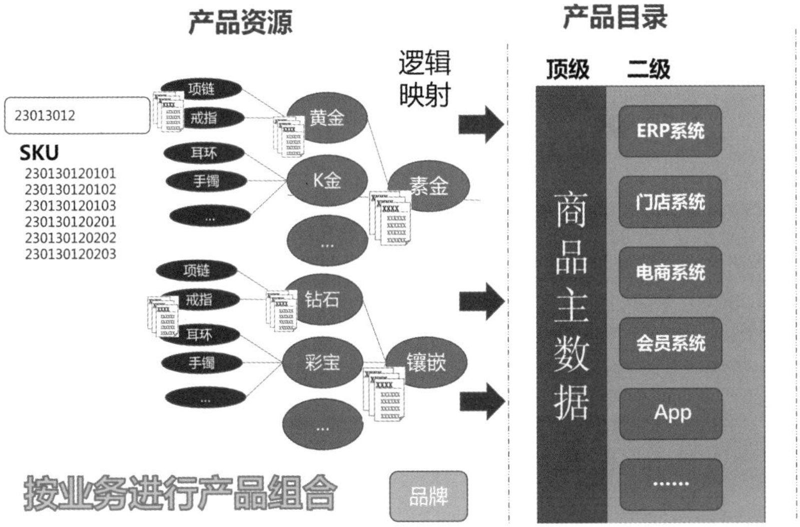

图 5-42　商品主数据框架结构

商品主数据架构按照类目、品类、多级品类、商品的方式进行管理。类目是主数据结构下对商品的分类，商品和品类是多对多的关系，类目可以分层级，分类可以按照商品特性、消费者提醒或者商品的管理维度等进行区分，便于商品的分析和管理。

另外，支持一品一物以及一品多物的单品管理模式。单品即为库存管理的基本单元。在珠宝行业中，大部分单品都采用了一品一物的精细化管理模式。而一小部分单品采用了一品多物非精细化管理模式，可以降低运营成本，提高效率。

最后，还可以根据人们的消费习惯对商品进行组装搭配。

商品静态及动态属性管理

在主数据的管理中，分静态属性管理和动态属性管理，静态属性主要是偏向于企业的管理层面，例如，除了物料层面的基础属性、材质属性、工艺属性、价格属性等，还有营销属性、管理属性、批次属性等。

为了快速地满足运营人员对商品销售情况的洞察，商品中心基于商品主数据的灵活扩展能力可以添加动态属性，动态属性可以满足潮宏基对于品牌多维度的分析和管理的需要，因为珠宝行业的库存深度很浅，无法针对具体的 SKU 进行快速的补货和调货，所以可以基于商品的大类做快速地分析和决策。

动态标签：2018 年 4 月项目上线后的一个月时间内，百胜软件实施团队已经为潮宏基动态增加了 10 个属性，截至目前，潮宏基商品属性管理已经达到 130 多个。

5.7.4.4 促销价格中心：灵活动态的定价管理

珠宝行业的价格设置和管控相对比较烦琐和复杂，珠宝行业有按件计价，也有按克计价等多种计价模式，在价格设置方面有商品维度和单品维度，另外，针对不同的属性，比如黄金、铂金，金条、旧金回收等都有不同的价格项设置。特别是钻石类商品，价格项设置要到钻石不同的分数大小和纯度净度的级别；促销价格中心对于价格的管控主要是基于成本价定义后零售价的管控和调整，从售卖类型上我们定义了零售价格和管控策略，又定义了批发价格和管控策略。

针对零售价，中台实现了三级价格的管控，充分考虑满足零售端价格的灵活性，同时又能确保价格受总部价格策略控制。

第一级零售价策略

标准促销适配的价格优惠，只要购买商品满足促销活动时，数字化门店系统自动进行适配，多个促销同时满足时根据规则叠加或者互斥使用。

第二级零售价策略

区间改价权限，主要适用于常规款的改价，总部策略设置后，允许在策略控制范围内按折扣或者金额改价。

第三级零售价策略

特价审批机制，满足第一级和第二级都无法满足的情况，由数字化门店发起申请，对接移动端进行审批，通过后自动适配申请的价格优惠。

针对批发价格，根据不同的分销商和不同的商品属性设置不同的价格策略控制，同时支持灵活的价格策略调整和控制。在促销层面，珠宝业务也有极其鲜明的特性，在集成传统整单促销和捆绑促销的基础上，增加基于工费梯级折扣的促销设置。在中台中，基于促销价格中心，通过对销售端价格和促销的管控，同时沉淀基础价格的管理和输出，建立标准的价格体系和管控策略。

5.7.4.5 库存管理中心：全局库存共享

全域库存共享，实现线上线下共享同一盘货，最大化库存销售，提高库存利用率、周转率；通过库存管理，优化库存结构，精细化货品运营；通过库存共享，实现缺货销售、满足消费者全渠道的购物需求，提升消费体验。

库存管理中心管理总仓库存、直营门店仓库存，代理门店仓库存，同

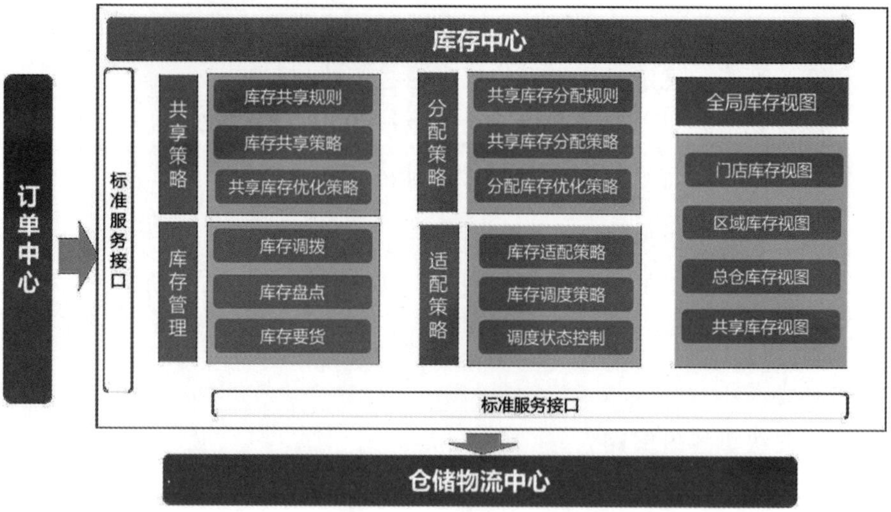

图 5-43　库存管理中心

时管理共享库存。通过库存共享策略汇集形成共享库存，销售渠道通过库存分配策略使用共享库存。各仓库按照库存适配策略匹配销售所需库存。

门店库存共享策略

·门店仓设置共享库存开关，控制是否开启共享库存。

·门店仓共享库存的开启需要通过流程开通。

·门店不开启库存共享时，自主共享和强制共享都不生效，并且不能使用共享库存。

·店铺统计库存时，共享库存和自有库存分开统计。

·共享物料范围，支持按品类和具体物料两种方式选择。

·共享比例，支持按仓库、品类、物料三个级别设置，以库存最大化共享为原则，默认比例为 100% 。

·共享数量，可用库存 × 共享比例。

区域库存共享策略

·区域共享库存是对应门店共享库存的集合。

·区域共享库存是否设置根据实际的业务商定，可以不进行设置。

总仓库存共享策略

· 共享物料范围，支持按品类和具体物料两种方式选择。

· 共享比例，支持按仓库、品类、物料三个级别设置，以库存最大化共享为原则，默认比例为 100% 。

· 共享数量，可用库存 × 共享比例。

智能配补货策略

建立门店仓库库存模型，基于店铺仓库库存模型进行现有店和新开店的配补货。配补货涉及的场景包括：店铺常规补货、畅销款补货、组合款补货、店铺等级补货等。

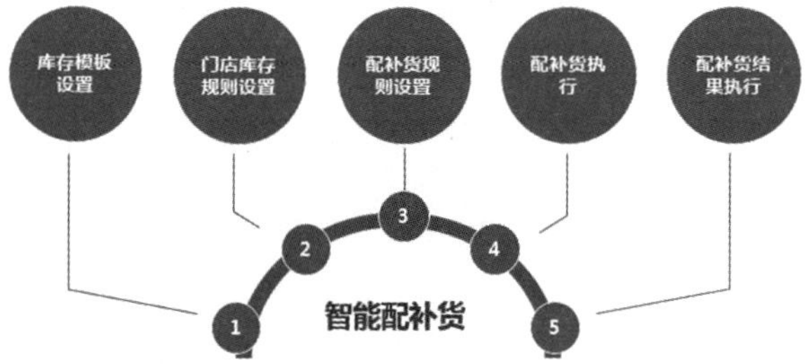

图 5 –44　智能配补货

建立门店库存标准

· 门店库存模型。

店仓库存模型是用来定义库存的标准，与门店进行关联。通过门店的实际库存与店仓库存模型中的库存标准进行比对，实现系统智能配补货的建议。

· 门店库存模型类型。

店仓库存模型分为两类：公用库存模型和门店库存模型；

公用模型定义为柜台模型，按类型分为精品柜、时尚柜、大众柜和轻奢柜；

门店仓库库存模型是在公用库存模型的基础上，根据门店的实际销售进行调整后和门店绑定的模型，可以跟随销售的变化而改动。

· 门店库存模板的组成规则。

店仓库存模型包含的信息有：柜台号、柜台类型、柜台商品品类、柜台单元、数量。

现有店补货规则

常规补货：根据店仓库存模型结合门店现有可用库存，给出补货建议。

畅销款补货：根据时间范围内的销量进行排序，销售好的自动被定义为畅销款。时间范围可以设定，前几名为畅销款可以设定。

缺货率补货：根据店仓库存模型和门店可用库存计算出缺货率，多个店铺同时需要补同款商品时，缺货率高的优先补货。

销售量优先补货策略

（1）按款设置商品的有效销售期。

（2）在缺货率相同的情况下，有效销售期内销售量大的优先补货。

店铺等级补货策略：多个店铺同时需要补同款货品时，缺货率和销售量相同的情况下店铺等级高的优先补货。

5.7.4.6　订单管理中心：全域订单智能路由

全局订单管理，根据规则策略，自动适配、智能路由订单，提高订单作业效率，订单全局共享，数据流转，节省企业运营成本，订单高效触达客户。

批发和零售的订单统一归集在订单中心，形成订单池；通过订单中心设定的业务规则，多渠道的订单形成智能的处理策略和规则，通过标准的服务接口输出，供不同业务端直接调用。

珠宝行业业务多的是售后服务订单、裸钻定制订单、配对改款订单、旧金回收订单、以旧换新业务等，这些特定形态规则的制定，以及联营结算模式，与商场结算根据不同的扣率类型设置等，实现灵活调用。

订单智能处理策略的作业逻辑是：线下、线上订单流转到订单处理

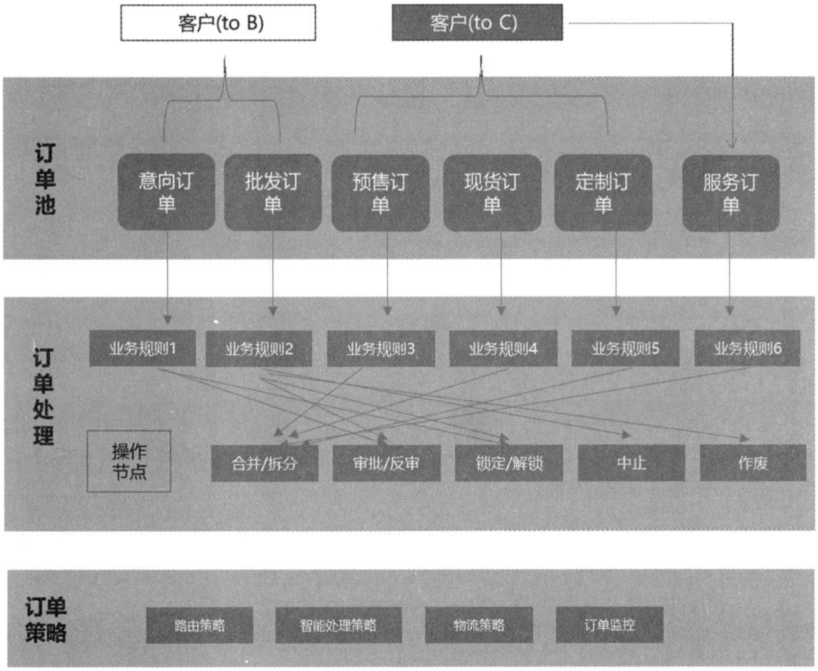

图 5－45　订单管理中心

中心的订单池后，系统自动根据配置好的策略进行订单的审核、合并、拆分、配送方式选择。针对条件不满足没有自动执行的订单，可以人工干预、手动处理。

5.7.4.7　实现潮宏基集团数据归集统一和财务业务一体化

通过中台项目梳理和交付，优化重构潮宏基集团信息化架构蓝图，实现中台管业务，SAP 管财务的，通过中台打通了 SAP 等上下游系统，解决了企业信息化孤岛问题，为潮宏基企业数字化转型升级打下基础。

同时中台和 SAP 接口自动化的实现，基于财务业务一体化的目标，中台和 SAP 接口实现自动化对接，减少人为干预，提升对接的及时性和准确性。

5.7.4.8　业务流程优化、运营效率提升

实现仓库配发货流程整合，从原来的多系统收发作业，统一归集到

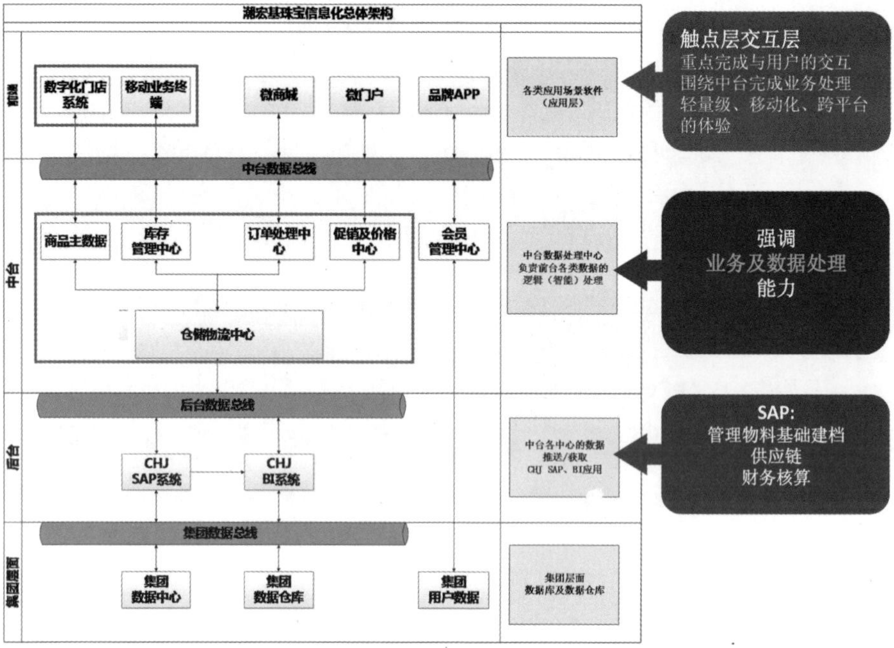

图 5－46　优化重构潮宏基集团信息化架构蓝图

中台仓储物流中心作业，从智能划分和系统架构上更加清晰，便于业务的监控和协调；实现门店间快速有效调货机制，以销售为驱动，门店间基于导购功能实现自主调货，减少调配沟通成本，提高调货的时效性和有效性。

作价业务的效能提升

作价综合效能提升 20%，镶嵌类作价效能提升更为明显；门店销售开单时效提升，移动端的操作体验，打破传统 POS 收银系统的业务束缚和界面设计，简化销售开单节点，缩短整个销售收银时间。

门店商场结算效率提升

通过中台系统设置门店级，大类级扣率，促销活动特殊扣率、管理费用、代理结算扣率等项目进行自动运算，实现门店计算的自动化，规范化，提升结算的准确性和预测性，同时支持开票明细的导入，简化开票人员的操作，规范开票的截止日期和开票内容。同时结算数一键传

SAP，减少财务人员在SAP的操作。

中台架构下系统对接和效率提升

基于中台扩展性的价格，第三方系统对接的周期缩短，中台呈现的报表效率提升，基于中台数据展现的BI报表的广度和深度也得到了极大扩展，如销售日进度表，原BI大概2分钟加载展现，现BI大概2~3秒左右。

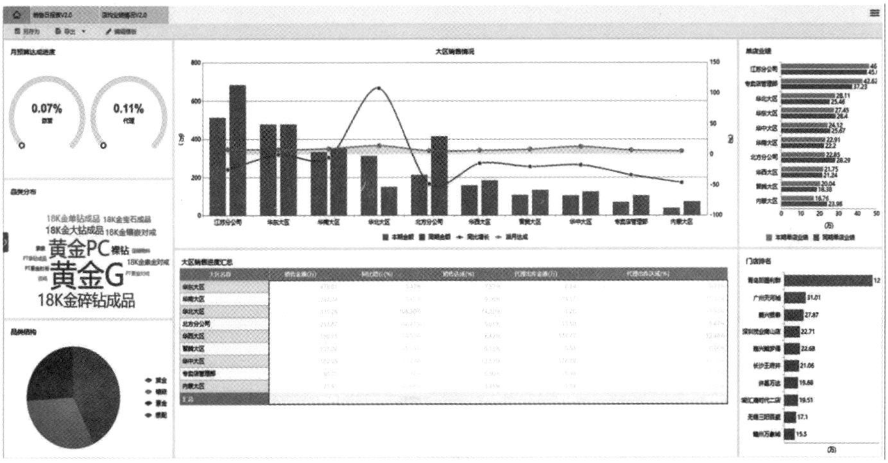

图5-47　运营效率提升

5.7.5　潮宏基项目总结

本篇案例主要讲解潮宏基在新零售背景下，为了转变传统的珠宝行业分销加盟模式，打造以消费者为中心，链接全域终端的消费生态。在E3+企业中台珠宝版的加持下，帮助潮宏基构建了企业中台体系，解决传统信息化建设中带来的信息孤岛、系统孤岛的难题。帮助潮宏基在企业级互联网架构的支撑下，基于“大中台，小前端”的中台模式，帮助潮宏基构建了商品、库存、订单、会员、仓储物流等共享服务中心。基于中台强大的共享服务能力，实现全域业务数据的共享和复用，最终构建潮宏基数字化门店以及营销前端，实现商品库存的全域共享、订单的全局流动，会员的全域营销。

最终，基于中台不断沉淀企业的业务能力，在中台的共享服务中心完成业务的复用，不断滋润前端业务的发展，满足快速变革的零售背景下企业快速试错、快速创新的能力诉求，并助力潮宏基完成数字化转型。

5.8 宝路易数据中台实践

5.8.1 宝路易项目背景

宝路易前身为 1995 年创立的金峰制衣厂，在 2000 年更名为中山市宝路易服饰有限公司，其主要业务模式为生产加批发的模式。

2016 年成立了广州市宝路易百货有限公司，开始增加零售销售渠道。2016 年 4 月在广州开了第一家自营门店，同期与百胜软件开始信息化系统合作。至今在广州市周边已有近 20 家门店，门店的形式为集合店的形式，门店面积 300 平方米以上。主要目标人群为 0 岁到老年人，产品涵盖了男士、女士贴身服饰，男士、女士外穿服饰，家居服、婴童服、床品、生活百货、卫浴、饰品十大品类，2019 年商品 SKU 达 1.5 万种。

宝路易所秉持的战略竞争优势是性价比，加价倍率低，而质量优异。要发挥这种优势，就必须将企业运营效率提高到极致。宝路易的高层对数据的敏感度极佳，而且非常勇于尝试新零售等营销模式，其核心目的就是为了提升效率。他们希望通过对商品组合的不断探索，商业模式的不断改进，成为独一无二的零售公司。这里的公司愿景不是简单的行业第一，而是要做到独一无二。

宝路易目前线下渠道主要是门店，线上渠道有天猫旗舰店和官方微商城（iShop）。宝路易当前阶段的规划是主要的 100 个城市能够实现“一城一店”，且未来会关掉现有的小店，全部开 300 平方米以上的大店。同时，会将 SKU 种类数继续增加。因此，宝路易未来是一种大量门店数量，大量商品数量的经营模式，对配补货的规划有非常高的要求。

5.8.2 宝路易项目目标

宝路易公司高层对项目寄予厚望，希望通过商品智能运营平台的建设能够实现以下目标：

· 降低在配送中心和门店的过多库存，从而降低库存成本。

· 减少配送中心和门店的库存不足情况，从而提升客户满意度。

· 通过在配送中心和门店提供全自动补货计划，消除不必要的手工流程，提高补货业务效率。

· 系统架构要有足够的扩展性，能够支持未来门店快速扩张过程中的海量数据处理场景。

5.8.3 宝路易项目方案

5.8.3.1 业务蓝图

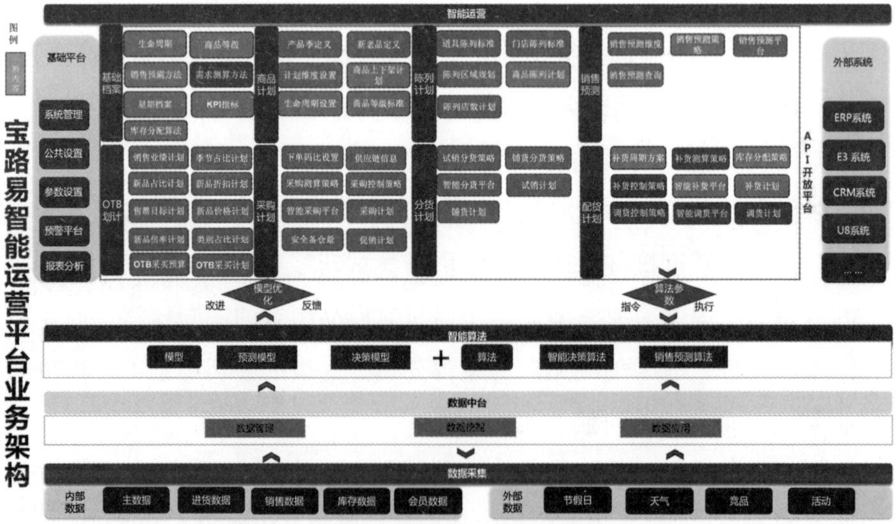

图 5-48 商品智能运营平台业务架构

5.8.3.2 业务流程

智能补货平台主要从宝路易现有系统百胜软件 ERP、友商系统进行抽取，智能补货平台推送的补货建议单与 ERP 的配货通知单做接口对接。

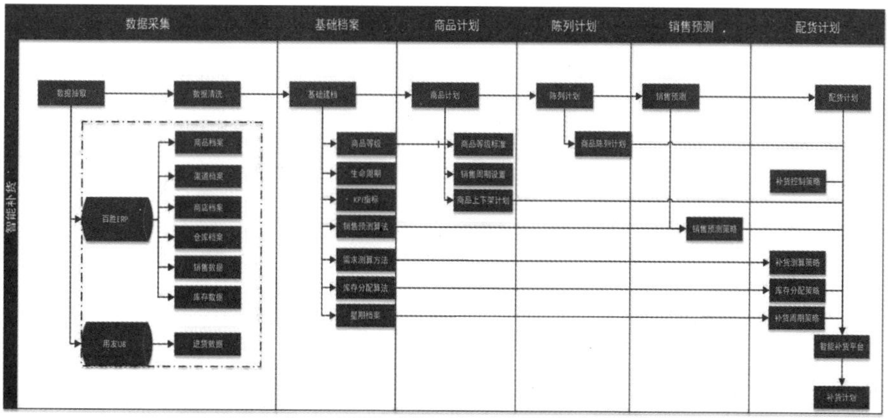

图 5－49　智能补货业务流程

5.8.3.3 技术架构

智能运营平台采用百胜软件自研的数据中台 DataMax 作为统一的数据处理平台，具备离线数据处理和实时数据处理能力，集成了任务调度和 ETL 能力，可应对处理数百 TB 级数据，平台支持分布式扩展，可以满足宝路易未来门店扩张所需的海量数据处理能力。

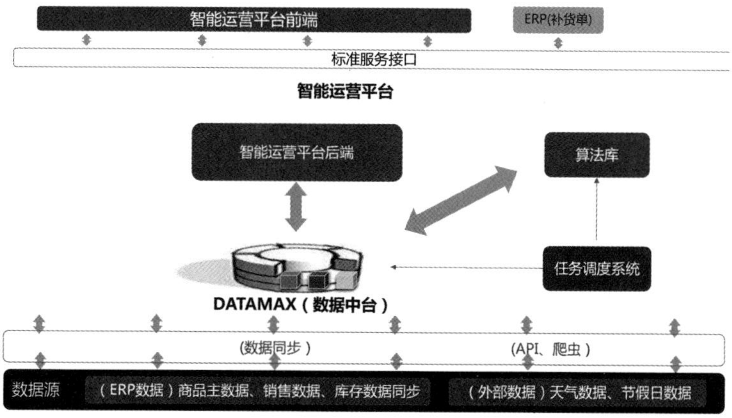

图 5－50　智能运营平台技术架构

数据中台目前主要支持宝路易的销售预测和智能补货业务，在宝路易的规划中，未来还要支撑 CDP 客户数据平台和 BI 商务智能等数据应用，使宝路易能够利用线上线下用户数据，通过数据的标签化，实现用户画像、精准营销等应用，做客户的精细化运营。

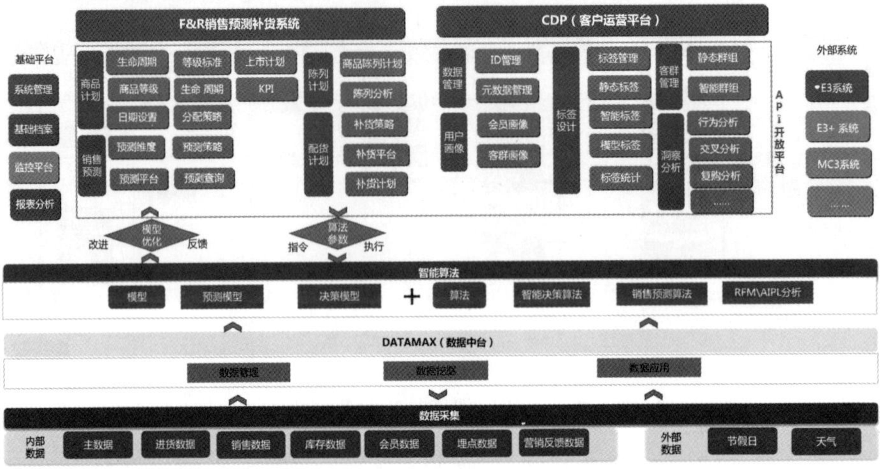

图 5－51　宝路易数据中台整体架构图

5. 8. 3. 4　功能场景

智能配补货主要包括基础档案、商品计划、陈列计划、销售预测策略、补货计划 5 部分功能，详细介绍如下：

基础档案

基础档案主要包括商品等级、生命周期、KPI 指标、销售预测算法、库存分配算法、星期档案、门店优先级等内容。

■ 商品等级。

· 应用场景说明。

不同的商品，等级不同，补货标准不同，因而需要建立商品等级；商品等级分类根据业务需要可以自定义。

· 主要功能说明。

商品等级主要用于企业商品等级分类的定义，比如爆品、畅销品、平销品、滞销品；

商品等级支持新增、编辑、启用、停用、删除功能；

支持与陈列上限绑定；

支持自定义商品等级之间的优先级。

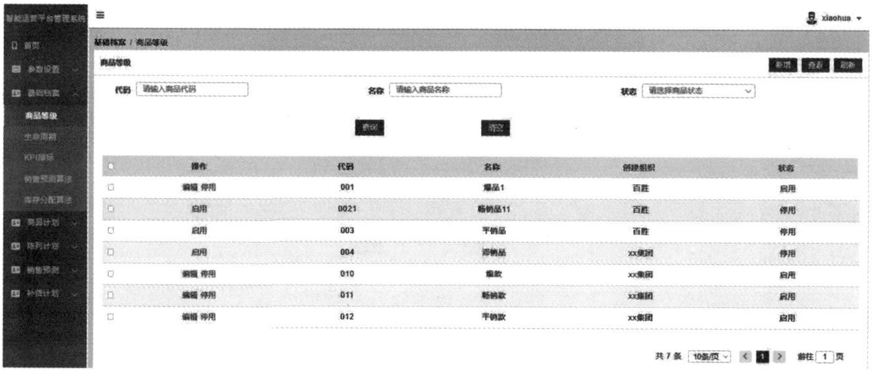

图 5－52　商品等级页面

图 5－53　商品等级编辑页面

■ 生命周期。

· 应用场景说明。

生命周期在商品运营过程中的业务决策中都会涉及，根据商品生命周期做相应决策；

生命周期阶段划分根据业务需要可以自定义。

· 主要功能说明。

生命周期主要用于企业商品生命周期阶段划分的定义，比如试销期、导入期、成长期、成熟期、衰退期；

生命周期支持新增、编辑、启用、停用、删除功能。

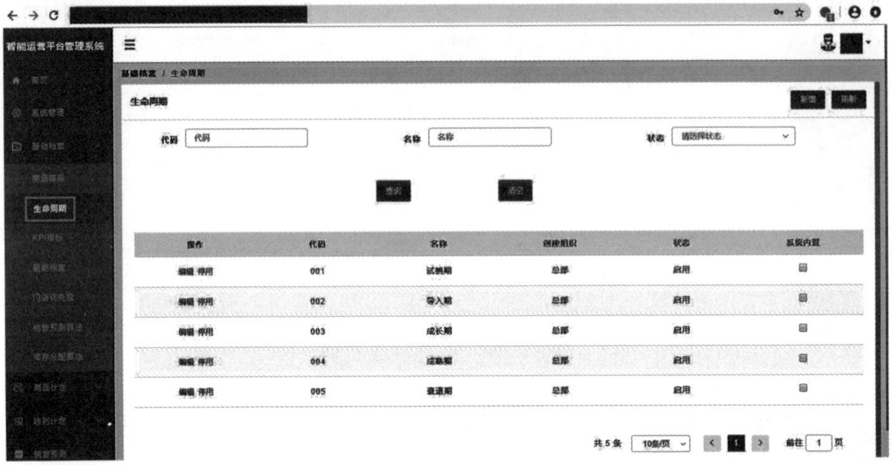

图 5－54　生命周期页面

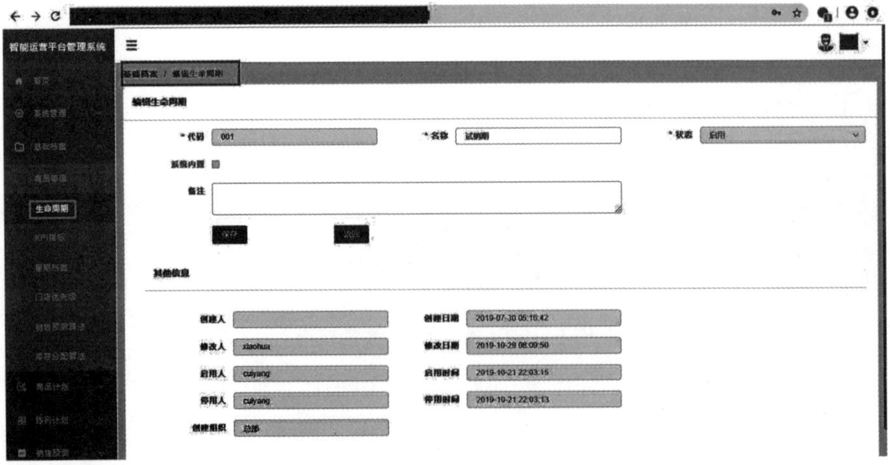

图 5－55　生命周期编辑页面

■ KPI 指标。

· 应用场景说明。

不同算法策略中用到的指标会有所不同，需要建立指标档案进行调用；

营运指标根据业务需要可以自定义。

· 主要功能说明。

KPI 指标主要用于企业商品运营过程中算法或者策略所用到的 KPI 指标的建档，比如最短清空库存天数、理想分货数、门店优先级、款式销存比、SKC 销存比、SKU 销存比、缺色数、缺码数；

KPI 指标支持新增、编辑、启用、停用、删除功能。

图 5－56　KPI 指标页面

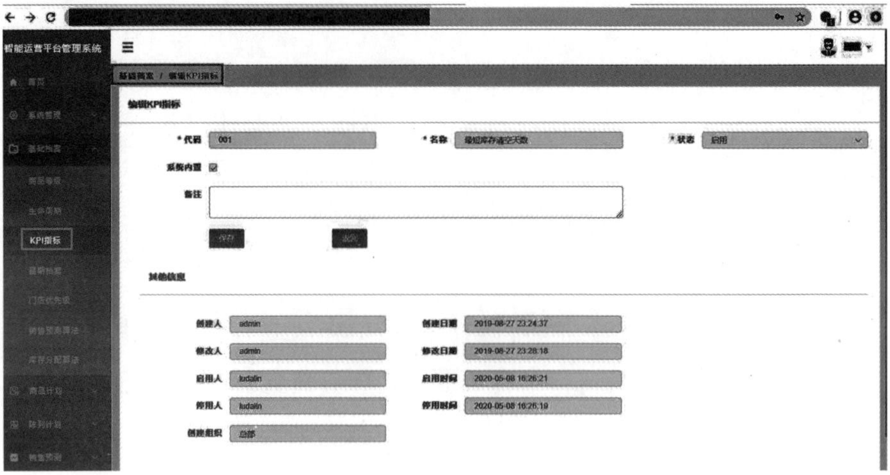

图 5－57　KPI 指标编辑页面

■ 销售预测算法。

· 应用场景说明。

销售预测算法不支持用户自定义，由系统内置，系统内置有六种销售预测算法：一次指数平滑法、二次指数平滑法、三次指数平滑法、逻辑回归分析法（一期只实现逻辑回归分析法）、SVR 算法、Catboost 算法。

· 主要功能说明。

销售预测算法主要用于企业商品运营过程中销售预测所用的预测算法的建档，比如一次指数平滑法、二次指数平滑法、三次指数平滑法、逻辑回归法、SVR 算法、Catboost 算法；

销售预测算法支持新增、编辑、启用、停用、删除功能。

图 5－58　销售预测算法页面

■ 库存分配算法。

· 应用场景说明。

库存分配算法不支持用户自定义，由系统内置，系统内置四种库存分配算法：售罄优化、齐色优先、齐码优先、GA 遗传算法。

· 主要功能说明。

库存分配算法主要用于企业商品运营过程中库存不足时进行优先分配所用算法的建档，比如售罄优先、齐色优先、齐码优先、PSO 粒子群算法；

库存分配算法支持新增、编辑、启用、停用、删除功能；

支持不同的库存分配算法使用不同的指标组合以及指标优先级设置，指标优先级设置支持常规的排序设置，也支持熵权排序法；

支持智能补货算法：PSO 粒子群算法。

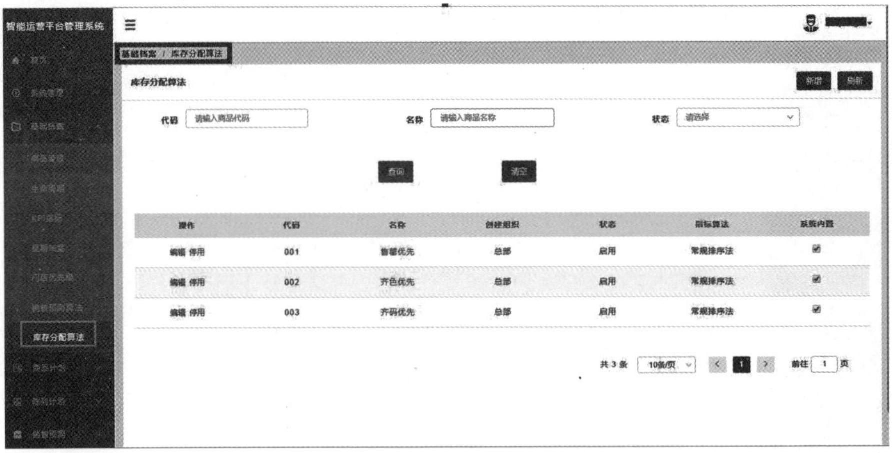

图 5 –59　库存分配算法页面

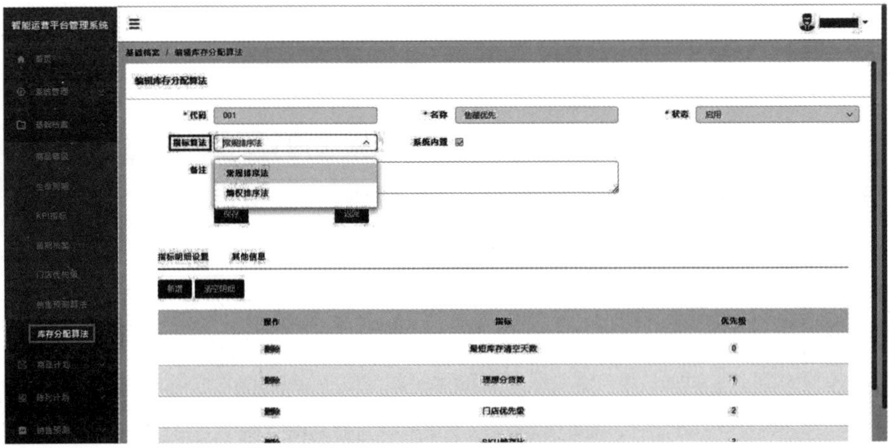

图 5 –60　库存分配算法编辑页面

■ 星期档案。

· 应用场景说明。

目前暂不支持企业自定义，由系统内置：星期一至星期日。

· 主要功能说明。

星期档案主要用于星期一至星期日的建档，供补货周期设置引用；星期档案支持编辑、启用、停用功能。

图 5 –61　星期档案页面

■ 门店优先级。

· 应用场景说明。

主要用于根据店铺级别配置门店的优先级。

· 主要功能说明。

门店优先级主要用于店铺优先级的设置，供补货周期设置引用；

门店优先级目前只支持编辑功能。

图 5 –62　门店优先级页面

商品计划

商品计划包括商品上市计划、销售周期设置、商品等级标准等 3 部分内容。

■ 上市计划。

· 应用场景说明。

不同的区域，气候温度存在差异，商品上下架时间有所不同；

不同的商品，商品特性、商品策略存在差异，商品上下架时间有所不同；

商品上下架时间一般按波段展开。

· 主要功能说明。

商品上市计划主要用于制订商品上下架计划，以便于商品运营过程中明确商品的销售周期范围；

商品上市计划支持新增、编辑、删除、查询、提交、审核、反审、作废、导入、导出功能。

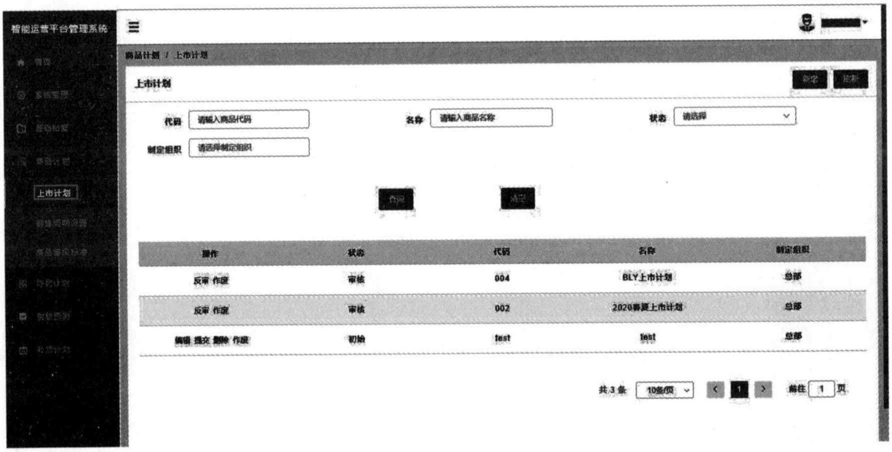

图 5 -63　上市计划页面

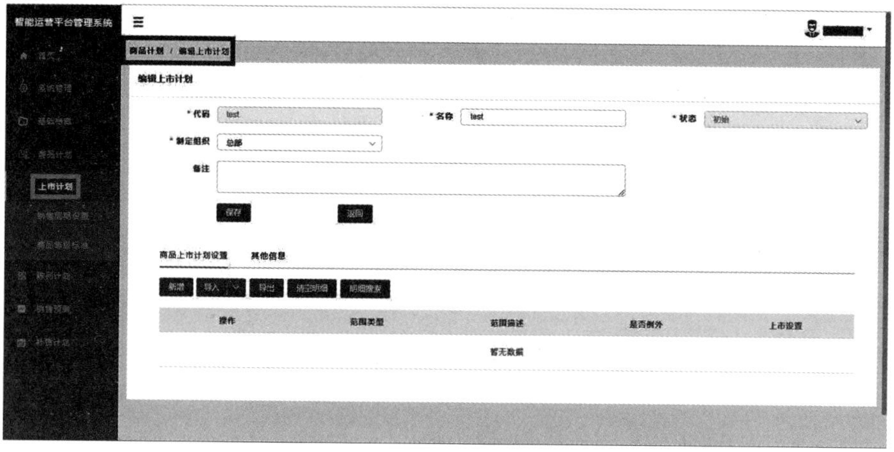

图 5 - 64　上市计划编辑页面

■ 销售周期设置。

· 应用场景说明。

不同的区域，气候温度存在差异，销售周期有所不同；

不同的商品，商品特性存在差异，销售周期有所不同；

销售周期一般以时间来衡量，常用的比如 30 天、4 周。

· 主要功能说明。

销售周期设置主要用于设定商品销售周期天数；

销售周期设置支持新增、编辑、删除、查询、提交、审核、反审、作废、导入、导出功能。

■ 商品等级标准。

· 应用场景说明。

不同的门店，销售能力存在差异，商品等级标准有所不同；

不同的商品，商品特性、商品策略存在差异，销售水平就存在差异，商品等级标准有所不同；

相同的商品在不同的生命周期，销售表现也不同，商品等级标准有所不同；

通过日均销量与日均销额两个指标来综合评定商品等级，根据日均销量可以出来一个商品等级，根据日均销额可以出来一个商品等级，两者优先级取大。

■ 主要功能说明。

商品等级标准主要用于设定门店层面的商品等级标准，以便于商品运营过程中判定门店商品等级，指导门店补货等级；

商品等级标准支持新增、编辑、删除、查询、提交、审核、反审、作废、导入、导出功能。

陈列计划

· 应用场景说明。

不同的门店，面积道具存在差异，商品陈列标准有所不同；

不同的商品，商品特性、商品策略存在差异，商品陈列标准有所不同；

商品陈列计划分为最高、标准、最低陈列上限，不同等级的商品，采用补货标准不同。

· 主要功能说明。

商品陈列计划主要用于制定门店商品陈列上下限标准，以作为门店商品配补货的标准；

商品陈列计划支持新增、编辑、删除、查询、提交、审核、反审、作废、导入、导出、明细搜索功能。

销售预测策略

· 应用场景说明。

不同的商品，商品特性、影响因素存在差异，销售预测算法有所不同；

同一种销售预测算法适用所有门店。

· 主要功能说明。

销售预测策略主要用于设定商品所采用的销售预测算法；

销售预测策略支持新增、编辑、删除、查询、提交、审核、反审、作废、导入、导出功能。

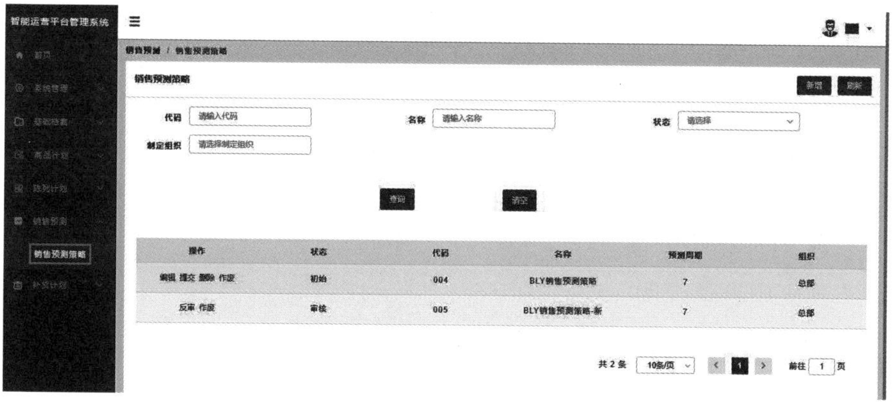

图 5－65 销售预测策略页面

补货计划

补货计划主要包括补货周期方案、补货分配策略、智能补货平台、补货计划等 4 部分内容。

■ 补货周期方案。

· 应用场景说明。

支持不同的门店设置不同的补货周期；

支持不同的仓库设置不同的补货周期。

· 主要功能说明

补货周期方案主要用于设置门店的补货周期；

补货周期方案支持新增、编辑、启用、停用、删除、查询功能。

■ 补货分配策略。

· 应用场景说明。

相同的商品，在不同的生命周期阶段，总仓库存不足的情况下会用到不同的补货优先级决策算法；

不同的品类商品，总仓库存不足的情况下会用到不同的补货优先级决策算法。

· 主要功能说明。

库存分配策略主要用于制定库存不足时进行优先级分配所采用的库存分配算法；

库存分配策略支持新增、编辑、删除、查询、提交、审核、反审、作废、导入、导出功能。

■ 智能补货平台。

· 应用场景说明。

历史进销存参考时间可以自由设置，通过参数进行默认设置；

补货周期起止时间自由设置，通过参数进行默认设置；

补货仓库自由选择，默认成品仓；

补货门店支持一次补一个，也可以批量补多个门店；

支持调用销售预测算法预测补货周期销量；

多个门店一起补货库存不足的时候会调用补货优先级策略（自动识别适用的策略）；

支持同时在一个界面显示商品基础信息、进销存信息、预测信息，补货建议信息以及其他信息；

补货平台可以生成补货计划单对补货量进行修改后执行生成配货通知单推送到 ERP，也可以直接生成配货通知单推送到 ERP；

可以获取商品的照片进行展示在补货明细界面，点击照片可以进行放大查看。

· 主要功能说明。

智能补货平台主要用于输出门店补货计划；

根据补货周期带出发货仓库与补货商店；

根据系统当前日期自动推算补货日期与历史进销存日期的起始日期；

支持根据商品自动匹配销售预测算法预测补货周期销量；

支持库存不足时，根据商品自动调用补货分配策略，根据优先级进行补货；

补货平台导航功能；

支持计算结果生成补货计划。

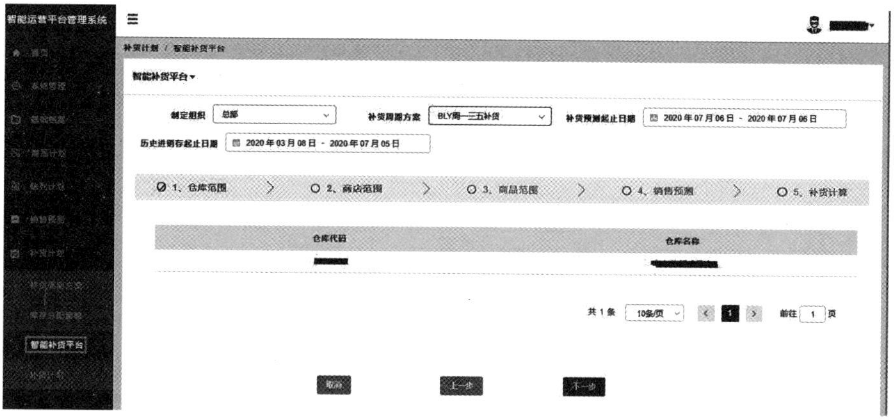

图 5－66　仓库范围页面

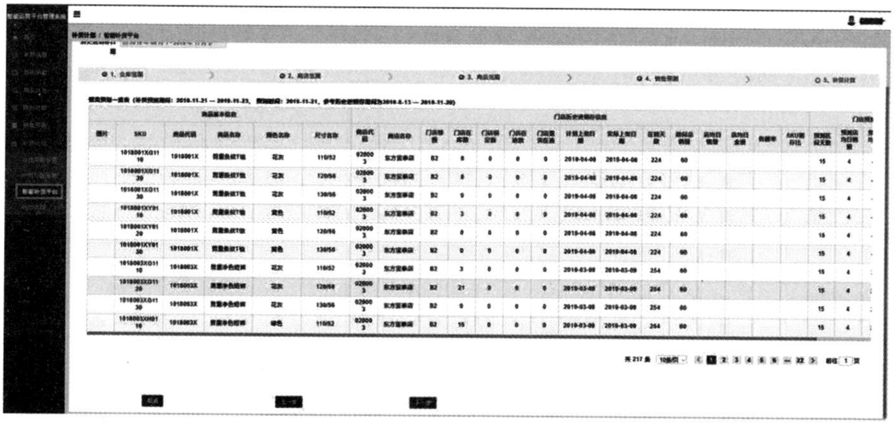

图 5－67　销售预测页面

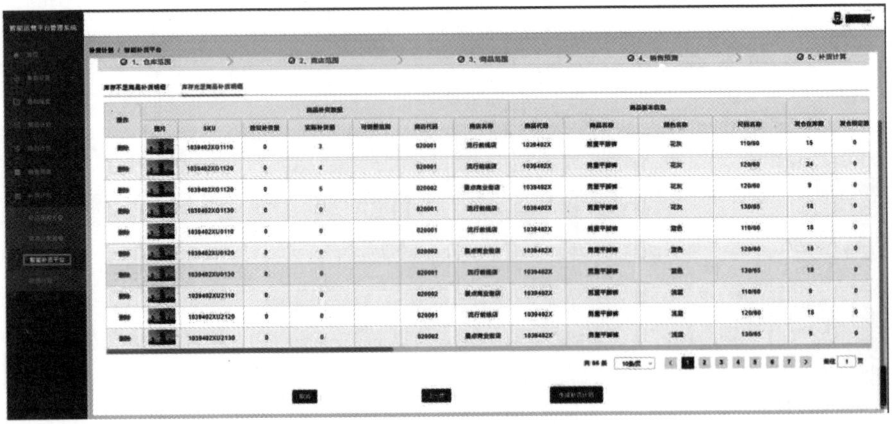

图 5－68　补货计算页面

■ 补货计划。

· 应用场景说明。

不同的商品人员只能查看以及操作自己管辖的店铺数据；

控制业务员修改的实际补货量不超过所管理的店铺补货建议总量。

· 主要功能说明。

主要用于查询与修改智能补货平台输出的补货计划，并执行生成ERP 配货通知单；

支持根据选择的执行生成配货通知单。

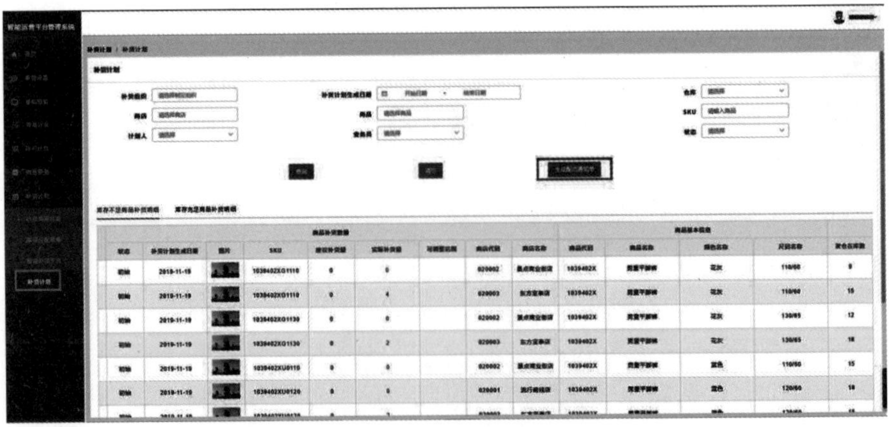

图 5－69　补货计划页面

5.8.4 宝路易算法介绍

5.8.4.1 销售预测算法

应用场景

由员工确定需要预测销量的商品范围，根据算法得出的未来销量值，作为该商品未来销售走势方向的辅助判断。在得到未来几周的预测销量后，可以根据预测的销量以及商品的价格来进行产品爆旺平滞等级的确定。同时，根据销量预测的结果也可以用在以下业务场景中：

（1）根据近期销量预测的结果，来确定产品的畅滞销等级；

（2）根据短期销量预测，辅助员工进行产品生命周期的识别；

（3）根据中长期的销量预测，指导进销存计划的制订。

核心流程图如图 5－70 和图 5－71 所示。

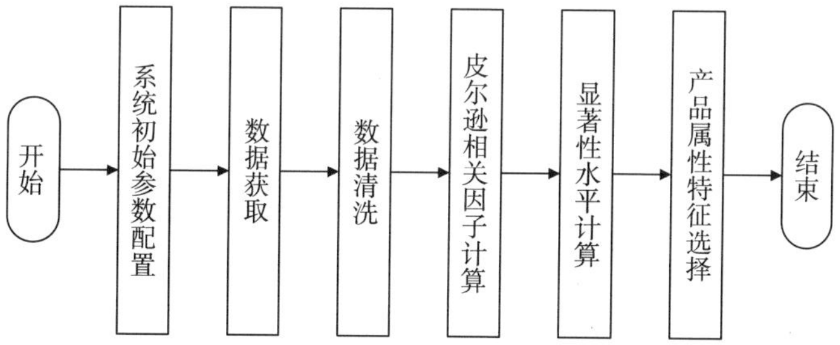

图 5－70 产品特征选择流程

算法步骤

宝路易的产品具有 SKU 数量多（项目实施阶段有 15000 多个），生命周期短，可用历史数据较少的特点。同时，产品的销售又容易受季节、温度、产品面料、价格等多种因素的影响，各个影响因子之间的关系及对销量的影响程度存在很大的未知性。因此，考虑在对进行销售预测之前，选取宝路易指定时间范围内的业务数据进行产品属性特征选择，之后对统计截止日前两年的所有销售记录进行整理，并利用这些记录构建回归模型，输入当前 SKU 属性特征，实现 SKU 级别销量预测。

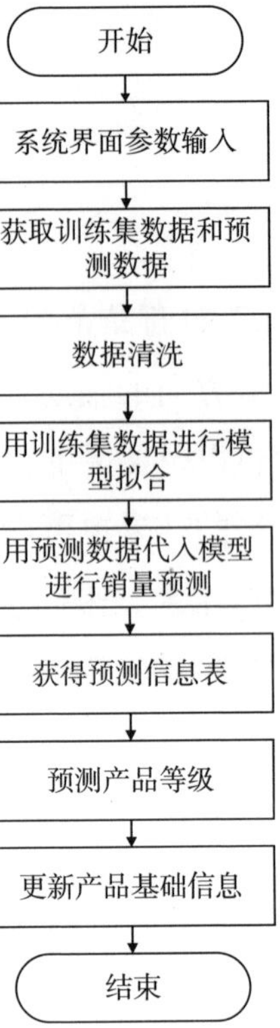

图 5－71　回归分析算法流程

第一阶段：产品特征分析。

在对数据进行正式分析之前往往要做好特征工程，即对属性特征进行选择，未处理的属性特征之间往往具有高度的相关性和共线性，这会增加数据分析的复杂度，降低算法的准确度。因此，在运用属性数据之前要对属性数据进行选择，剔除相关性高的影响因子，得到算法设计所需要的参数。产品属性特征选择是保证所选参数科学合理的先决条件，是算法精准度的有效保证。

根据宝路易业务模式以及产品属性等特点，结合未来宝路易的大规模开店计划，因此做特征分析时需要注意以下几点：

① 不同品类的产品影响其销量的因素可能不同，因此需要按照品类进行分类，对不同类别的商品单独做特征分析。

② 目前宝路易处在飞速扩张的情况下，因此需要定期对不同品类的商品进行特征分析。

产品属性特征的选择，是为后续回归分析影响因子的选择服务的，通过定期进行数据分析即可确定，故仅作为算法使用字段的预先设计，作为系统单独一个模块出现。回归分析算法流程如图5－71所示。之后进行如下几步操作：

（1）初始参数配置。

产品特征分析阶段需要对不同品类的商品进行销量影响因素建模，由于产品上新速度快以及业务发展快等因素，因此需要宝路易能够定期对在销品类的商品进行特征分析。特征分析阶段需要员工在系统中手动设置一些参数，主要包括以下参数。

① 选择特征分析商品范围，以商品SKU为单位。

② 选择特征分析时间范围，以天为单位。

③ 选择特征分析影响因子，可设置为默认（影响因子全选），员工也可以根据需求单选或复选影响因子。

根据员工配置的上述各个参数，系统后端将这些数据传入特征分析模型中进行下一步的数据清洗操作。

（2）数据清洗。

数据清洗阶段主要是针对根据参数获取的数据集进行清洗，清洗的目的是提高数据的可处理性以及数据的准确性。数据清洗阶段主要包含下述几个步骤。

① 将商品基础信息表、商品销售信息表和门店基础信息表中没有任何记录的空行删除或者进行插值处理；

② 将商品基础信息表、商品销售信息表和门店基础信息表的信息对应起来，主要用于处理有产品信息但没有销售记录和有销售但没有产品记录的情况；

③ 检查数据表中是否存在异常值，对异常值进行处理；

④ 对原始数据中颜色和尺码记录进行标准化、数值化和归一化处理；

⑤ 合并商品基础信息表、商品销售信息表和门店基础信息表，记为 table1，该表记录每个品类初步筛选的影响销量因素的属性集合。

（3）产品属性特征选择。

数据清洗结束以后，需要对产品的属性特征进行选择，考虑使用皮尔逊相关系数进行选择，其公式为：

$$p = \frac{\mathrm{cov}(x,y)}{\delta_x \delta_y} = \frac{\sum_{i=1}^{n} (x_i - \bar{x})(y_i - \bar{y})}{\sqrt{\sum_{i=1}^{n} (x_i - \bar{x})^2 (y_i - \bar{y})^2}} \tag{1}$$

其中 x 代表变量属性，y 代表目标值。根据相关系数剔除相关变量，当两个影响因子的正负相关系数大于 0.6 时，为强相关，需剔除其中一个相关变量。剔除影响因子的依据有两个：利用训练集求出每个影响因子与销量间的相关程度，剔除基于影响因子与销量之间的强相关属性中的一个；查看同一影响因子是否与多个影响因子之间存在强相关关系，如果存在则剔除。据此，得到产品销量的影响因子的清单，该清单为后续算法设计的基础。具体步骤如下所述：

① 判断算法区分条件是否为全部分类，若为全部分类，直接执行步骤④；否则，判断算法区分条件是否为大类，若为大类，执行步骤②，否则，执行步骤③。

② 按大类对 table1 进行分组，对大类逐个进行遍历。

③ 按中类对 table1 进行分组，对大类逐个进行遍历。

④ 对该条件下的全部样本进行皮尔逊相关系数计算，得到两两属性之间的相关系数，记为表 r_ table（参见表 5 −2）：

表 5 −2　皮尔逊相关系数计算结果

计算因子	相关系数 r
颜色、上架天数	0.134
是否节假日、颜色	0.111

⑤ 对该条件下的全部样本计算显著性水平 α，得到两两属性之间的显著性相关关系，记为表 p_ table（参见表 5 -3）：

表 5 -3　样本显著性水平

计算因子	α
颜色、上架天数	0.04
是否节假日、颜色	0.01

⑥ 合并表 r_ table 和表 p_ table，得到表 table2（参见表 5 -4）：

表 5 -4　显著性相关关系计算结果

计算因子	相关系数 r	显著性水平 α
颜色、上架天数	0.134	0.04
是否节假日、颜色	0.111	0.01

⑦ 设显著性水平为 0.05，即超过 95% 的概率有相关关系，对table2 进行逐行遍历，获取 $\alpha > 0.05$ 或相关系数 $r > 0.6$ 的行，得到该行的两个计算因子并随机剔除一个，并将剔除的因子的名字记录下来，从总的属性因集合中剔除，得到计算因子的集合 SET_ 1。

⑧ 对 SET_ 1 进行遍历，根据字段来自商品基础信息表还是商品销售信息表拆分成商品基础信息影响因子清单 product_ info_ list、商品销售信息影响因子清单 sale_ info_ list 和门店基础信息影响因子清单 store_ info_ list。

第二阶段：销量预测。

（1）初始参数配置。

① 员工手动配置需要进行销量预测的产品范围。

门店编号：销售预测为后续补货提供指导，补货从门店角度出发，故预测应基于门店；

产品计划上下架日期：用于过滤掉当前门店上架商品中已经下架的产品；

产品上架年份、季节、波段：用于确定需要预测的产品范围。

② 员工手动配置算法策略参数，该参数主要确定训练集的样本。具体字段如下：

历史数据使用上限：用于确定预测模型使用训练集的数据范围，下限为统计截止日。

③ 员工手动配置算法指导参数：用于确定产品的曝旺平滞走向，主要包括店均日金和店均日销两项指标，参数设置规则见表 5 –5 所示。

表 5 –5　商品等级划分规则

店均日销		店均日金		等级
0	1	0	50	滞
1	3	50	100	平
3	6	100	200	旺
≥6		≥200		爆

（2）数据清洗。

分别对待预测商品信息 product_ info 和训练数据 train_ data 进行数据清洗，具体步骤如下：

① 将商品基础信息表、商品销售信息表和门店基础信息表中没有任何记录的空行清洗掉。

② 将商品基础信息表、商品销售信息表和门店基础信息表的信息对应起来，主要用于处理有产品信息但没有销售记录和有销售但没有产品记录的情况；

③ 检查数据表中是否存在异常值，删除异常值。

④ 对原始数据中颜色和尺码记录进行标准化、数值化处理。

⑤ 合并商品基础信息表、商品销售信息表和门店基础信息表，记为 table2，该表记录每个 SKU 初步筛选的属性集合和日销量。其中，table2 的每一行代表某个 SKU 在某门店的某一天的销售信息，table2 的每一列代表一条属性，最后一列为日销量。

⑥ 数据输出：数据表 product_ info_ table2 和 train_ data_ table2，

该表为 python 处理的临时表，无须存储。

（3）数据拟合。

使用数据表 product_ info_ table2 和 train_ data_ table2 进行数据拟合。假设 table2 属性集合为 $X = (x_1, x_2, \cdots, x_m)$，目标值（日销量）为 y，则，回归模型为：

$$y_i = \alpha_1 \times x_1^i + \alpha_2 \times x_2^i + \cdots + \alpha_m \times x_m^i + \alpha_0 + \beta$$

其中，y_i 表示记录 i 的目标值（日销量），α_i 为模型的权重，x_m^i 表示记录 i 的第 m 个属性，β 代表模型误差。数据拟合详细步骤如下所述：

①将 train_ data_ table2 中的数据逐条传入算法模型中，利用最小二乘法对模型进行拟合，得出模型权重，在数据传入过程中，不断对模型进行修正，在数据完全传入后，得到预测模型。

②对数据表 product_ info_ table2 的数据逐条遍历，并逐条输入训练好的预测模型，得到预测结果 product_ info_ table3，该结果以表 5 – 6和表 5 – 7 的形式输出。

表 5 – 6　门店 store1 销量预测结果数据表（假设统计当天为周日）

单位：件

门店编号	门店名称	SKU	预计下周日销量							预计周销量	预计店均日销
			周一	周二	周三	周四	周五	周六	周日		
store1	天佑城	S2DBQ0329	1	1	2	1	2	3	3	13	1. 857
store1	天佑城	S2DBQ0332	1	1	1	1	1	2	2	9	1. 285

表 5 – 7　门店 store1 销售额预测结果数据表（假设统计当天为周日）

单位：元

门店编号	门店名称	SKU	预计下周日销金额							预计周销金额	预计店均日金
			周一	周二	周三	周四	周五	周六	周日		
store1	天佑城	S2DBQ0329	11	11	22	11	22	33	33	143	20. 43
store1	天佑城	S2DBQ0332	10	10	10	10	10	20	20	90	12. 86

③将各个门店的预测结果合并成一张数据表 5 – 8，该表以 SKU 为

主序列，门店编号为副序列，详情如表5－8和表5－9所示。

表5－8　销量预测结果数据表（假设统计当天为周日）　单位：件

SKU	门店编号	门店名称	预计下周日销量							预计周销量	预计店均日销
			周一	周二	周三	周四	周五	周六	周日		
S2DBQ0329	store1	天佑城	1	1	2	1	2	3	3	13	1.857
S2DBQ0332	store2	乐丰广场	3	3	3	2	2	2	2	17	2.429

表5－9　销售额预测结果数据表（假设统计当天为周日）　单位：元

SKU	门店编号	门店名称	预计下周日销金额							预计周销金额	预计店均日金
			周一	周二	周三	周四	周五	周六	周日		
S2DBQ0329	store1	天佑城	11	11	22	11	22	33	33	143	20.43
S2DBQ0332	store2	乐丰广场	60	60	60	40	40	40	40	340	48.571

（4）商品等级。

预测信息表predict_ table1，仅需要门店编号、SKU、预计周销量和预计周销金额四个阶段，算法流程：

①将各个门店的商品预测信息按照SKU合并起来，计算每个SKU的预计店均日销和预计店均日金，并记录门店数量，得到表5－10。

表5－10　销量预测结果数据表（假设统计当天为周日）（总盘维度）

SKU	目前上架店铺数	预计周销量（件）	预计店均日销（件）	预计周销金额（元）	预计店均日销售金额（元）	预测等级
S2DBQ0329	13	140	1.54	2100	23.08	平
S2DBQ0332	9	430	6.83	9890	156.98	爆

②根据表5－10的预测等级逐个更新商品等级。将predict_ table2的预测等级结果写入商品基础信息表中，更新商品等级。

员工操作

（1）系统操作。

销量预测算法部分员工系统需要进行两部分的操作，第一阶段是对根据所有的商品的历史销售数据进行训练，通过对历史数据中各种因素的训练来分析影响销量的各种因子之间的相关性。根据相关性的强弱来确定影响销量的强弱。此处需要获取所有商品的销售数据并且进行较长时间的训练，因此需要将此处内容作为定时任务，以月度为周期对历史数据进行训练。

在第二阶段，员工需要选择需要做销量预测的门店、销量预测的周期以及参与销量预测的商品即可进行门店下的商品的销量预测工作。最后销量预测的结果会展示在该页面上，同时员工也可以选择将结果导出成 Excel。系统运行初期的销量预测结果受到数据完整性的影响，因此需要员工以预测值作为参考，加以人工判断形成最终的预测结果。在后续需要员工进行其他各方面的数据的收集，如下所述。

（2）数据收集。

目前除了产品本身各个因素外，可以利用的外部数据有法定节假日日期、双休日日期和城市天气数据。将这三个外部因素导入模型中，可以观察外部因素对销量的影响强弱。除此之外，影响销量还有其他非常多的内外部因素。这些因素在不同程度上反映了客户的需求，产品的质量。

数据对接

数据对接主要包括员工在系统页面手动选择或者输入的数据：

表 5－11　训练销量信息参数表

门店	门店等级	商品代码	尺码代码	颜色代码	销售时间	订单价格	订单数量	实际上架日期	是否折扣	是否节假日	天气状况	气温
门店 1	A1	H01	01	01	2019－06－15	133	1	2019－01－15	1	0	01	25
		H01	02	03	2019－06－13	121	2	2018－06－30	1	1	02	24
		H01	03	04	2019－07－21	111	1	2018－08－23	1	2	03	24
门店 2	B1	H02	01	02	2019－06－24	123	1	2018－07－26	0	0	04	27
		H03	02	01	2019－08－11	156	1	2018－07－15	1	0	05	22
		H04	03	03	2019－08－18	154	1	2018－06－10	0	1	03	21

上述参数为定时任务需要进行收集的字段信息，根据这些数据来进

行商品销量因素的分析。

表 5 – 12　测试销量信息表

门店	门店等级	商品代码	尺码代码	颜色代码	吊牌价格	在销天数	是否折扣
门店 1	A1	H01	01	01	133	20	1
		H01	02	03	121	23	1
		H01	03	04	111	15	1
门店 2	B1	H02	01	02	123	16	0
		H03	02	01	156	16	1
		H04	03	03	154	19	0

注：此张表格数据为后端需要返回的参数字段。

5. 8. 4. 2　智能补货算法

应用场景

智能补货算法适用单仓库、多门店的标准补货业务模型，以建议陈列量为基础，在考虑库存约束、标准包装约束下，结合补货策略智能生成门店补货单。补货算法流程见图 5 – 72，首先将建议陈列量转化为以标准包装数为单位的初始补货量，再对比库存，列出库存充足、库存不足款式，由员工设置库存不足款式的补货策略。再由算法完成售罄优先、齐色优先、齐码优先策略的补货单；最终将各类补货单整合为完整补货单，员工修改、确认后更新库存信息并生成最终的补货单。

根据算法流程，结合系统操作，可将补货算法分为两个阶段。第一阶段生成标准初始补货量，识别库存充足与库存不足款式，第二阶段待员工将库存不足款式的补货策略输入后再计算补货量。

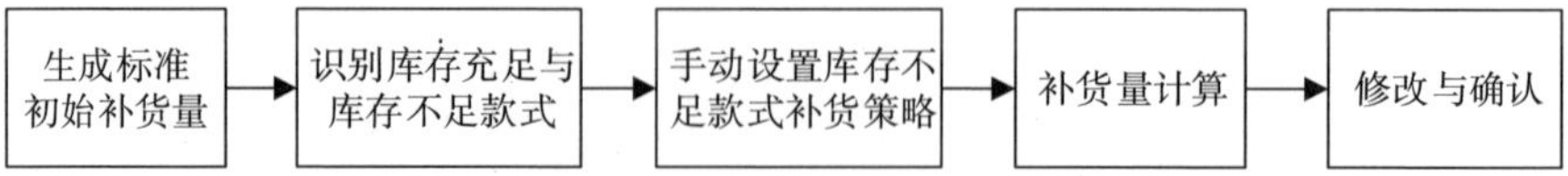

图 5 –72　补货算法流程

核心流程图

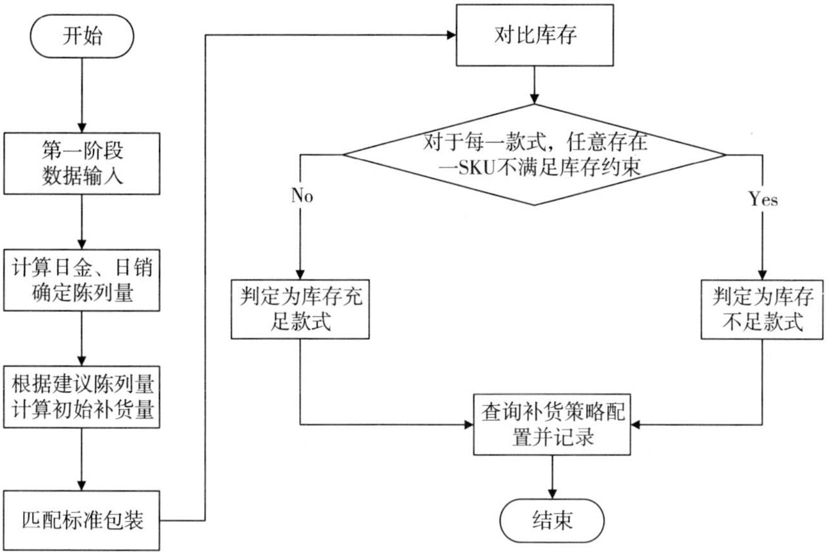

图 5 －73　补货第一阶段算法流程

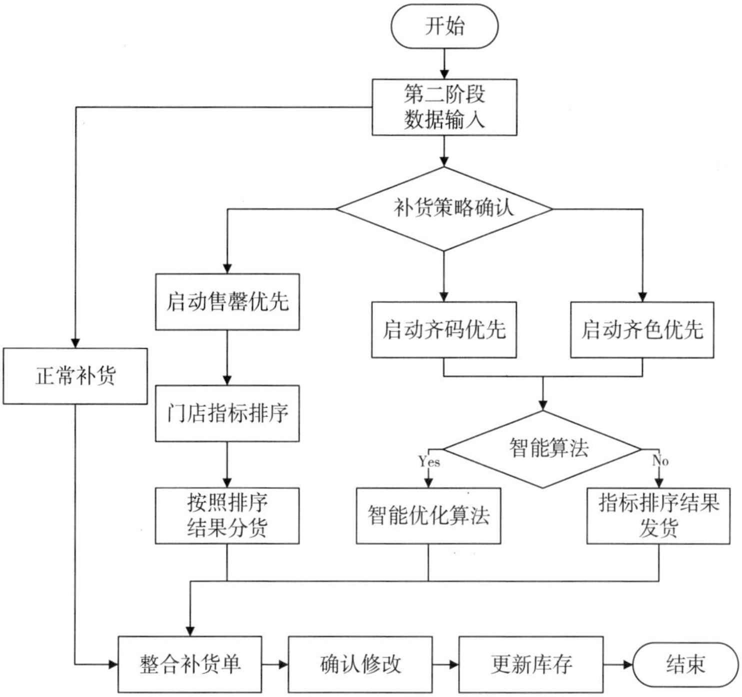

图 5 －74　补货第二阶段算法流程

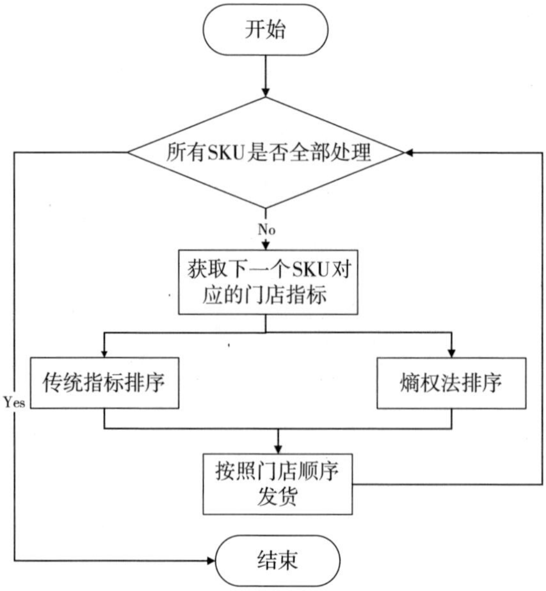

图 5-75 售罄优先算法流程

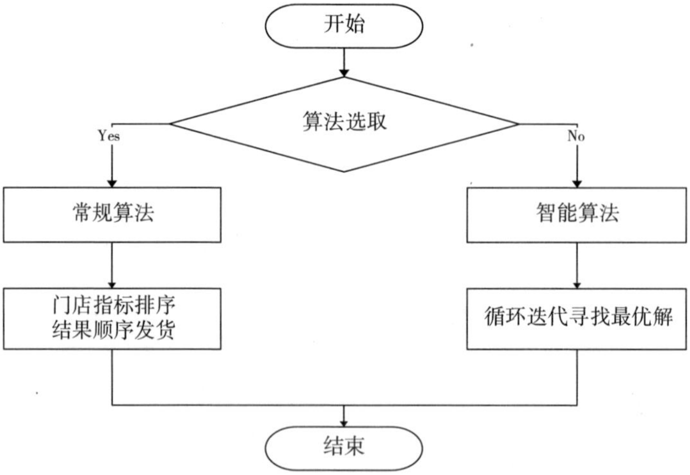

图 5-76 齐色齐码算法流程

算法步骤

第一阶段：库存识别阶段。

在第一阶段的主要工作有参数的输入、数据的导入以及库存情况的检查。具体详细步骤如下所示：

① 导入发货仓库 ID、补货门店范围；检查商品的上下架时间范围，最后根据历史销售数据计算售罄率以确定每个 SKU 在各门店是否补货；

② 通过销售预测算法导入需补货的商品在各门店的补货周期内销售量、销售额，查询商品陈列规则，确定补货商品在各门店的建议陈列量，匹配标准包装后，生成标准初始补货单；

③ 导入仓库的库存，对比初始补货单，对每款商品进行库存检查，标记该款商品库存充足或者库存不足。

以上三个步骤作为补货第一阶段，分别收集了各个参数以及相应的数据。对库存做了循环检查，将需补货的商品分为库存充足和库存不足两种情况。具体部分细节如下所示：

① 检查上下架时间范围。

以门店为单位，对门店下所有商品进行上下架时间范围的检查，在上下架时间范围内的商品进行补货，否则不进行补货。检查的方式为循环遍历每一款商品的上下架时间参数。确定需要补货的商品种类以后将这些商品传入后续步骤中去。

② 获取建议陈列量。

根据销售预测算法输出的补货周期内商品在各门店的日均销量、日均销额，查询商品的畅平滞分级规则，确定商品在各门店的等级；根据商品等级查询商品等级档案，确定等级对应的陈列类型（最高、标准、最低陈列量）；根据陈列类型查询陈列计划，以对应陈列量作为该商品本次补货在各门店的建议陈列量。

③ 计算初始补货量。

根据历史销售数据判断该 SKU 是否补货，欠货率判断指标 X 可在系统参数中设置，目前默认 20%。是否补货判断标准：如果 SKU 欠货率≥X，则补货，补货量 = 建议陈列量 − 门店可用库存 − 在途库存；否则，如果门店现存（可用 + 在途）>最低陈列量，则不补货，如果门店现存（可用 + 在途） < 最低陈列量，补货量 = 最低陈列量 - 门店可用库存 - 在途库存补货量。欠货率 = （建议陈列量 - 可用库存 - 在途库存）/建议陈列量。

④ 匹配标准包装。

系统参数中将设置标准包装参数 X，目前参数是 20% 。匹配标准包装过程如下：

设补货量为 a，标准包装为 b，库存充足情况下，假设可以提供 c 个标准包装，剩余 d 件未满足且 d < b，令 e = （b - d） /b，如果 e ≤ x，则最终补 c + 1 个标准包装，否则只补 c 个标准包装。

注：边界情况下，如果计算结果为 0 个标准包装，依然不补。

⑤ 库存充足、库存不足判断。

库存充足指的是某一款库存充足，判断标准为：对于一款式的标准初始需求，即匹配标准包装的初始补货量，对比库存后，所有 SKU 库存都能满足，则为库存充足款式；反之，存在 SKU 库存不能满足，则为库存不足款式。

⑥ 查询、记录补货策略。

对于库存充足的款式，其补货量为匹配标准包装后的初始补货量。对于库存不足款式，导入在系统补货策略配置界面设置的品类补货策略，员工依然可以在算法第二阶段修改、确认。

第二阶段：智能补货阶段。

一阶段算法完成了初始补货单的生成，并确定了库存不足补货款式的初始补货策略。第二阶段员工可以修改库存不足款式的补货策略。这样所有补货款式可分为四种类型：正常补货、售罄优先、齐色优先、齐码优先。正常补货款式的最终补货单为第一阶段的标准初始补货单。

对于售罄优先款式，通过各项指标对门店排序，按照门店排序结果优先发货。

齐色、齐码优先款式通过计算缺色/码数，结合其他指标对门店进行排序，按照门店排序结果优先发货，也可以选择智能优化算法计算。最终，整合四种补货单，形成最终补货单，员工修改、确认后更新库存。第二阶段详细步骤如下所述：

（1）正常补货。

正常补货的对象是库存充足的款式，他们的最终补货量为标准初始补货单的补货量，只需要算法第一阶段输出再导入即可。

（2）售罄优先。

售罄优先算法的对象是补货策略为售罄优先的款式。在系统的补货分配策略编辑界面可以设置不同品类的库存不足补货策略，允许例外情况。需要设置以下几点内容：

① 售罄优先指标。

售罄优先指标用于确定门店分货的优先级，目前系统中支持：最短清空库存天数、理想分货数、门店优先级、销存比。可以选择选取指标的个数、顺序。指标计算方式代码锁定，具体计算方式如下：

最短清空库存天数 =（该门店现有库存 + 该门店在途库存）/预测周期日均销，对象是 SKU，时间维度是当前补货的预测周期。

理想分货数 = 补货周期预测销量 －（门店现有库存 + 门店在途库存），对象 SKU，时间维度为当前补货周期。

门店优先级，在门店档案中设置优先级，优先级最高的门店设为 1，依次类推。

销存比 = 历史进销存参考区间内的销量/（门店现有库存 + 门店在途库存），对象是 SKU，时间维度是补货参数中历史进销存参考区间。

② 指标排序方式。

算法提供两种排序方式，第一种为顺序排序，指标排序方式按照选取指标规则时的顺序排序，如选取指标时，先选取最短清空库存天数，再选取理想分货数，则门店排序方式为先按照最短清空库存天数排序，最短清空库存天数相同时，按照理想分货数排序。第二种为熵权法，熵权法自动为所选指标生成权重，权重更加客观，然后按照权重打分，得到综合加权值，以此为门店排序。

售罄优先算法的流程以一款式为例，先选取该款式第一个SKU，按照选取的指标为门店排序，首先满足门店排序靠前的门店需求。其余SKU分配流程相同，算法流程如图5－76所示。

（3）齐色/齐码优先。

齐色/齐码算法用到的数学模型如下所述：

变量说明：

i：第 i 款商品

j：第 j 个门店

k：第 k 个码/色

l：第 l 个仓库

x_{ijkl}：第 l 个仓库分配第 j 个门店第 i 款式第 k 个码/色的商品件数

$$y_{ij} = \begin{cases} 0, \text{第 } j \text{ 个门店分配的第 } i \text{ 款式断码 / 断色} \\ 1, \text{第 } j \text{ 个门店分配的第 } i \text{ 款式齐码 / 齐色} \end{cases}$$

c_{lik}：第 l 个仓库第 i 款商品第 k 个码/色的商品库存量

q_{ijk}：第 i 个门店第 i 款商品第 k 个码/色的商品需求量

数学模型：

$$\max F_1 = \sum_{i=1}^{I} \sum_{J=1}^{J} y_{ij} \tag{1}$$

约束条件：

$$\sum_{l=1}^{L} \sum_{j=1}^{J} x_{ijkl} \leqslant \sum_{l=1}^{L} c_{lik} \quad \forall i,k \tag{2}$$

$$\sum_{l=1}^{L} x_{ijkl} \leqslant q_{ijk} \quad \forall i,j,k \tag{3}$$

$$y_{ij} = \begin{cases} 0, \text{第 } j \text{ 个门店分配的第 } i \text{ 款式断码 / 断色} \\ 1, \text{第 } j \text{ 个门店分配的第 } i \text{ 款式齐码 / 齐色} \end{cases} \quad \forall i,j \tag{4}$$

式（1）定义了目标函数，最大化本次补货中所有门店中齐色/齐码款式总数；式（2）确保了每个商品码/色的总补货量满足库存约束；式（3）确保每种码/色补货量不超过需求量；式（4）定义 y_{ij} 的值，某一门店某款若商品齐色/齐码，则计为1，否则为0。

齐色/齐码优先对象为齐色/齐码策略款式，在系统的补货分配策略编辑界面可以设置不同品类的库存不足补货策略，允许例外情况。需要设置以下几点内容：

① 齐色优先指标。

齐色优先指标用于确定门店分货的优先级，目前系统中支持：缺色数、门店优先级、款式销存比。可以选择选取指标的个数、顺序。指标计算方式代码锁定，具体计算方式如下：

缺色数：由算法根据门店库存计算。

门店优先级：门店优先级，在门店档案中设置优先级，优先级最高的门店设为1，依次类推。

款式销存比 = 历史进销存参考区间内的销量/（门店可用库存 + 门店在途库存），对象是款式，时间维度是补货参数中历史进销存参考区间。齐色销存比需要收集齐色款式在各门店的销存比。

② 齐码优先指标。

齐码优先指标用于确定门店分货的优先级，目前系统中支持：缺码数、门店优先级、SKC 销存比、款式销存比。可以选择选取指标的个数、顺序。指标计算方式代码锁定，具体计算方式如下：

缺码数：由算法根据门店库存计算。

门店优先级：门店优先级，在门店档案中设置优先级，优先级最高的门店设为1，依次类推。

SKC 销存比 = 历史进销存参考区间内的销量/（门店可用库存 + 门店在途库存），对象是 SKC，时间维度是补货参数中历史进销存参考区间。齐码销存比需要收集齐码款式下各色号在各门店的销存比。

款式销存比 = 历史进销存参考区间内的销量/（门店可用库存 + 门

店在途库存），对象是款式，该款式在各门店的销存比。

③ 齐色/齐码算法选取。

系统提供了两种算法，一是常规算法，按照指标对门店进行排序，按照排序结果发货，该方法的功能是按照客户设置指标的优先顺序达到客户的理想目的。二是智能优化算法，该方法的功能是达到齐色/齐码率最大。常规算法下也需要设置指标排序方式：顺序排序或者熵权法

齐色/齐码优先算法的流程以一款式为例，算法流程如图 5 – 77 所示。常规算法是按照选取的指标为门店排序，首先满足门店排序靠前的门店需求。智能算法以一定规则不断循环迭代寻找最优解。

员工操作

智能补货算法员工同样需要进行两个阶段的操作，在第一阶段库存识别处，员工需要选择补货仓库的以及需要补货的门店集合，系统会将该门店的所有商品进行补货检查，确定需要补货的商品并且会根据商品的库存信息来确认补货商品是库存充足的还是库存不足的。之后系统会将销量预测以及陈列等相关数据信息导入系统中。

在第二阶段，系统会生成一张初始建议补货策略。主要有正常补货、售罄优先、齐色优先以及齐码优先。员工可以核对并且手动修改每款商品所使用的补货策略。在完成这步操作以后，系统会进行商品的补货计算工作，最后生成一张建议补货单。

数据对接

数据对接主要包括员工在系统页面手动选择或者输入的数据：

① 发货仓库；

② 补货门店集合；

③ 商品上下架时间范围（以天为单位）；

④ 销存比（百分比）；

⑤ 标准包装数（百分比）；

⑥ 补货策略（正常补货、售罄优先、齐色优先、齐码优先）。

5.8.5 宝路易项目成果

从宝路易角度来说，当初设定的项目目标全部实现了，甚至超过了宝路易的预期，使宝路易在未来的门店扩张上可以走得更快，更稳。

· 商品整体的销售预测准确率达到 80% 以上（门店有 16 家，商品有 3000 多个，SKU15000 多个，其中一半以上的商品预测准确率能达到 100%），初步实现了降低在配送中心和门店的过多库存，从而降低库存成本的目标，未来随着预测模型的不断优化，相信整体的销售预测准确率一定会有新的提升。

· 补货算法的补货建议采用率达到 99% 以上，接近 100%，实现了减少配送中心和门店的库存不足情况，从而提升客户满意度的目标。

· 销售预测算法和补货算法根据任务配置每天自动运行，实现了通过在配送中心和门店提供全自动补货计划，消除不必要的手工流程，提高补货业务效率的目标。

· 采用数据中台架构，支持分布式扩展，能够支持未来门店快速扩张过程中的海量数据处理场景。

5.8.6 宝路易项目总结

宝路易商品智能运营平台项目能够取得成功，离不开以下几点：

· 一把手工程：数据中台项目一定是一把手工程，离不开公司高层的重视和全力支持，正是由于宝路易高层对该项目的高度重视和大力支持，才使得项目能够克服各种困难，顺利推进。

· 目标明确：数据中台项目对甲乙双方来讲都有巨大的挑战，涉及算法类的应用场景则挑战更大，所以从一开始就结合客户的实际数据情况和业务场景，制定了明确的项目目标。

· 双方团队的紧密配合：项目的成功离不开客户团队的大力配合，特别是业务部门的配合。整个项目交付过程中，从前期的调研，到后期的客户 UAT 测试，都需要业务部门关键用户的大力参与，给出宝贵的建议。

参考资料

[1]阿里云研究中心,KPMG. 共奏数智华美乐章:2020 消费品生态全链路数智化转型白皮书[R],2019:5 -23.

[2]魏新宇,郭跃军 . OpenShift 在企业中的实践:PAAS DevOps 微服务[M]. 北京:机械工业出版社 . 2020:7 -8.

[3]王健 . 说透中台,从概念到落地一站通关[EB/OL]. 2020[2020 -10 -13]. https://time. geekbang. org/column/intro/234.

[4]禚娴静 . 服务拆分与架构演进[EB/OL]. 2017[2020 -10 -13]. InfoQ: http://www. infoq. com/cn/articles/service - split - and - architecture - evolution.

[5]技术琐话 . 从 300 万行到 50 万行代码,遗留系统的微服务改造[EB/OL]. 2019[2020 -10 -13]. http://www. uml. org. cn/zjjs/201907181. asp.

[6]NodeJS + Sidecar 异构系统 + Zuul/p/10342102. html.

[7]付登坡,江敏,任寅姿,孙少忆 . 数据中台:让数据用起来[M]. 机械工业出版社 . 2020:22 -38.

鸣 谢

本书成稿于2020年9月，由百胜软件旗下百胜智库全体专家联合历时半年打造。百胜软件深耕零售行业20余年，协助近万家零售企业一路从信息化走到了数智化，我们将这20余年的从业经验及知识积累，提炼及总结出了本书《企业中台实践指南》，感谢一路陪我们走来的客户，尤其是在数智化转型中的先行企业，为我们整个零售行业积累了宝贵的经验及财富。

特别鸣谢百胜软件咨询中心团队（请恕敬称从略，排名按照姓名首字母，不分先后）：王辉、吴广泉、胥子毅、袁明锦、袁锐尧、张琳、张修远。是你们用丰富的实践经验、勇于创新及探索的精神，成为了本书智慧及深度的主要担当。

本书得以出版，还离不开每位或参与撰写、或幕后支持的专家们，在此一并致谢（请恕敬称从略，排名按照姓名首字母，不分先后），他们是：何荣添、何思佳、黄坚、李海燕、刘学科、瞿婳婧、沈梦菲、陶杰、汪鹏、王纯、易轶、张惠、赵美玲、朱峰。

百胜智库除了每年编撰图书外，还开设了百胜智库公众号以及“百胜智库·直播大讲堂”等栏目定期分享行业知识。我们将坚持以“成就智慧品牌”为使命，传承勇于探索的精神，总结行业先进经验、探索行业发展趋势，用以回馈行业及客户。

关注百胜智库公众号，了解行业前沿理念趋势报告及动态